これならわかる

天皇の歴史 Q&A

歴史教育者協議会(歴教協)[編]
岩本 努・駒田和幸・渡辺賢二[著]

大月書店

読者のみなさんへ

二〇一六年の夏、明仁《あきひと》天皇が生前退位（生きているうちに天皇の位から退《しりぞ》くこと）の意向を示したと報じられ、天皇自身のビデオ・メッセージも公開されました。そして、国会や内閣で議論した結果、二〇一九年四月三〇日をもって天皇が退位し、「平成」の時代が終わることになりました。

明仁天皇の父の昭和天皇も、その先代の大正天皇や明治天皇も、生前退位はせず、亡くなるまで天皇でした。ですから、国民は天皇の生前退位を経験しておらず、大きな話題となりました。

しかし、江戸時代までは、生前退位した天皇はたくさんいました。それだけではありません。読者のみなさんは、「昭和」「平成」といった元号《げんごう》は、天皇一代につき一つだけ、というのが当然だと思っているかもしれません。しかし、この「一世一元《いっせいいちげん》」の制度も、明治期につくられたものでした。明治天皇の父である孝明《こうめい》天皇は、自分の代のうちに六回も元号を変えました。

天皇にかかわる問題を考えるとき、つい私たちは、それが昔から変わらぬ伝統を保《たも》ってきたと思いがちです。しかし、伝統と思われているもののなかには、明治以降の近代につくられたものがたくさんあります。

メッセージを読み上げる明仁天皇（宮内庁ウェブサイトより。→191ページ）

日本の歴史上に「天皇」があらわれるのは、七世紀です。各地の有力豪族《ごうぞく》をおさえて権力をにぎった大王《おおきみ》が、「天皇」と名乗るようになりました。それ以来、時の権力者が天皇を利用することはありましたが、人びとの生活や意識のなかに、常に天皇があったわけではありませんでした。

町人や商人が活発に動いた江戸時代でも、天皇の存在を意識していた民衆は、天皇の住む京都の御所《ごしょ》周辺の人びとぐらいでした。天皇が民衆とふれあう機会は少なかったわけです。

ところが、幕末に欧米列強《れっきょう》が来航《らいこう》すると、天皇の役割が大きく変わります。外国に対抗して日本を近代国家にするために、天皇の権威《けんい》が活用されました。一部の知識人の「日本は神の国」という歴史観と、「尊皇攘夷《そんのうじょうい》」（天皇をあがめ、外国人を排斥《はいせき》する）の思想がむすびつき、古代の天皇制がよみがえりました。

こうして明治維新によってできた新政府は、学校教育や軍隊を通じて、神としての天皇の存在を国民に知らしめ、天皇への絶対服従《ふくじゅう》を植えつけていきます。「教育勅語《ちょくご》」と「軍人勅諭《ちょくゆ》」は、そのためにつくられました。

大日本帝国憲法の第一条は、「大日本帝国は万世一系《ばんせいいっけい》の天皇之《これ》を統治《とうち》す」でした。神の末裔《まつえい》である天皇が日本を治めるのだ、と憲法に定めていたのです。人びとは「臣民《しんみん》」として、天皇のために命をささげる覚悟《かくご》を持つよう強《し》いられ

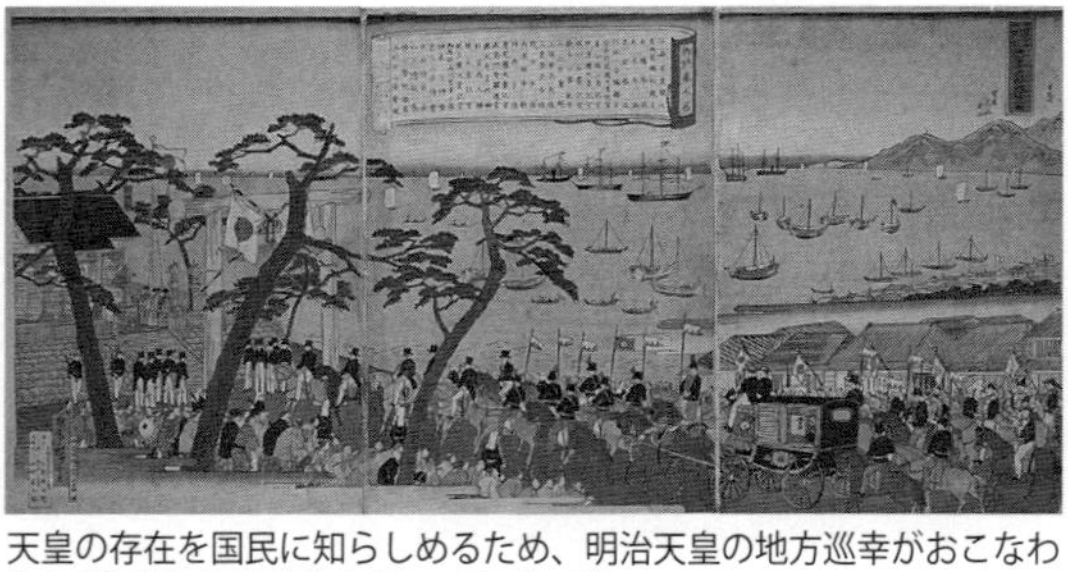

天皇の存在を国民に知らしめるため、明治天皇の地方巡幸がおこなわれた（秋田寺内招魂社之図。→ 53 ページ）

＊1……NHK放送文化研究所「即位20年 皇室に関する意識調査」（二〇一〇年）では、皇室に対して「とても親しみを感じている」「ある程度親しみを感じている」が合わせて六一・一％にのぼる。

ました。こうした政治と思想は、アジア侵略《しんりゃく》と戦争をつうじて、日本だけでなくアジアの人びとに、たいへんな犠牲《ぎせい》をもたらすことになりました。

●

一九四五年の敗戦と、それに続く日本国憲法の制定や教育改革によって、それまでの政治や思想は改《あらた》められました。主権者は天皇ではなく国民になり、基本的人権が保障《ほしょう》されるようになりました。天皇は、戦争責任を問われることなく、その地位は残されたものの、日本の統治者ではなく「象徴《しょうちょう》」になりました。

いまや、戦前のような天皇中心の国に戻りたいなどと願う人は多くないはずです。天皇や皇室も、戦後の日本国憲法にふさわしいあり方を模索《もさく》してきました。被災地の慰問《いもん》などを重ねる天皇・皇后《こうごう》の姿を見て、国民の多くが皇室に親しみを感じているようです。*1

しかし、教育勅語を「いまでも通用する」と評価するなど、戦前のような日本を復活させようとする政治的な動きは根強くあります。*2 また、国民のあいだでも、戦前の意識が克服《こくふく》されたといいきれない現実があります。たとえば、国民の祝日には、天皇にかかわるものがたくさんあります。*3

主権者である私たち一人ひとりが、天皇・皇室のあり方を考えることが求められています。まずは、歴史的な事実をふり返ることが大切です。この本では、そんな「天皇の歴史」を解説していきます。

＊2……最近では、二〇一八年一〇月、柴山昌彦文部科学大臣が、教育勅語を「道徳などに使うことができる分野は十分にある」と発言した。また、自民党の「日本国憲法改正草案」（二〇一二年）は、前文に天皇を書き加えたうえ、天皇を「日本国の元首」とする案になっている。

＊3……一月一日「元日」はもともと、天皇が四方八方の神に国家と天皇家の安泰を祈る四方拝の日。二月一一日「建国記念の日」は、神武天皇が即位したとされる日。三月二一日「春分の日」は、天皇が歴代天皇の霊を祀る春季皇霊祭。四月二九日は昭和期の「天長節」（天皇誕生日）で、昭和天皇の死後「みどりの日」となったが、二〇〇七年に「昭和の日」として復活した。七月の「海の日」は、明治天皇が東北・北海道巡幸から横浜に帰ってきた日として一九九六年に制定された。九月二三日「秋分の日」は秋季皇霊祭。一一月三日「文化の日」は明治天皇の誕生日（明治節）。一一月二三日「勤労感謝の日」は、天皇が五穀を祖先神にささげた新嘗祭の日だった。

本書のなかで、昔の文書を引用する際は、原則として現代語に訳し、旧字を新字に、カタカナをひらがなに、旧かなづかいを新かなづかいに直しました。読みやすさを重視したためです。
例外として、戦前の学校教科書からの引用は、当時の子どもたちが読んだ体験に近づけるため、あえて原文のままにしました。ただし、旧字は新字に直しています。

目次 CONTENTS

3 中世の天皇

4 近世の天皇

5 近代天皇制のはじまり

12 大正天皇

13 日中戦争と天皇

17 日本国憲法と天皇

18 「象徴」となった昭和天皇

19 明仁天皇――「平成流」の天皇

1 天皇の歴史の基本

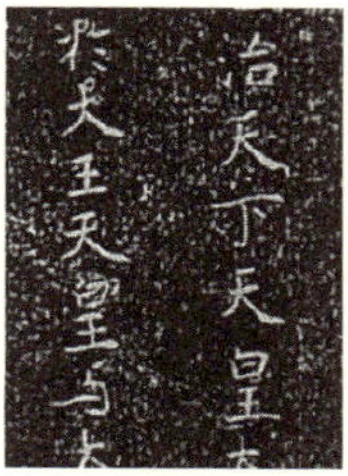
法隆寺金堂薬師如来像の光背銘より

天皇はいつから、どのようにして、日本の歴史にあらわれるのでしょうか。「万《ばん》世《せい》一《いっ》系《けい》」という言葉は、なぜ使われたのでしょうか。天皇が国民の生活や意識に影響をあたえはじめたのは、いつからでしょうか。

Q1 「天皇」という言葉はいつからあらわれたのですか。

A1 「天皇」という言葉は、中国から来た言葉です。紀元前一世紀に中国古代で、天体観《かん》測《そく》の基準となる北極星を神格化して、「天皇」や「天皇大帝」と呼んでいたといいます。[*1] これが日本に伝わってきたのです。

日本で「天皇」という称号《しょうごう》が使われている古い例として、法隆寺《ほうりゅうじ》の金堂《こんどう》に

＊1……福永光司『道教と日本文化』（人文書院、一九八二年）。

ある薬師如来像《やくしにょらい》の光背《こうはい》の銘《めい》*2にある「池邊大宮治天下天皇……」が、推古《すいこ》天皇の時代の六〇七年に書かれたとされていました。しかし、一九八〇年代の調査によって、薬師如来像が制作されたのは推古天皇の時代より後であることがわかりました。

また、奈良の中宮寺《ちゅうぐうじ》に伝わる天寿国曼荼羅繍帳《てんじゅこくまんだらしゅうちょう》（六二二年作成）に「天皇」と刺繍《ししゅう》されていたと言われてきましたが、現存する刺繍に「天皇」の文字は残っておらず、この実証もできていません。

公式に君主に天皇という称号が使われたのは、六八一年に天武《てんむ》天皇が編集を命じ、六八九年に持統《じとう》天皇が施行した、飛鳥浄御原令《あすかきよみはらりょう》という法典《ほうてん》が最初だといわれます。しかし、「てんのう」と読んでいたかどうかは不明です。

Q2 平成で一二五代とされている天皇は、みな実在したのですか。

A2 みな実在したとは言えません。その理由をいくつかあげます。

①　古代の天皇のことは八世紀の『古事記《こじき》』『日本書紀《にほんしょき》』（↓14ページ）に書かれています。それによると、初代天皇とされる神武《じんむ》天皇が、紀元前六六〇年に即位（天皇の位につく）したことになります。しかし、これは歴史学的には事実と認められません。

*2……光背は、仏像の背後にある光の装飾のこと。その裏面に銘文が刻まれている。

法隆寺金堂薬師如来像

古墳《こふん》をつくった大王《おおきみ》や有力豪族《ごうぞく》をおさえて権力をにぎったのが天皇です。古墳時代は三世紀後半~七世紀。ですから、歴史上に天皇があらわれるのは七世紀です。

それよりはるか昔の紀元前六六〇年は、縄文時代。天皇が実在するはずはありません。神武天皇は神話上の人物なのです。

このような話になったのは、中国から伝わった伝説*1に合わせて、大革命が起こるという辛酉《しんゆう》の年に神武天皇の即位があったことにしたからです。

② すべて実在したとすると、百歳以上の天皇が一〇人以上もいることになります。*2 実際、歴史学では、神武天皇だけでなく、二代・綏靖《すいぜい》天皇から九代・開《かい》化《か》天皇までは実在しなかった*3というのが定説です。

③ 譲位《じょうい》（天皇の位を他に譲《ゆず》る）してからまた即位して*4、別の天皇名として記録されている女性天皇もいます。七世紀の三五代・皇極《こうぎょく》天皇と三七代・斉明《さいめい》天皇は同一人物です。八世紀の四六代・孝謙《こうけん》天皇は四八代・称徳《しょうとく》天皇です。

明治になって皇室典範《こうしつてんぱん》（→68ページ）が天皇によって決められるまで、日本には皇位継承《こういけいしょう》についてのきまりがありませんでした。そのため、さまざまな事情や争いのなかで、後継者は決められてきました。一二五代というのも、学問的な史実調査とは関係ない、皇室関係者や国家の公式見解というべきものです。

*1……辛酉の年には革命が起き、特に二一回目には大革命が起きるとされていた。古くから東洋では、十干（甲乙丙丁戊己庚辛壬癸）と十二支（子丑寅卯辰巳午未申酉戌亥）を組み合わせて日や年をあらわす。十と十二の最小公倍数は六〇なので、六〇年で一回りする。それで六〇歳を還暦という。元号でなく十干十二支で年を表現することもある。壬申の乱、戊辰戦争、辛亥革命、甲子園球場など。

*2……『日本書紀』によれば、一二代・景行天皇は一四三歳、神武天皇にしても一二七歳とされている。

*3……「欠史八代（けっしはちだい）」という。

*4……重祚（ちょうそ）という。

奈良県橿原市にある神武天皇陵。神話上の人物である神武天皇の墓がなぜあるのかは、コラム5を参照

Q3 天皇が二人いたことはあるのですか。

A3 一四世紀の南北朝《なんぼくちょう》時代には、同時に二人の天皇がいました。朝廷《ちょうてい》が南《なん》朝《ちょう》と北朝《ほくちょう》に分かれていたのです。

南北朝の対立は、兄の後深草《ごふかくさ》天皇と弟の亀山《かめやま》天皇の対立から発生し、約六〇年間続きました。一三九二年、室町幕府の三代将軍・足利義満《あしかがよしみつ》によって、対立は解消され、南北朝が統一されました（↓24ページ）。その後は、北朝の後小《ごこ》松《まつ》天皇とその子孫が、天皇位を継《つ》いでいきます。

幕末に尊皇攘夷《そんのうじょうい》運動がさかんになると、『大日本史』を編纂《へんさん》した水戸藩《みとはん》の水戸学や国学が注目されます（↓39ページ）。そのなかで、三種の神器を持っていたという南朝が正統《せいとう》だという主張が強くなります。

明治になって一九一一年、文部省編の教科書『尋常《じんじょう》小学日本歴史』が南北朝を並立させたことを『読売新聞』が非難し、帝国議会で問題となりました（↓106ページ）。時の桂太郎《かつらたろう》内閣は、天皇の判断をあおぎました。

天皇は南朝を正統としました。その結果、北朝の五人の天皇は、皇統譜《こうとうふ》（天皇と皇族の系譜《けいふ》）から消されてしまいました。

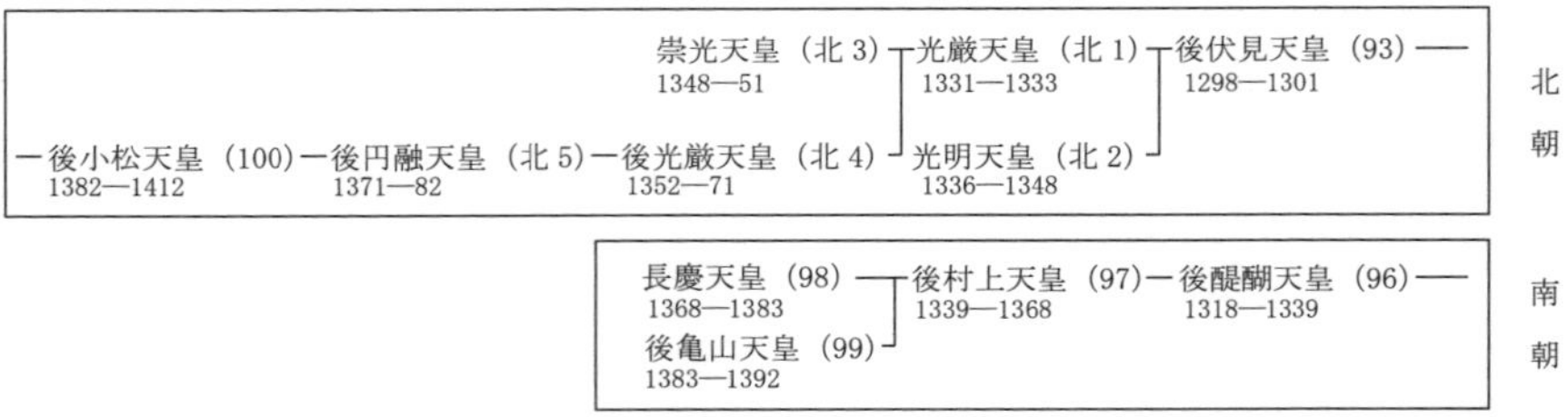

天皇名の下の数字は在位年、（　）内は皇統譜による天皇の代数

Q4 国民はなぜ、皇室は「万世一系《ばんせいいっけい》」と信じたのですか。

A4 「万世一系《ばんせいいっけい》」とは、神武天皇から今の天皇まで、そして将来も永遠に、ただ一つの血統《けっとう》（皇統《こうとう》）が変わらず続いていくという考えです。明治以後の日本人がこれを信じたのは、学校と軍隊、社会のなかで、そのような教育がおしすすめられたからです。

文部省は一八八一年に、「尋常《じんじょう》小学校の教材に日本歴史を加えるときは……建国の体制、皇統の無窮《むきゅう》、歴代天皇の盛業《せいぎょう》（盛大な業績《ぎょうせき》）、……を教えるように」＊1と定めます。すると、国語の教科書にも「始《はじ》めて此《この》国を建てたまひし天子は、神武天皇にして、今上《きんじょう》天皇（今の天皇）に至《いた》る迄《まで》、百二十二代、二千五百四十余年にして、皇統の連綿たるは、世界万国にも、其《その》比《ひ》類《るい》を見ざるなり」＊2と書かれるようになります。

日露《にちろ》戦争がはじまる一九〇四年には、主要科目の教科書は国定《こくてい》（国が定める）とされ、全国で同じ内容が教えられました。その歴史教科書には、「御歴《ごれき》代表《だいひょう》」という、神武天皇から今上天皇までの天皇名の一覧表が載《の》るようになります。学校で子どもたちは、「ジンム、スイゼイ、アンネイ、イトク、……」と、歴代天皇の名を暗唱《あんしょう》させられたのです。

＊1……小学校教則大綱。

＊2……文部省編『尋常小学読本　七』第一課「我が国」一八八七年。

御歴代表

第一代	神武天皇
第二代	綏靖天皇
第三代	安寧天皇
第四代	懿徳天皇
第五代	孝昭天皇
第六代	孝安天皇
第七代	孝霊天皇
第八代	孝元天皇
第九代	開化天皇
第十代	崇神天皇
第十一代	垂仁天皇
第十二代	景行天皇
第十三代	成務天皇
第十四代	仲哀天皇
第十五代	應神天皇
第十六代	仁徳天皇
第十七代	履中天皇
第十八代	反正天皇
第十九代	允恭天皇
第二十代	安康天皇
第二十一代	雄略天皇
第二十二代	清寧天皇
第二十三代	顯宗天皇
第二十四代	仁賢天皇
第二十五代	武烈天皇
第二十六代	繼體天皇
第二十七代	安閑天皇

歴史教科書に載っていた「御歴代表」（一部）

一九四〇年の歴史教科書から、「神勅《しんちょく》」という文章も冒頭《ぼうとう》に掲載《けいさい》されます。神勅とは、皇室の祖先神・天照大神《あまてらすおおみかみ》が、孫のニニギノミコトに持たせたという文章です。[*3]「日本という国は、私（天照大神）の子孫が王様になる国である。おまえが行って治《おさ》めなさい。天皇の位は、天地とともに限りなく栄《さか》えるであろう」という意味のことが書かれています。

アジア太平洋戦争中に使われた歴史教科書では、次のようになります。「まことにわが大日本帝国は、皇祖《こうそ》天照大神が天壌無窮《てんじょうむきゅう》の神勅をくだして、国の基をお固めになり、神武天皇が、皇祖の大御心《おおみごころ》をひろめて、即位の礼をお挙げになった、尊《とうと》い国であります。以来、万世一系の天皇は、いつの御代《みよ》にも、深い御恵《みめぐみ》を民草《たみぐさ》（人びと）の上にお注《そそ》ぎになり、国力は時とともに充実し、御稜威《みいつ》（威光《いこう》）は遠く海外にかがやき渡りました」[*4]

このような教育を受けて、国民は「万世一系」を信じ込まされたのです。

Q5 ヤマタノオロチ退治《たいじ》や因幡《いなば》の白ウサギは、どんな話ですか。

A5 ヤマタノオロチの話は、天皇の祖先神とされる天照大神の弟、スサノヲノミコトの話です。スサノヲはたいへん乱暴《らんぼう》な男だったので、地上（出雲《いずも》の国）に追放されます。あるときスサノヲが出雲の山奥を歩いていると、

歴史教科書に載っていた「神勅」（『初等科国史　上』一九四三年。五年生用）

> 神《しん》勅《ちょく》
>
> 豐葦原《とよあしはら》の千五百秋《ちいはあき》の瑞穗《みづほ》の國《くに》は、是《こ》れ吾《あ》が子孫《うみのこ》の王《きみ》たるべき地《くに》なり。宜《よろ》しく爾皇孫《いましすめみま》就《ゆ》きて治《しら》せ。さきくませ。寶祚《あまつひつぎ》の隆《さか》えまさんこと、當《まさ》に天壤《あめつち》と窮《きはま》りなかるべし。

＊3……三種の神器も天照大神がニニギノミコトに持たせたとされている。ニニギノミコトのひ孫が神武天皇、という話になっている。

＊4……『初等科国史　下』第十五「昭和の大御代」一九四三年。

おじいさんとおばあさん、娘が泣いているのに出会います。わけをきくと、八つの頭と尾を持つ大蛇《だいじゃ》ヤマタノオロチが、娘を食べに来るという。スサノヲは酒を用意させ、オロチがそれを飲んで眠っているところを斬《き》り殺しました。このとき、大蛇の尾から剣が出てきました。これが天照大神に献上《けんじょう》されたのが、三種の神器の剣。助けられた娘はスサノヲの妻となり、クシナダヒメと呼ばれた。こういう話です。

因幡《いなば》の白ウサギの話は、スサノヲとクシナダヒメの子孫のオホクニヌシ（大国主）の話。オホクニヌシにはおおぜいの兄弟がいましたが、オホクニヌシがいちばん心やさしい神様でした。兄弟の神様たちは、因幡の国に美しい姫がいるといううわさを聞き、みんなで会いに行きます。オホクニヌシは、兄弟たちの家来《けらい》のように、大きな袋をかついで、いちばん後からついて行きます。兄弟たちが因幡の国の気多《けた》の岬《みさき》を通りかかったとき、体の皮をはがされて泣いている一匹のウサギを見つけました。兄弟たちは、海水をあびて寝ていればよいと教えますが、痛みはひどくなるばかり。そこへ遅《おく》れてきたオホクニヌシが、川の水で洗う治療《ちりょう》法を教えてウサギを救《すく》った、という話です。

いずれの話も、日本最古の歴史書『古事記』に出てくる話です。地上に降りてきた天皇の祖先が良い政治をして、人びとを大事にしたという物語です。しかし、明治になるまでは、人びとによく知られた話ではありませんでした。明

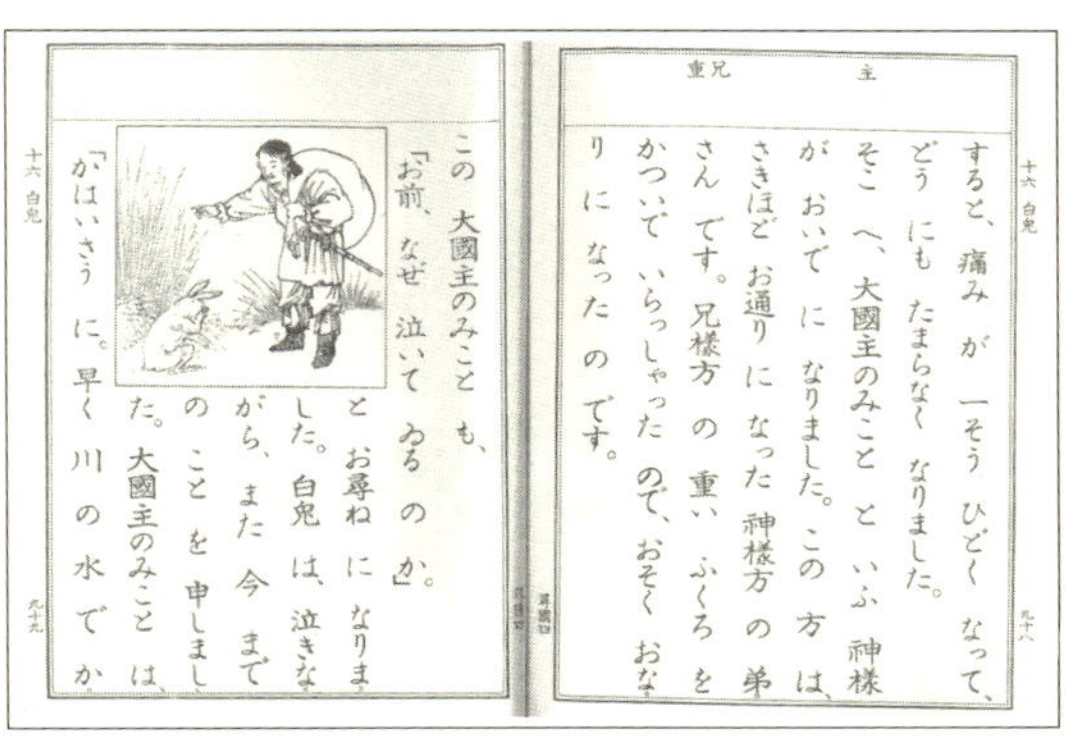
主　兄重
十六　白兎　九十八
すると、痛み が 一そう ひどく なって、
どう にも たまらなく なりました。
そこ へ、大國主のみこと と いふ 神様
が おいで に なりました。この 方 は、
さきほど お通り に なった 神様方 の 弟
さん です。兄様方 の 重い ふくろ を
かついで いらっしゃった ので、おそく おな
り に なった の です。

十六　白兎　九十九
この 大國主のみこと も、
「お前、なぜ 泣いて ゐる の か」
と お尋ね に なりま
した。白兎 は、泣きな
がら、また 今 まで
の こと を 申しまし
た。大國主のみこと は、
「かはいさう に。早く 川 の 水 で か

国語教科書に載っていた因幡の白ウサギ（『小学国語読本　巻四』二年生用、一九三五年）

治以降に絵本や教科書などをとおして、急速に国民にひろまっていったのです。

そもそも『古事記』や『日本書紀』は、天皇が国を治めるようになった由来や、その正しさを説《と》くために編纂されたものでした。天皇を君主とする国づくりがされた明治期に、それらの物語がよみがえったのです。

column 1 三種の神器

三種の神器とは、『古事記』『日本書紀』の神話で、天照大神《あまてらすおおみかみ》が、地上に降りていく孫のニニギノミコトに授《さず》けたとされる、三種類の宝のことです。八咫鏡《やたのかがみ》、八坂瓊勾玉《やさかにのまがたま》、天叢雲剣《あめのむらくものつるぎ》（草薙剣《くさなぎのつるぎ》）の三つです。

「八咫《やたの》」の意味は、本当はよくわかりませんが、咫《あた》は寸（長さの単位）という意味だから、八咫は八寸。直径が一尺より短い、八寸の丸い鏡のことではないかという説もあります。[*1]

「八坂瓊《やさかにの》」は「八尺の」という意味ですが、これは長さの八尺ではなく、とても長くつないであるということ。勾玉《まがたま》は首飾りです。

「天叢雲《あめのむらくも》」とは、天にむらがり立つ雲のことで、修飾語《しゅうしょくご》でしょう。

この鏡、曲玉、剣は、大和《やまと》で政権をとった大王《おおきみ》が王位につくときに、征服《せいふく》された豪族《ごうぞく》や臣下《しんか》たちが、王位を象徴《しょうちょう》するものとして献上《けんじょう》したことが起源《きげん》だと考えられています。

三種の神器は、天皇位の象徴として昔から伝えられていますが、元の物が伝わっているわけではなさそうです。奈良時代には、鏡と剣の二種が王位継承には重視されていましたし、平安時代には、内裏《だいり》の火災で鏡は三回も損傷《そんしょう》したと伝えられています。源平《げんぺい》の合戦《かっせん》の最後には、三種の神器は、都《みやこ》落ちした安《あん》徳《とく》天皇とともに壇《だん》ノ浦《うら》で海中に沈み、後に鏡と勾玉は海中から浮かび上がり回収されたのです。剣は沈んだままでしたから、その後の即位式では、別の剣や、伊勢《いせ》神宮にあった剣を神器としているようです。

＊1……栗山周一『少年三種の神器の歴史』一九三三年。

2 古代の天皇

紀元前八千年ころまでは旧石器時代といわれます。その後、紀元前三〇〇年ころまでは縄文時代といわれ、自然と共生し平等な社会でした。水稲《すいとう》農業がはじまり、二世紀ころから王という権力者があらわれます。その後、大王《おおきみ》と呼ばれるようになり、七世紀ころから天皇と呼ばれたのです。その天皇の立場は、どう変わっていったでしょうか。

奈良県の飛鳥池遺跡から出土した木簡の天皇号（七世紀後半）

Q1 卑弥呼《ひみこ》は天皇だったのですか。

A1 中国大陸では、紀元前五千年ころに水稲《すいとう》農業がはじまりました。日本列島にも紀元前四世紀ころ水稲農業が北九州に伝えられ、紀元前三世紀ころには列島でひろくおこなわれるようになります。

こうした農業は、多くの人たちの共同作業を必要としました。そのため弥生《やよい》時代には、いくつものムラの集団がつくられていきます。
集団の首長《しゅちょう》は、農耕《のうこう》作業や祭祀《さいし》（祭りごと）の指導をおこない、他の集団との交渉《こうしょう》にもあたりました。また、大陸から文明を学ぶため、中国に使者を派遣《はけん》するようになりました。中国の歴史書では、派遣した倭国《わこく》の首長を「王」、その支配領域《りょういき》を「国」と記しています。倭国とは、中国がつけた日本の呼び名です。

中国の三国（魏《ぎ》・蜀《しょく》・呉《ご》の国）時代に書かれた『魏志《ぎし》』倭人伝によると、倭国は二世紀後半に百あまりの国があり、争いが絶えなかったそうです。そのなかで邪馬台国《やまたいこく》は、女王・卑弥呼《ひみこ》を立てて、争いをおさえました。卑弥呼は、鬼《き》道《どう》（呪術《じゅじゅつ》）に長《ちょう》じた首長でした。

卑弥呼は二三九年、魏に使いを送り、「親魏倭王《しんぎわおう》」の称号《しょうごう》と金印《きんいん》、それに三《さん》角縁神獣鏡《かくぶちしんじゅうきょう》を多数枚もらいました。その際にもらったと思われる三角縁神獣鏡は、広い範囲《はんい》の場所から出土《しゅつど》しています。このことから、日本は三世紀に、小国の分立から、邪馬台国連合に向かっていったと考えられています。

『魏志』倭人伝には、邪馬台国への旅の道のりも記されていますが、そのあいまいさから、どこに邪馬台国があったかは現在も明らかではありません。

卑弥呼は死んだ後、大きな墓《はか》に葬《ほうむ》られました。その後、男王が引き継《つ》ぎましたが、また争いが起こり、卑弥呼の一族で女性の壱与《いよ》（一三歳）が後を継いで

三角縁神獣鏡。鏡のふちの断面が三角形で、神と獣が彫られている

治《おさ》めたということです。

このように、卑弥呼は、外交上は「王」の称号はもらいましたが、後にいう「天皇」ではありませんでした。男性の権力闘争を女性の呪術で治める時代だったのです。

Q2 飛鳥《あすか》・奈良時代の天皇は どのような立場だったのですか。

A2 五八九年、中国では、巨大な帝国である隋《ずい》が生まれました。飛鳥《あすか》（現在の奈良県明日香村《あすか》あたり）を中心にしていたヤマト政権は、遣隋使《けんずいし》を派遣して中国の制度に学びながら、仏教を活用して天皇の権威《けんい》を高め、天皇中心の国家をつくる動きをはじめました。

七世紀に入り、中国で隋が滅《ほろ》びて唐《とう》になると、遣唐使《けんとうし》を派遣し、唐の律令《りつりょう》制度をもとに、長安《ちょうあん》に学んだ巨大な都《みやこ》を建設し、天皇を中心とする国づくりを本格化しました。

古代天皇制が本格的に動きだすのは、六七三年に天武《てんむ》天皇が即位したときからといわれます。天武天皇はその後、一四年間、一人の大臣も置かず、天皇中心の政治を進めました。

そして、天武天皇の後を継いだ持統《じとう》天皇[*1]のときに、中国に学んで「律《りつ》」（刑

＊1……天武天皇の皇后だった。

法）と「令《りょう》」（行政《ぎょうせい》法など）を基本法とする古代国家の政治組織《そしき》、律令体制が成立しました。

このときから、「大王《おおきみ》」にかえて「天皇」という称号が、また、「倭」にかえて「日本」という国号《こくごう》が、使われるようになったのです。

この時代に編《あ》まれた『万葉集《まんようしゅう》』には、「大君《おおきみ》は 神にしませば 水鳥の 多《す》集《だ》く水沼《みぬま》を 都《みやこ》となしつ」と、天皇の力の強さがうたわれています。

しかし、その権力を維持《いじ》することは、天皇一人でできるものではありません。大きくなる権力を維持するには、都を移す（遷都《せんと》する）必要がありました。七一〇年には平城京をつくります。奈良時代のはじまりです。

そこには、祭祀をつかさどる神祇官《じんぎかん》と、行政をつかさどる太政官《だいじょうかん》が置かれました。政治は、太政大臣など公卿《くぎょう》の会議で決め、天皇の許可《きょか》を経《へ》て、実行に移されました。ここから、王族や大貴族が政治に介入する道が開かれました。

また、聖武《しょうむ》天皇の時代*2には、仏教には国家を鎮護《ちんご》し豊作《ほうさく》をもたらす呪力《じゅりょく》があると信じられ、東大寺をはじめ全国に国分寺《こくぶんじ》がつくられました。ここから、僧《そう》侶《りょ》が政治力を持つ動きも強まっていきました。

律令の官制

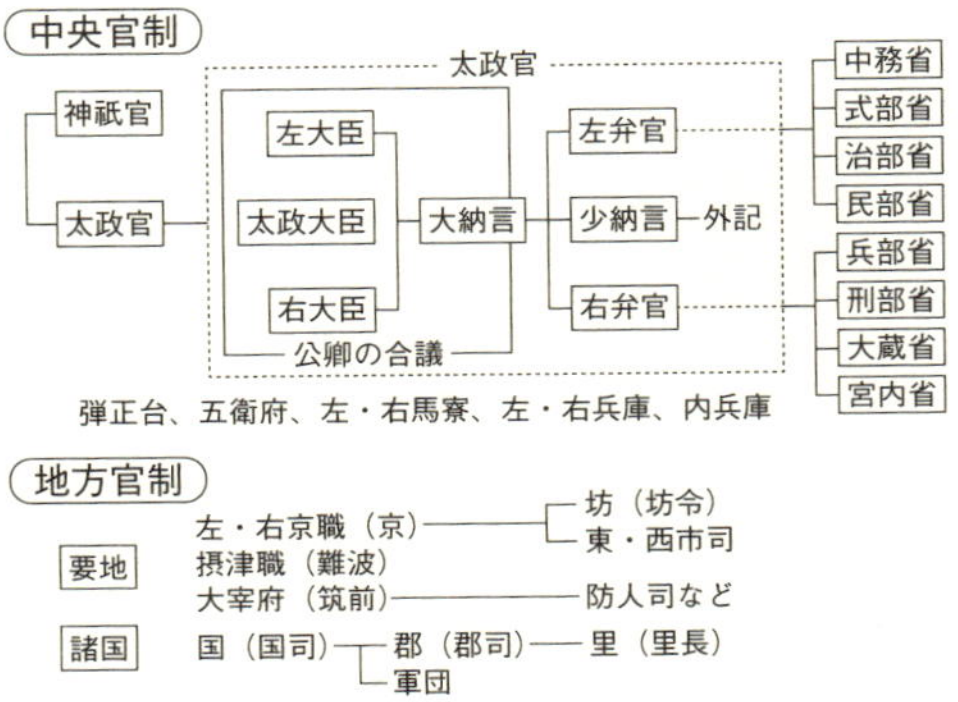

＊2……在位七二四〜七四九年。

Q3 『古事記《こじき》』と『日本書紀《にほんしょき》』はどのような書物《しょもつ》ですか。

A3 日本が中国に遣隋使を派遣し、学んできて栄《さか》えた文化は、飛鳥文化といわれます。飛鳥寺がつくられ、法隆寺《ほうりゅうじ》もつくられました。厩戸皇子《うまやどのおうじ》（聖徳太子《しょうとくたいし》）を中心とする仏教研究の成果として、三経義疏《さんぎょうぎしょ》*1も生まれました。

天武天皇の時代には、唐から学んだ文化が誕生しました。それを白鳳《はくほう》文化と呼びます。日本の古くから伝わる伝説なども収集しながら、一挙《いっきょ》に全国に寺院をつくっていったのです。

日本は、中国に遣唐使を六三〇年から送りました。その後、中断しましたが、七〇二年に復活し、唐から学んで律令体制をつくりました。

その後も遣唐使が派遣されましたが、唐の宮廷《きゅうてい》できかれるのが、日本の歴史や風土《ふうど》、そして産物《さんぶつ》などの特徴《とくちょう》についてでした。そのため、朝廷《ちょうてい》は、それらについて伝えることのできる書物《しょもつ》をまとめることにしました。こうして、二つの書物が生まれました。

その一つが『古事記《こじき》』です。天武天皇が稗田阿礼《ひえだのあれ》に、古くから伝えられていた『旧辞《きゅうじ》』や『帝紀《ていき》』を読み習わせ、太安万侶《おおのやすまろ》に筆記させたもので、七一二年、元明《げんめい》天皇のときに完成しました。神話・伝承《でんしょう》・物語・歌謡《かよう》を集めたもので、神

	古事記		(%)	日本書紀		(%)
神の代	上巻	イザナギノミコト〜 ウガヤフキアヘズノミコト	33.8	巻1 巻2	神代上 神代下	12.4
神と人の代	中巻	神武天皇〜応神天皇	40.1	巻3〜巻10	神武天皇〜応神天皇	19.8
人の代	下巻	仁徳天皇〜推古天皇	26.1	巻11〜巻22	仁徳天皇〜推古天皇	35.8
				巻23〜巻30	舒明天皇〜持統天皇	32.3

（出典）佐々木虔一「『古事記』『日本書紀』はどのようにして成立したか」（歴史教育者協議会編『日本歴史と天皇』大月書店、1989年）52ページ

*1……法華経など三つの教の注釈書。

の代から推古《すいこ》天皇までのことがまとめられています。

もう一つが『日本書紀』です。これは、舎人親王《とねりしんのう》が中心になって、中国の歴史書にならって国家の歴史を年月の順を追って書いたものです。仁徳《にんとく》天皇以後が全体の三分の二を占め、持統天皇まで書かれています。七二〇年、元正《げんしょう》天皇のときに完成しました。

二つの書を合わせて「記紀《きき》」といいます。天皇の年代記としての即位順、血縁《けつえん》、血統《けっとう》、皇妃《こうひ》（天皇の妃《きさき》）、皇子皇女《こうしこうじょ》（天皇の子）などは、二つの書で共通していています。これは、当時の天皇家の正統性を明らかにしようとしてつくられたものといえるでしょう。

神武天皇など、実際には存在しない天皇から書いていることも、天皇家が古い伝統から成り立っているのだと強調しようとしていることを示しています。

Q4 平安時代の天皇はどのような立場だったのですか。

A4 奈良時代の末期、仏教を重視《じゅうし》する天皇を政治利用しようとする、寺院や僧侶の動きがさかんになります。僧侶の道鏡《どうきょう》が、法王の地位をあたえられ、天皇の地位に近づくといったことも起こりました。そこで、そうした勢力の影響が強い平城京から、都を移す動きが表面化するのです。

桓武《かんむ》天皇は、僧侶が政治に介入するのをきらい、七九四年に平安京に遷都しました。そして律令制度を再編《さいへん》し、新たに天皇みずからが実権《じっけん》を持つ道を探《さぐ》りました。しかし、天皇一人で政治を動かすことは不可能です。

嵯峨《さが》天皇の信頼を受けた藤原良房《ふじわらのよしふさ》は、八五八年に清和《せいわ》天皇が九歳で即位した際、摂政《せっしょう》の位につきました。摂政とは、天皇が幼少の場合に、天皇にかわって政治の決定をする仕事です。

さらに、その養子《ようし》の藤原基経《もとつね》は、光孝《こうこう》天皇を立てて関白《かんぱく》の地位につきました。関白とは、天皇が成人であっても、その政治の決定を援助《えんじょ》する仕事のことです。こうして、藤原摂関《せっかん》政治の基礎《きそ》がつくられました。

その後、宇多《うだ》天皇は関白を置かないで菅原道真《すがわらのみちざね》を重用《じゅうよう》し、醍醐《だいご》天皇・村上《むらかみ》天皇の時代には、摂政も関白も置かない天皇親政《しんせい》（天皇自身による政治）がおこなわれました。ところが、地方で富豪《ふごう》農民が成長し、平将門《たいらのまさかど》や藤原純友《すみとも》の乱が起こり、社会は変動していきます。

藤原道長《みちなが》は、四人の娘を天皇の妃にし、栄華《えいが》をきわめることになります。後《ご》一条《いちじょう》天皇、後朱雀《ごすざく》天皇、後冷泉《ごれいぜい》天皇は、道長の外孫《がいそん》[*1]でした。道長とその子である頼道《よりみち》は、合わせて約五〇年にわたり摂政・関白をつとめ、天皇の名による政治を実質的におこなうことになりました。

しかし、このことは、天皇親政ではなくなったということではありません。

藤原道長と天皇家

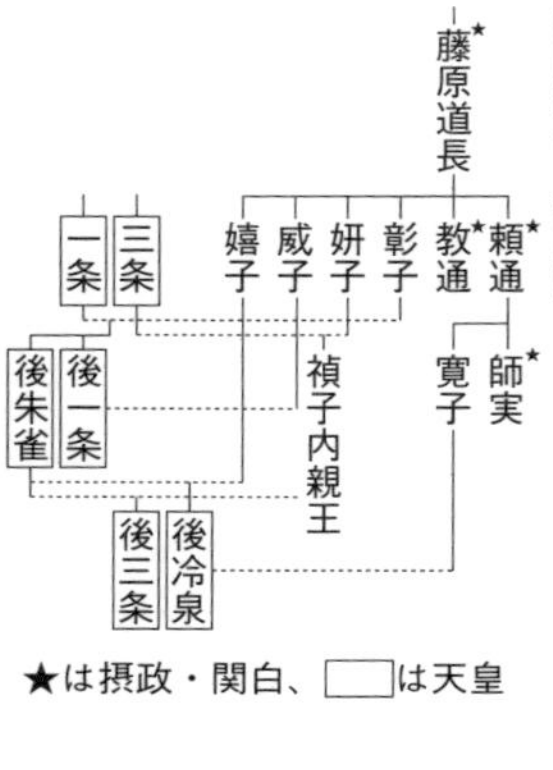

★は摂政・関白、□は天皇

政治は基本的に、天皇の名でおこなわれていたのです。
こうしたなか、国家の土地である公領《こうりょう》は減り、貴族や寺社の持つ荘園《しょうえん》が増えていきました。

Q5 院政《いんせい》とは何ですか。

A5 摂関政治の時代に、荘園の設立が急速に進められました。摂関家をはじめ、貴族や皇族、大寺社はこぞって、地方の豪族《ごうぞく》から荘園の寄進《きしん》（寄付）を受けました。

一方、律令制度のもと、国家の土地である公領を、国司《こくし》（地方官）が私物化《しぶつか》するようになりました。摂関政治に疑問を持つ天皇家では、荘園と公領をあわせて支配することをめざす動きがはじまります。

藤原頼通は、娘の寛子《かんし》を後冷泉天皇に嫁《とつ》がせましたが、二人のあいだに子どもは生まれませんでした。そして、藤原氏が生母《せいぼ》ではない後三条《ごさんじょう》天皇が即位しました。

後三条天皇は、摂政・関白を置かない天皇親政をめざしました。そして、国家の土地である公領を再編強化しようとしました。しかし、それはむずかしい課題でした。

＊1……他家（ここでは天皇家）に嫁いだ娘が生んだ子。

白河法皇像

後を継いだ白河《しらかわ》天皇は、幼少の堀河《ほりかわ》天皇に譲位《じょうい》し、自分は上皇《じょうこう》になって、天皇の後ろだてとして実際の政治をおこなうことになりました。それ以来、上皇のなかの一人が「治天の君《ちてんのきみ》」として絶対的な権力を持つようになりました。上皇は「院」とも呼ばれるので、これを院政といいます。

後三条天皇から後堀河《ごほりかわ》天皇まで、一六人の天皇の即位年齢は平均一〇・五歳、退位年齢は平均二〇・八歳です。いくら若いとはいえ、官位《かんい》[*1]を決めること、軍事・警察・裁判などの最終的な権限、税を課す権限は天皇のみにありましたが、実質的には院が政治を動かすこととなったのです。

院は院庁下文《いんのちょうくだしぶみ》や院宣《いんぜん》という文書で命令を出し、荘園を寄進させ、経済力をも拡大していきました。中・下級貴族を院の近臣《きんしん》（側近《そっきん》）として組織し、地方の武士を集めて「北面《ほくめん》の武士」として院の警備《けいび》にあたらせました。

伊勢平氏《いせへいし》の出身の平正盛《まさもり》・忠盛《ただもり》親子は、白河院・鳥羽《とば》院の近臣として、瀬戸内海の海賊鎮圧《かいぞくちんあつ》などをおこなって、国司に任命されました。同じような軍事貴族である清和源氏《せいわげんじ》を圧倒《あっとう》するようになります。

そして、忠盛の子、平清盛《きよもり》は、肥後《ひご》、安芸《あき》、播磨《はりま》[*2]の国を治める国司や、大宰府《だざいふ》[*3]の次官をつとめるなど、西国に権力基盤を持つこととなったのです。

＊1……官職と位階。朝廷での職と序列。

＊2……それぞれ、現在の熊本、広島、兵庫にあった地域。

＊3……筑前の国（現在の福岡県の一部）に置かれた行政機関。

column 2 古代の天皇と仏教

古代天皇制は、中国の思想を学んでつくられました。中国では、天の思想が、古くから存在していました。天上には天帝がいて、その意志（天命）を鏡で知る。天子はそれで天命を知るといわれました。そうした思想のもとで、日本でも、鏡を神体として天命を知り天下を治める天皇が誕生しました。また、中国などで広がっていた仏教の呪術《じゅじゅつ》力も活用されました。

仏教が日本に伝えられたのは、『日本書紀』によれば五五二年です。当時は、仏は隣国《りんごく》の神と見なされ、日本伝統の民族的宗教である神々とは相容《あいい》れないものとされました。しかしその後、超越《ちょうえつ》的・絶対的な権威《けんい》を持った天皇が、仏教の持っている国家鎮護《ちんご》の呪力を利用しようとする動きが出てきました。

奈良時代になり、聖武《しょうむ》天皇は七四一年、諸国に国分寺と国分尼《に》寺をつくることを命じます。二年後には、奈良の都に大仏を建てるよう命じました。そして、天皇みずからが仏・法・僧に仕えるようになりました。聖武天皇自身、七五四年に大仏の前で出家しました。そのとき戒律《かいりつ》を授《さず》けたのが、唐から渡ってきた僧の鑑真《がんじん》でした。

聖武天皇以後も、仏教に関係した事業が続けられ、財政を悪化させました。桓武《かんむ》天皇は平安京に遷都《せんと》しましたが、その際、平城京から平安京に寺院を移すことを禁じました。その後、奈良の仏教とは縁《えん》を切り、新たに最澄《さいちょう》・空海《くうかい》の仏教を活用することとなったのです。

とりわけ空海は、嵯峨《さが》天皇から東寺《とうじ》をあたえられ、真言密教《しんごんみっきょう》の呪力・霊力《れいりょく》によって国家の繁栄《はんえい》を祈《いの》るとりくみを進めました。宮中《きゅうちゅう》にもたびたび訪れ、仏教行事をおこなうようになりました。貴族の生活にも、現世の利益をもたらすという密教の呪法が入るようになったのです。

3 中世の天皇

後鳥羽上皇像（藤原信実筆）

一二世紀末に鎌倉幕府が成立すると、それまでの朝廷《ちょうてい》による支配から、朝廷と幕府による支配へと、時代は変わりました。朝廷（公家《くげ》）と幕府（武家《ぶけ》）の関係は、どのようなものだったのか。戦国時代までを見てみましょう。

Q1 鎌倉幕府と天皇はどのような関係でしたか。

A1 上皇のなかの一人が「治天《ちてん》の君《きみ》」として権力をにぎり、荘園《しょうえん》など天皇家の財産を支配するというあり方は、皇族内に争いを起こしていきます。

たとえば崇徳《すとく》上皇は、自分の子どもを天皇に即位させて実権をにぎろうとしたのですが、父の鳥羽《とば》法皇が後白河《ごしらかわ》天皇を即位させて院政を継《つ》いだので、不満を

＊1……朝廷との接近をはかる源頼朝は、後白河法皇の求めに応じて義仲を討つための大軍を出した。

つのらせました。こうした朝廷《ちょうてい》の内部対立から、保元《ほうげん》の乱（一一五六年）、平《へい》治《じ》の乱（一一六〇年）が生じます。そのなかで登場したのが、実力を持つ武士などの動きでした。

武士の出身である平清盛《たいらのきよもり》は、太政大臣《だいじょう》となり、さらに娘の徳子《とくし》と高倉《たかくら》天皇とのあいだに生まれた安徳《あんとく》天皇の外祖父《がいそふ》（母方の祖父）として君臨《くんりん》しようとしました。これに対して、後白河法皇や院の近臣《きんしん》、大寺社が反乱を起こし、平氏打倒《だとう》の内乱が生じました（治承《じしょう》・寿永《じゅえい》の乱）。

この乱に勝利し平氏を倒した源頼朝《みなもとのよりとも》は、*1鎌倉に拠点《きょてん》を置き、御家人《ごけにん》制度を整え、侍所《さむらいどころ》・公文所《くもんじょ》・問注所《もんちゅうじょ》などの政治機構《きこう》をつくりあげました。鎌倉幕府のはじまりです。

頼朝は、朝廷が源義経《よしつね》に頼朝を討《う》てと命令したことの責任を追及《ついきゅう》するため、親《しん》頼朝派の公卿《くぎょう》も利用して幕府の意向が伝わるようにしました。また、京都守護、鎮西奉行《ちんぜいぶぎょう》・奥州総奉行《おうしゅうそうぶぎょう》などを置いて、警備体制を強化しました。

頼朝は一一九〇年に京都に行った際、朝廷から権大納言《ごんだいなごん》・右近衛大将《うこんえのだいしょう》に任ぜられます。そして一一九二年には征夷大将軍《せいいたいしょうぐん》に任命されました。

頼朝は、御家人との間に、御恩《ごおん》・奉公《ほうこう》という、土地を仲立ちとする封建《ほうけん》的な主従《しゅじゅう》関係を結んで、東国を中心に支配しました。

他方で、京都を中心に、院政の政治制度も続いていました。この政権*2は、西

鎌倉幕府のしくみ

- 将軍（1192）— 執権（1203）
  - 中央（鎌倉）
    - 侍所（1180）……軍事、警察、御家人の統制
    - 公文所（1184）→ 政所（1191）……一般財務、財政など
    - 問注所（1184）……訴訟と裁判事務
  - 地方
    - 京都守護（1185）……在京の御家人を統率、洛中の警備・裁判、朝廷との折衝、京・鎌倉の連絡など
    - 鎮西奉行（1185）……鎮西（九州）の御家人を統率、大宰府の職務
    - 奥州総奉行（1189）……奥州の御家人を統率、幕府への訴訟取り次ぎ
    - 守護（1185）……諸国に設置。大犯三ヵ条など
    - 地頭（1185）……荘園・公領ごとに設置、年貢徴収権・土地（下地）管理権・警察権などを持つ

*2……武家政権に対して公家政権という。

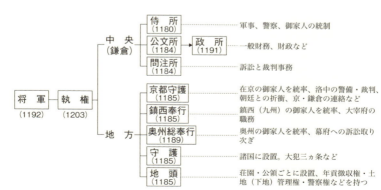

国を主に支配すると同時に、官位の決定や院宣《いんぜん》の優位性など、朝廷権力は続きました。

一二二一年五月、後鳥羽《ごとば》上皇は、鎌倉幕府執権《しっけん》の北条義時《ほうじょうよしとき》を討てと院宣を出し、朝廷と鎌倉幕府が戦う承久《じょうきゅう》の乱となります。結果は幕府側が勝利しました。後鳥羽上皇、土御門《つちみかど》上皇、順徳《じゅんとく》上皇は遠方の地に流すなど、厳しい処置《しょち》が下されました。

しかし幕府は、朝廷の政権の打倒まではめざしませんでした。幕府が設置《せっち》した地頭《じとう》職を朝廷に公認させるなど、みずからの要求に沿《そ》う形でそれを再建する道を選びました。

Q2 後醍醐《ごだいご》天皇はどのような天皇でしたか。

A2 後醍醐《ごだいご》天皇は一三一八年、二九歳で即位しました。天皇がみずから政治をおこなう親政《しんせい》を理想とし、その妨《さまた》げとなる鎌倉幕府を倒そうとしました。その背景には、宋《そう》の時代の中国のあり方、つまり皇帝が巨大な権力を持って国を治《おさ》めるしくみを理想とする考え方がありました。

蒙古襲来《もうこしゅうらい》後、幕府では、一部の北条氏に権力が集中しました。そのため、幕府の政治に不満を持つ人びとが広く存在しました。こうした勢力《せいりょく》を結集《けっしゅう》して、

後醍醐天皇像（神奈川県藤沢市の清浄光寺蔵）。天皇は正装の上に袈裟をかけ、手に密教の道具をにぎっている。また、通常の冠の上にもう一つの冠を乗せている。聖徳太子の絵像を下敷きにしていると思われる

後醍醐天皇は一三三三年に、幕府を滅《ほろ》ぼすことができました。

そして後醍醐天皇は親政をはじめ、朝廷の重要なポストをすべて新しく入れかえるなど、思い切った改革をしていきました。これを「建武《けんむ》の新政《しんせい》」といいます。

この政治に対して、公家《くげ》（朝廷に仕《つか》える貴族）のなかには、天皇を「すぐれた才能の持ち主だ」と評価する者がいる一方で、「まともでない」と批判《ひはん》する者もいました。当時の日本の実情を考えると、批判的な見方が当たっていたと考えられます。というのは、宋のような政治のしくみを実現する可能性は、現実にはほとんどなかったからです。*1

したがって、親政が進められるにつれて、これまで朝廷の政治を担《にな》っていた上級の公家たちだけでなく、あまり恩恵《おんけい》を受けなかった武士たちのあいだにも不満が高まっていきました。そして、幕府を倒した際に大きな功績《こうせき》があった足《あし》利尊氏《かがたかうじ》の離反《りはん》などがあり、三年で親政は崩壊《ほうかい》しました。

その後は、尊氏によって立てられた京都の光明《こうみょう》天皇（北朝《ほくちょう》）と、大和《やまと》（現在の奈良県）の吉野《よしの》に移った後醍醐天皇（南朝《なんちょう》）という、二つの朝廷が並び立ちました。そして、それぞれの朝廷と結びつく武士たちによって、全国規模《きぼ》の内乱が半世紀以上くり広げられました。いわゆる南北朝の内乱です。

後醍醐天皇は「朕《ちん》が新儀《しんぎ》は未来の先例たるべし」（私が新しくはじめたこと

＊1……宋の時代の中国では、唐の時代の貴族層はすでに没落しており、儒教知識人層が新たな政治の担い手として台頭していた。しかも、彼らを官僚として登用する科挙の制度も根づいていた。後醍醐天皇の時代の日本には、これらの条件はなかった。

は未来の先例である）と述べたとされますが、天皇に権限を集めるなど、これまでの天皇のあり方を無視する企《くわだ》てでした。[*2]

一方、北朝の天皇は、鎌倉時代の天皇のあり方を受け継《つ》ぎ、将軍に軍事・行《ぎょう》政《せい》をゆだねました。この武家政権が室町《むろまち》幕府です。尊氏は一三三八年、初代将軍に任ぜられました。

Q3 足利義満《よしみつ》と天皇はどのような関係でしたか。

A3 足利義満《よしみつ》は一三六八年、南北朝の内乱が北朝優位となるなか、わずか一〇歳で、室町幕府三代目の将軍となりました。一三七八年には、花の御《ご》所《しょ》と呼ばれる邸宅《ていたく》を京都の室町につくり、将軍としての権力を固めていきました。朝廷での地位も上がっていき、将軍をやめた一三九四年には、武家として平清盛以来二人目の太政大臣になっています。

義満の時代、京都の市政などそれまで朝廷がおこなっていた行政[*1]を、幕府が肩代わりするようになりました。一四〇二年には、中国（明《みん》）の使者を、北山第《てい》[*2]に迎《むか》えたりしています。異国との交渉《こうしょう》は本来、朝廷のあつかうことでした。

そして義満は一三九二年、南朝を北朝に吸収するような形で、内乱を終わらせました。このように義満は、武家の頂点に立っただけでなく、朝廷もほぼ完

＊2……明治維新で王政復古（→43ページ）がおこなわれたとき、岩倉具視ら有力な公家たちがイメージしていたのは、後醍醐天皇の「建武中興」（建武の新政）だった。それが、王政復古の大号令が出る数カ月前に、「神武創業之始」（天皇政治をはじめたとされる神武天皇の時代）に変わっていった。変更されたのは、後醍醐天皇の統治の実績が問題視されたためと考えられる。

＊1……京都の治安を守る仕事や、住民に土地税をかけることなどが、幕府の手に移った。

＊2……義満が京都の北山につくり、一三九九年から住んだ大規模な山荘。金色に輝く舎利殿（金閣）、それと空中廊下で結ばれた建物や、義満や妻子の住む建物などがあり、彼の死まで政治や社交の場となった。子の義持の時代に大部分が取り壊された。いわゆる金閣寺のルーツ。

全にひきいることになったのです。*3

一三九三年、後円融《ごえんゆう》上皇が亡くなると、義満は院政をおこなう上皇のような行動をとりはじめました。当時、朝廷は財政的にたいへん苦しく、*4 公家たちの行動もゆるみがちでした。そのため、義満の力に頼らざるをえなかったと考えられます。

しかし、一四〇八年に義満が亡くなった後は、将軍が公家・武家の上に立ってひきいる形から、天皇・上皇や摂関《せっかん》などと協調して政治にあたる形に変わっていきました。そのなかで、朝廷の役割は、さまざまな儀礼《ぎれい》・儀式をおこなったり、官位をあたえたり、元号《げんごう》を制定したりといったことになりました。この形は基本的に、江戸時代末まで続きます。

*3……義満の権力は、京都の相国寺に高さ一〇〇メートルを超える七重塔を建てたところにも見ることができる。

*4……一二世紀前半の鳥羽天皇のころから、天皇は日常的に仮皇居（里内裏）に住むようになった。その後一二二七年に平安京の内裏が焼失。一三世紀半ばには、それまでしばしば使用してきた仮皇居が焼失したため、皇居は転々とした。南北朝時代の北朝の仮皇居が一四〇一年に焼失すると、義満の全面的な援助なしには再建することができなかった。これが現在の京都御所のもととなった。

Q4 勅撰《ちょくせん》和歌集とは何ですか。

A4 勅撰《ちょくせん》和歌集とは、天皇または上皇の命令によって選ばれた和歌集のことです。その最初は、平安時代、醍醐《だいご》天皇の命令によって九〇五年に編《あ》まれた『古今《こきん》和歌集』です。最後となったのは、後花園《ごはなぞの》天皇の命令によって一四三九年にできあがった『新続《しんしょく》古今和歌集』です。五〇〇年以上のあいだに、合わせて二一の勅撰

足利義満像（京都の鹿苑寺蔵）。上部にある三枚の色紙には、義満が右大将就任を誇らしげに歌った和歌などが書かれている

和歌集がつくられました。二十一代集と呼ばれます。

『新続古今和歌集』の後も、勅撰和歌集をつくる動きはありました。室町幕府八代将軍の足利義政《よしまさ》が、作成を提案しました。室町幕府成立後、およそ将軍の代ごとに和歌集が編纂《へんさん》されてきたためです。[*1] それを受けて、時の後花園上皇は、一四六五年に編纂を決定しました。

和歌と蹴鞠《けまり》を家業《かぎょう》としていた飛鳥井雅親《あすかいまさちか》[*2]が、編纂の責任者に任じられました。そして、編集を担当する和歌所《わかどころ》という組織が置かれました。後花園上皇、後土御門《ごつちみかど》天皇、足利義政など、公家や武家の有力者から和歌を提出してもらい、作業は着々と進められました。

ところが、一四六七年五月、京都で応仁《おうにん》の乱がはじまりました。戦闘は市街《しがい》戦となり、多くの寺社や貴族の邸宅が放火され、略奪《りゃくだつ》されました。六月には、和歌所が置かれていた飛鳥井雅親の邸宅も焼けてしまいました。集められた和歌や参考文献《ぶんけん》・書類が焼失したといいます。[*3]

こうして和歌集づくりは立ち消えになってしまい、その後、復活することはありませんでした。応仁の乱の後、室町幕府の衰退《すいたい》とともに、勅撰和歌集は終わりを告《つ》げたのです。かつて王朝文化の華《はな》[*4]であった勅撰和歌集の終わりは、朝廷のおとろえをも意味しました。その後の朝廷は、苦闘《くとう》しながら生き延《の》びる道を模索《もさく》していくことになります。

＊1……初代将軍・足利尊氏、二代将軍・義詮（よしあきら）、三代将軍・義満、六代将軍・義教（よしのり）のとき、その提案で勅撰和歌集が編まれた。

＊2……最後の勅撰和歌集である『新続古今和歌集』に飛鳥井雅親の歌五首が収められている。彼が亡くなったのは一四九〇年で、『新続古今和歌集』に歌が収められている歌人のなかでは、最後に亡くなった人物である。その意味で、最後の勅撰歌人といえよう。

＊3……焼失したはずの後花園上皇の歌を書いた書物が、後年、京都で売りに出された。ある下級の役人がそれを買って、勝仁親王（後の後柏原天皇）に献上したという。火事場泥棒がいたらしい。

＊4……一二〇五年にできあがった『新古今和歌集』の「仮名序」には、和歌は世を治め、民心をやわらげるものと書かれている。和歌は天皇の治世を象徴する特別なものと見なされており、王朝文化に不可欠なものだった。

Q5 戦国時代、天皇はどのような状態にありましたか。

A5 戦国時代を、応仁の乱から豊臣秀吉《とよとみひでよし》の天下統一までとすれば、それはおよそ一二〇年にわたります。応仁の乱がはじまる少し前に後土御門《ごつちみかど》天皇が即位し、次いで後柏原《ごかしわばら》天皇、後奈良《ごなら》天皇、正親町《おおぎまち》天皇が即位しました。正親町天皇が孫の後陽成《ごようぜい》天皇に譲位《じょうい》したのは、秀吉が天下統一を達成する四年前、一五八六年のことでした。

このうち、後土御門・後柏原・後奈良の三代は、いずれも譲位せず、天皇位についたままで亡くなっています。これは、それまでの天皇の歴史のなかではきわめてめずらしい事態《じたい》です。七世紀の斉明《さいめい》・天智《てんぢ》・天武《てんむ》三代が在位中に続けて亡くなったとき以来のことでした。

なぜこうした事態が生じたか。それは経済的な理由によるといえます。譲位をして上皇が存在するようになると、上皇の御所《ごしょ》（住居）が必要になり、たいへんな経費《けいひ》がかかります。その負担《ふたん》ができなかったため、やむをえず、亡くなるまで在位しつづけたのです。

経済的に苦しかったことは、大嘗祭《だいじょうさい》*1が一四六六年、後土御門天皇のときを最後に、江戸時代の一六八七年まで二〇〇年以上もおこなわれなかったことに

戦国時代の天皇

天皇	生没	在位
後土御門	1442～1500	1464～1500
後柏原	1464～1526	1500～1526
後奈良	1496～1557	1526～1557
正親町	1517～1593	1557～1586

＊1……毎年恒例の行事として、天皇が新米を神に供えるとともに、天皇自身もこれを食べるという新嘗祭（にいなめさい）がある。大嘗祭とは、新天皇が即位して最初の新嘗祭のこと。大嘗宮を臨時につくるなど、たいへんな経費がかかった。

もあらわれています。

朝廷が経済的に苦しくなったのは、応仁の乱によって室町幕府が衰退したため、その力に頼ることがむずかしくなったからです。その意味で、幕府と朝廷・天皇を対立的にばかりとらえるのは誤《あやま》りだといえます。

column 3

元寇《げんこう》のときに神風は吹いたのか

一三世紀初め、モンゴル民族のチンギス・ハンによって建設されたモンゴル帝国は、孫のフビライ・ハンのとき、国号《こくごう》を元《げん》に改めて、中国を支配しました。

フビライは、朝鮮の高麗《コリョ》を従えた後、日本を従えようと、高麗軍も合わせて日本に攻めてきました。一二七四年の文永《ぶんえい》の役《えき》と、一二八一年の弘安《こうあん》の役の二回です。この二度の襲来《しゅうらい》を「元寇《げんこう》」といいます。「寇」とは、外国から侵入してくる敵という意味です。

元寇のときに「神風」が吹いて敵の船を沈めたとの記述は一九三四年の教科書にもありますが[*1]、アジア太平洋戦争下の教科書では、「日本は神の国」が強調されます。「元寇は、国初以来最大の国難であり、前後三十余年にわたる長期の戦でありました。かうした大難を、よく乗り越えることのできたのは、ひとへに、神国の然《しか》らしめたところであります。……国中が一体となって、この国難に当《あた》り、これに打ちかったのですが、それといふのも、すべて御稜威《みいつ》にほかならないのであり、神のまもりも、かうした上下一体の国がらなればこそ、くしくも現れるのであります[*2]」。

「神風」が吹いて日本が勝つとの考え方が学校で教え込まれ、「神風《しんぷう》」という特攻機《とっこうき》（四千機が飛び立ったとされます）も生みだし、国民に戦禍《せんか》に耐え忍ばせるために利用されたのです。

現在の教科書では、「神風」とは記述していませんが、元寇のときの暴風雨《ぼうふうう》については、疑問視されているとはいえません。「元軍も損害が大きく、たまたまおこった暴風雨もあってしりぞいた（文永の役）」「博多湾への上陸をはばまれているあいだに暴風雨がおこって大損害を受け、ふたたび敗退《はいたい》した（弘安の役）[*3]」と書かれています。暴風雨が、モンゴル軍撤退《てったい》の要因の一つだったとしているのです。

しかし、最近の研究では、たとえば服部英雄は、文永の役のときに本当に暴風雨があったのかということまで疑問視しています[*4]。弘安の役のときには、暴風雨はあったようだが、そのために敗退したわけではなく、その後も戦闘は続いていたとしています。

＊1……『尋常小学国史　上巻』一九三四年。

＊2……『初等科国史　上』一九四三年。

＊3……高校用『詳説日本史B』山川出版社。

＊4……服部英雄『蒙古襲来と神風』中公新書、二〇一七年。

4 近世の天皇

正親町天皇像（京都の泉涌寺蔵）。天皇や上皇らが使用する繧繝縁（うんげんべり）の畳の上に、束帯を着て座っている

近世のはじめ、天皇には固有《こゆう》の役割があったものの、政治上の地位はたいへん低いものでした。しかし一八世紀末ころから、江戸幕府の力がおとろえてくると、天皇の存在が浮上《ふじょう》してくるようになりました。

Q1 織田信長《おだのぶなが》と天皇はどのような関係でしたか。

A1 一一世紀後半の白河《しらかわ》上皇によって院政が開始されて以来、中世の朝廷では、上皇（もしくは法皇）が「治天《ちてん》の君《きみ》」として政治をおこなう院政が基本でした（→17ページ）。ところが、一五世紀半ば過ぎに天皇の位についた後土御門《ごつちみかど》以来、およそ一〇〇年にわたって譲位《じょうい》が途絶《とだ》えました（→27ページ）。

しかし、天皇が譲位を望んでいたのも確かでした。

こうした背景があったので、一五七三年、織田信長《おだのぶなが》が五〇歳代半ばの正親町《おおぎまち》天皇に譲位の援助《えんじょ》を申し出ると、天皇はすぐにでもおこないたいとよろこびました。

ただ、このとき譲位は実現しませんでした。なぜなら、信長は敵対する勢力との戦いに力をさかざるをえず、そのため財政的余裕《よゆう》もなくなったからでした。結局、譲位が実現したのは、信長が本能寺の変に倒れた後の、豊臣秀吉《とよとみひでよし》の時代になってからです。一五八六年、孫の後陽成《ごようぜい》天皇への譲位でした。

これまで、信長と天皇は対立していたとの見方が根強くありましたが、両者のあいだに根本的な対立を見ることはできません。信長は、上級の公家《くげ》が天皇の命令を偽造《ぎぞう》したりする不正が発覚《はっかく》すると、朝廷改革にとりくんだりしています。朝廷のことについてはきちんと対処するよう心がけていたのです。

こうした信長の姿勢は、秀吉にも、さらに江戸幕府にも引き継《つ》がれました。一六一五年には、朝廷の権威《けんい》がきちんと保たれるように、禁中並公家諸法度《きんちゅうならびにくげしょはっと》（→34ページ）が、幕府と朝廷の合作《がっさく》でまとめられました。

織田信長像

Q2 豊臣秀吉は天皇に関して どのようなプランを持っていましたか。

A2 全国統一をなし遂《と》げた豊臣秀吉は、九州の島津《しまづ》氏を平定《へいてい》したころから、中国への進出を口にしていました。その後、日本の服属国《ふくぞくこく》と見なしていた朝鮮が中国（明《みん》）攻めへの従軍を断《ことわ》ったため、全国の大名《だいみょう》たちを動員して、朝鮮への軍事行動をまずおこないました。一五九二年からの文禄《ぶんろく》の役《えき》です。

日本の軍勢《ぐんぜい》が朝鮮に出兵《しゅっぺい》し、約一カ月で都の漢城《かんじょう》（現在の韓国・ソウル）を攻め落としました。その知らせを聞いた秀吉は、およそ次のような東アジア支配の壮大《そうだい》なプランを練《ね》りました。

●関白《かんぱく》である甥《おい》の豊臣秀次《ひでつぐ》は、近いうちに中国（明）の関白にしよう。

●後陽成天皇には、二年後に京都から、中国の都・北京《ペキン》に移っていただく。

●日本の天皇には、後陽成天皇の子（良仁《ながひと》親王）か弟（智仁《としひと》親王）をすえ、また関白も置く。

この構想は、これまで誇大妄想《こだいもうそう》と見なされがちでした。しかし、東アジアの要《かなめ》であり、日本より上位のライバル国である中国に、秀吉が天皇と関白を置こうとした点は重要です。

秀吉は一五八五年に関白になり、その権威《けんい》を積極的に活用して天下統一をな

豊臣秀吉像

し遂げました。つまり、秀吉の政権は、天皇と一体化し、天皇と関白がセットになって成り立っていたと考えられます。だからこそ、もし中国進出を果たすことができれば、そこにも天皇と関白をセットで置こうと考えたのではないでしょうか。ちなみに、服属国と見なした朝鮮には武将を置く構想でした。

それまで、日本を対外的に代表するのは「日本国王」でした。天皇という名称は、外交の場では使われてこなかったのです。その意味で、あくまで天皇は国内的なものでした。中国にも天皇を置くということは、天皇を国際的な意味を持つ皇帝に格上げしようとしたものと考えることもできます。

このプランでは、秀吉自身は、遣《けん》唐《とう》使《し》のころから日本とのつながりが深い中国・寧波《ニンポー》に移る予定であったといいます。そこでどんな地位につくのか、北京の後陽成天皇との関係をどうするのか、そのあたりは明確ではありませんでした。しかも、やがて朝鮮出兵が行きづまるなかで、この構想も立ち消えになりました。

秀吉の東アジア支配の構想

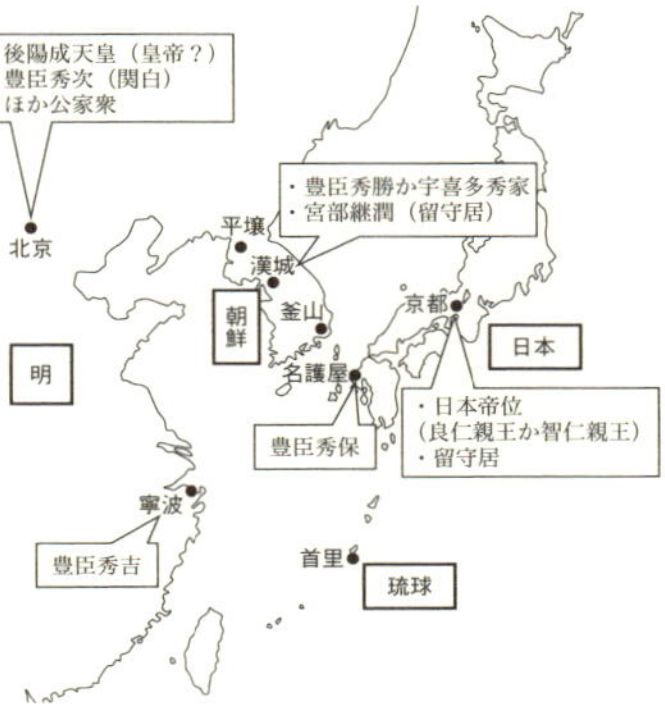

（出典）黒嶋敏『天下統一――秀吉から家康へ』講談社、二〇一五年、一二二ページ

Q3 江戸時代の天皇はどのような役割を持っていましたか。

A3 江戸時代には、後陽成天皇から幕末に即位した明治天皇まで、一六人の天皇が在位しました。しかし、天皇や朝廷は、古代や中世と違って、政治権力の中心ではありませんでした。

幕府は一六一五年に禁中 並 公家諸法度《きんちゅうならびにくげしょはっと》[*1]を定め、天皇や朝廷を統制《とうせい》しました。また、京都所司代《きょうとしょしだい》や禁裏付《きんりづき》ら幕府の役人が、朝廷を監視《かんし》していました。朝廷内では、武家伝奏《ぶけでんそう》という役職が置かれ、幕府の意向《いこう》を朝廷に取り次ぎました。しかも、朝廷の公家たちは関白や武家伝奏の命令に従うこととされ、違反した場合は流罪《るざい》と定められていたので、幕府の支配は朝廷の内側からも補強《ほきょう》されていたのです（禁中並公家諸法度一一条）。

では、江戸時代の天皇や朝廷には、どんな役割があったのでしょうか。

第一に、征夷大将軍《せいいたいしょうぐん》を任命することがあります。江戸の将軍は、天皇から任じられて正式に将軍となりました。また、徳川家康《とくがわいえやす》は死後、朝廷から東照大権現《とうしょうだいごんげん》という神として祀《まつ》られました。そして一七世紀半ばから、朝廷は毎年、家康が祀られている日光東照宮《にっこうとうしょうぐう》に、例幣使《れいへいし》と呼ばれる使者を派遣《はけん》してあがめました。これらは天皇・朝廷にしかできないことでした。

第二に、国家の安全を祈《いの》るよう寺院や神社に命令したり、天皇みずからが祈りをしたりといった、宗教的な役割がありました。

第三に、官位《かんい》を授《さず》けることです。駿河守《するがのかみ》や武蔵守《むさしのかみ》といった官職《かんしょく》や、従五位《じゅごい》や正二位《しょうにい》といった位階《いかい》です。これらは名目的なものではありましたが、朝廷が大名《だいみょう》などに授けることで彼らの序列《じょれつ》を維持し、正当化する役割を果たしました。[*2]

＊1……全一七カ条。第一条で、天皇は学問に励むこととされた。

幕府の朝廷統制のしくみ

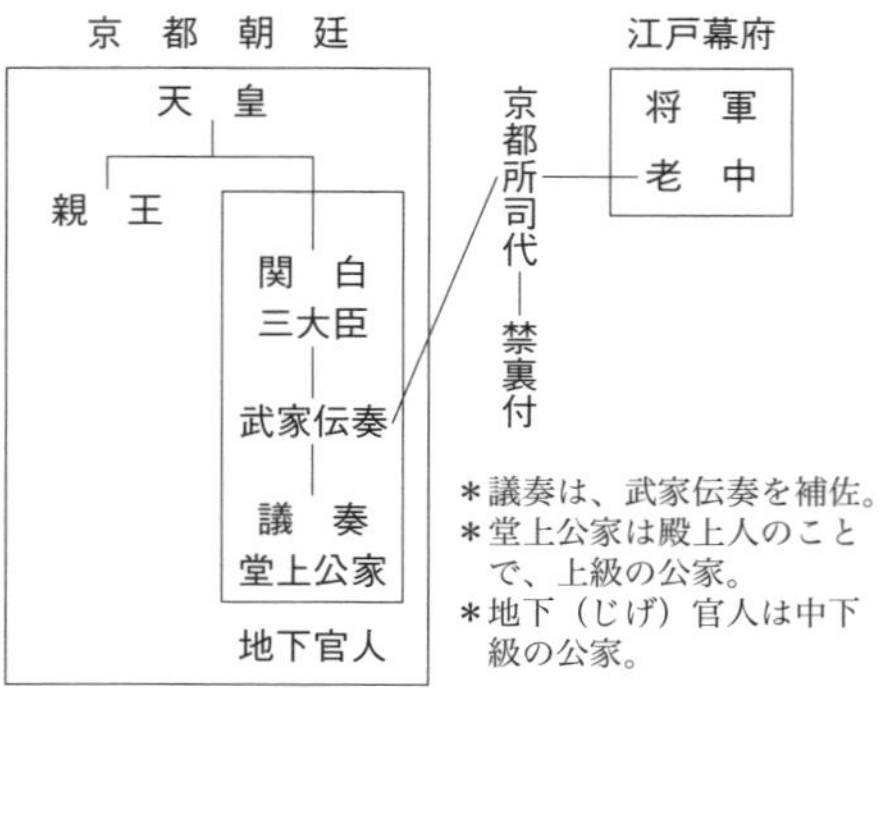

＊議奏は、武家伝奏を補佐。
＊堂上公家は殿上人のことで、上級の公家。
＊地下（じげ）官人は中下級の公家。

＊2……たとえば、江戸城で大名たちの座る位置は官位の順であり、同じ官位ならば早くその官位を授けられた者が上位であった。このように官位は、大名たちのメンツにかかわる重大な問題であった。

第四に、元号《げんごう》の制定がありました。

江戸時代の天皇・朝廷は形だけのものと見なされがちですが、このように、幕府や大名などによる支配の上で、欠かせない役割を果たしていたといえます。

Q4 京都の人びとにとって天皇はどのような存在でしたか。

A4 天皇・将軍とその家族、あるいは老中《ろうじゅう》などの死去に際して、歌舞音曲《かぶおんぎょく》(歌・踊り・楽器演奏など)や建築・土木《どぼく》工事の音などを禁止する鳴物《なりもの》停止令《ちょうじれい》が、江戸幕府から出されました。[*1]

将軍が死去した場合は、江戸で五〇日間以上、[*2]鳴物を停止して喪《も》に服《ふく》するとされました。天皇や上皇の死去の場合、江戸では五日前後でしたが、京都ではおよそ五〇日間となっていました。[*3]つまり、京都の人びとにとって、将軍と天皇の服喪《ふくも》期間にあまり差がなかったということです。[*4]

こうしたなか、一七八七年、天明《てんめい》の飢饉《ききん》がピークに達しました。関東や東北を中心に全国的に凶作《きょうさく》が続き、米の値段が高騰《こうとう》しました。しかし幕府は有効な救済をおこなわなかったので、人びとは生命をおびやかされる状況となりました。五月には大坂《おおさか》や江戸で、米商人などを襲《おそ》う激しい打ちこわしが起こりました。

＊1……史料で確認できる幕府の鳴物停止令の最初は、三代将軍・徳川家光の死去（一六五一年）のときに出されたものである。

＊2……五代将軍・徳川綱吉以降、鳴物の停止日数は増加していった。綱吉は八二日、八代将軍・吉宗は一〇四日であった。

＊3……天皇・上皇の場合、江戸では三〜五日となっていたが、京都ではたとえば後水尾法皇は五〇日、明正上皇は三五日となっている。

＊4……ちなみに、一三七四年、北朝の後光厳上皇が亡くなって以降、天皇の葬儀は京都の泉涌寺（真言宗）でおこなわれた。泉涌寺は天皇家の菩提寺であったといえる。この仏式の葬儀は江戸時代末の孝明天皇まで続いた。ただし孝明天皇の三年祭から神道式となった。111ページも参照。

一方、京都では、違う現象《げんしょう》が起こりました。六月から二カ月ほど、京都のみならず近くの人びとが、老若男女《ろうにゃくなんにょ》や身分の別なくたくさん集まり、毎日のように御所《ごしょ》の築地《ついじ》*5をとりまいて願いごとをしたのです。多いときは五万人に達したといいます。

実は京都の人びとは、最初、町の支配などにあたる幕府の京都町奉行所《まちぶぎょうしょ》に、生活苦からの救済を何度も訴《うった》えたといいます。しかし、京都町奉行所は何もしてくれなかったため、朝廷に声を届けようとしたのです。いいかえると、江戸や大坂の人びととは異なり、京都の人びとは、幕府の役所だけでなく、朝廷にも救済を訴えることができたのでした。

こうした人びとの行動に押される形で、朝廷は幕府側に、救済措置《そち》をとるよう申し入れをおこないました。その結果、幕府は米を人びとに出しました。幕府がやるべきことに関して、朝廷が申し入れをおこなったのは、これが初めてでした。

京都という限られたところのみですが、人びとが幕府を批判《ひはん》するときの拠《よ》りどころとして、朝廷が見出《みいだ》されつつあることがわかります。

＊5……京都市上京区にある御所の周囲一五〇〇メートルほどを築地塀が囲っている。人びとはこれを何回かまわり、南門などで拝礼をし、賽銭（さいせん）を投げたという。なお、御所は江戸時代に何度か火災にあっているが、この御所参りのあった翌年にも大火事で焼けた。

京都御所の築地塀

Q5 光格《こうかく》天皇はどのような天皇でしたか。

A5 一七七九年、後桃園《ごももぞの》天皇が、後を継ぐ者がないうちに急死しました。朝廷は幕府と相談のうえ、閑院宮《かんいんのみや》典仁《すけひと》親王の第六皇子を、わずか八歳で後継ぎにしました。光格《こうかく》天皇です。

閑院宮家は新井白石《あらいはくせき》の発案により創設された宮家《みやけ》*1で、典仁親王が二代目でした。江戸時代の天皇はそれまで直系が継いできたので、異例の即位といえます。

光格天皇は、一七八八年の京都の大火事で焼けた御所の建物を、幕府の反対を押し切って平安時代と同じ規模《きぼ》で再建するなど、天皇権威の強化*2につとめました。

そのなかで一七八九年には、天皇にならなかった父・典仁親王に太上《だいじょう》天皇の称号《しょうごう》を贈りたいと幕府にせまるできごとが起こりました。尊号《そんごう》事件です。御所での父の席順が、太政大臣・左大臣・右大臣より下になるという、禁中並公家諸法度の定めにがまんならなかったためです。

幕府は、天皇の位につかなかった者に太上天皇号を贈るのは道理にあわないと、拒否《きょひ》しました。これに対し光格天皇は、幕府の許可《きょか》を得ずに太上天皇号を贈ろうとしました。驚いた幕府は、一七九三年に、関係の公家二人を処罰《しょばつ》しま

*1……宮家とは世襲の親王家で、伏見宮・桂宮・有栖川宮に加えて、江戸時代になって初めて東山天皇の第六皇子（直仁親王）が閑院宮として一七一〇年に創設された。なお、現在の天皇にいたるまで、閑院宮から出た光格天皇の血統が続いている。閑院宮家の光格が新天皇に選ばれたのは、最も新しい宮家で天皇家と血統が近く、また、出家していなかったからであった。

*2……一四六六年におこなわれて以来途絶えていた大嘗祭について、一六八七年、東山天皇のときに再開されたが、それは略式だとして、古代の形に復古させたりもしている。

した。

ところで光格天皇の時代は、天明の飢饉、打ちこわし・一揆《いっき》の多発、さらにロシアの接近など、幕府の支配が大きくゆらぎはじめました。幕府の老中・松《まつ》平定信《だいらさだのぶ》は、将軍の権力や権威の強化をはかろうと、幼い一一代将軍・徳川家《いえ》斉《なり》に対して、「日本の国土と人民は天皇から預《あず》かっている」と諭《さと》しました。将軍が天下を治《おさ》めるのは、天皇からの委任《いにん》によるのだとしたのです。これを大政《たいせい》委任論《いにんろん》といいます。

光格天皇は、一八一七年に譲位して上皇となり、その後一八四〇年に亡くなりました。このとき朝廷は、それまでのように院号（〇〇院という称号）を贈るのではなく、光格天皇という天皇号＊3を贈ることにしました。平安時代以来のことです。

このように光格天皇の時代は、大政委任論を背景として、天皇を君主と見る考え方が登場してきました。近代の天皇制を考える場合、大きな曲がり角になった時代といえます。

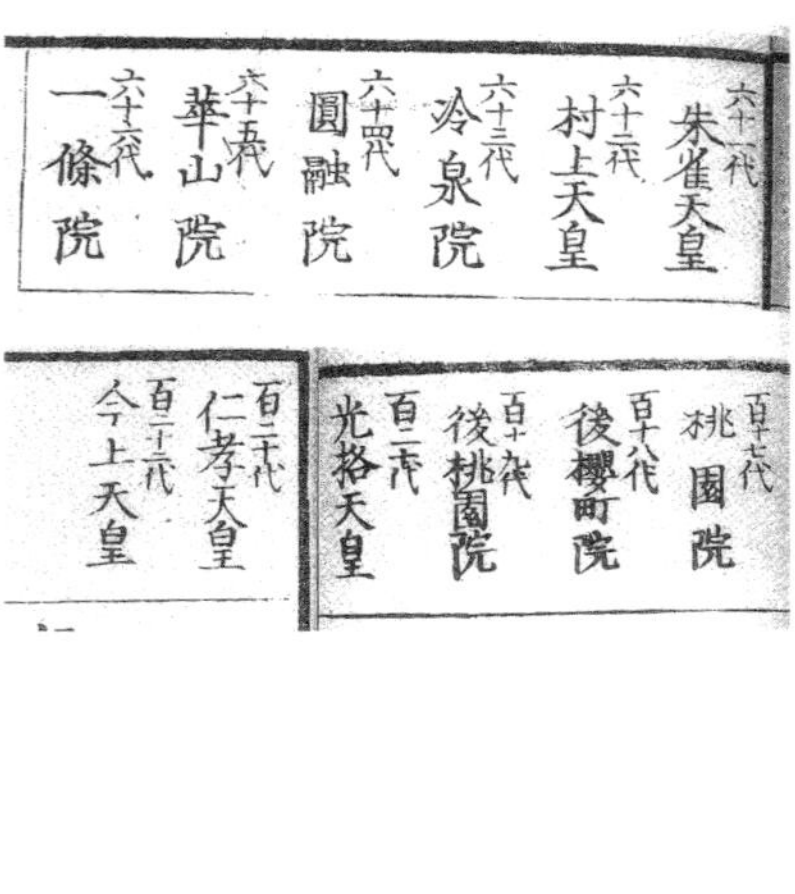

『雲上明覧』（うんじょうめいらん）一八五七年版。光格上皇の没後、「天皇」号が復活した。平安時代の村上天皇以来、およそ九〇〇年ぶりである。『雲上明覧』は江戸時代の公家名簿

＊3……天皇号の復活についてはコラム4を参照。

Q6 水戸《みと》学とはどのような考え方でしたか。

A6 徳川御三家《ごさんけ》の一つ水戸藩《みとはん》の二代藩主・徳川光圀《みつくに》が、一七世紀後半、江戸の藩邸で『大日本史』の編纂《へんさん》を開始しました。中国の歴史書の形式である紀伝体[*1]にならい、一八世紀前半には「本紀」「列伝」が完成しました。[*2]

『大日本史』は、南北朝のうち南朝を正統《せいとう》としました。徳川家康が清和源氏《せいわげんじ》の新田氏《にったし》の子孫と主張しており、その新田義貞《よしさだ》は南朝方の武将だったからでした。南朝正統の立場から、『大日本史』は南北朝の合一で終わり、北朝であった足利《あしかが》時代は記述しなかったのです。

その後、編纂事業は一時衰退《すいたい》し、再開したのは六代藩主・徳川治保《はるもり》の時代からでした。その中心的な担《にな》い手は藤田幽谷《ふじたゆうこく》[*3]でした。

幽谷は一七九一年、一八歳の若さで書いた『正名論《せいめいろん》』で、天皇を頂点に君主と臣下《しんか》の上下関係の秩序《ちつじょ》がしっかりとできあがっているのが日本であると主張しました。ここに水戸学の考え方がはっきりと出ています。

こうした主張の背景には、西欧列強《れっきょう》諸国のアジア進出によって、対外情勢《じょうせい》が緊迫《きんぱく》化してきたということがありました。

天皇中心の国のあり方を示す「国体《こくたい》」という言葉を定着させたのは、幽谷の

＊1……皇帝の伝記である本紀、臣下の伝記である列伝、天文・地理・礼楽・刑政・食貨などの部門史である志、各種の年表や系譜である表の四部構成をとる歴史書。

＊2……『大日本史』が最終的に完成したのは一九〇六年。神武天皇から後小松天皇までの百代を、漢文の紀伝体で記述する。

＊3……（一七七四〜一八二六年）一七八八年、一五歳でその才能を認められ、町人身分から水戸藩の史局である彰考館に抜擢された。

弟子、会沢正志斎《あいざわせいしさい》でした。つまり、正志斎の言葉を使えば、国体を回復する思想が水戸学ともいえます。

正志斎が書いた『新論《しんろん》』や、幽谷の子である藤田東湖《とうこ》の『弘道館記《こうどうかんき》述義《じゅつぎ》』は、幕末の「志士」たちに大きな影響を及ぼしました。

ところで、国体という考え方では、天皇の唯一《ゆいいつ》絶対性が強調されます。すると、将軍—藩主—藩士—下士といった序列《じょれつ》が、あまり意味を持たなくなってしまうのです。その意味では、水戸学は革命的な役割を果たしたといってもよいでしょう。

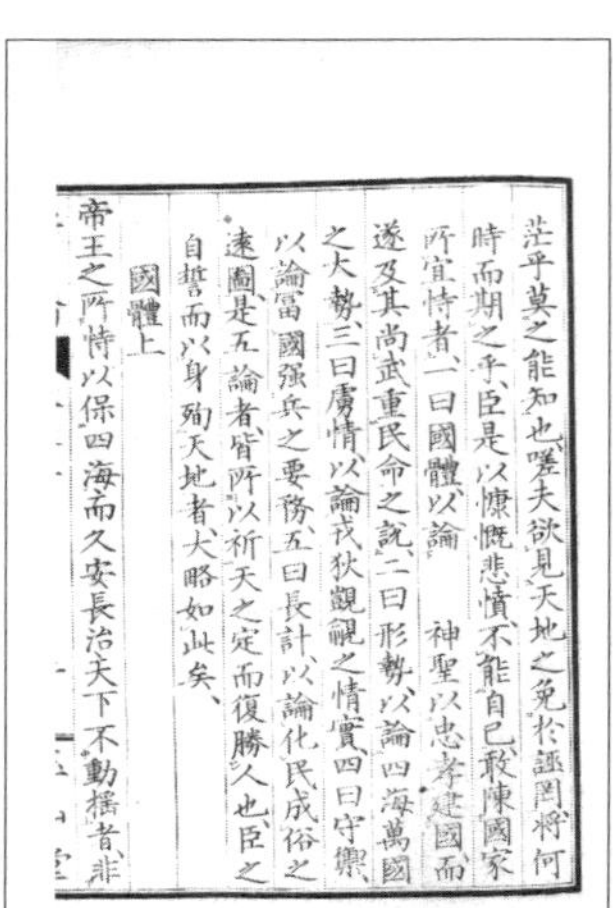
茫乎莫之能知也、嗟夫欲見天地之免於誣罔將何
時而期之乎、臣是以慷慨悲憤、不能自已、敢陳國家
所宜恃者、一曰國體、以論　神聖以忠孝建國、而
遂及其尚武重民命之説、二曰形勢、以論四海萬國
之大勢、三曰虜情、以論戎狄覬覦之情實、四曰守禦、
以論富國強兵之要務、五曰長計、以論化民成俗之
遠圖、是五論者、皆所以祈天之定而復勝人也、臣之
自誓而以身殉天地者、大略如此矣、
國體上
帝王之所恃以保四海而久安長治天下不動搖者、非

会沢安（正志斎）の『新論』（早稲田大学図書館蔵）。『新論』は幕末になってようやく公刊された。写真は一八五七年、江戸で出版されたもの。国体（國體）という用語が見える

column 4

天皇没後《ぼつご》の称号《しょうごう》

歴史上の天皇をすべて「〇〇天皇」と呼ぶようになったのは一九二五年からのことです。実際はどのような称号《しょうごう》だったのでしょうか。

天皇が亡くなった後の称号には、諡号《しごう》と追号《ついごう》があります。諡号とは、生前の功績《こうせき》をたたえる意味をこめた称号で、漢風と和風（国風）があります。

和風諡号は、たとえば飛鳥《あすか》時代の持統《じとう》天皇の場合、大倭根子天之広野日女尊《おおやまとねこあめのひろのひめのみこと》と贈られています。持統は漢風諡号です。和風は七世紀末期に登場し、九世紀前半にすたれていったようです。

一方、漢風諡号があらわれるのは、八世紀半ば過ぎ、淡海三船《おうみのみふね》*1によって、神武《じんむ》から持統までと元明《げんめい》・元《げん》正《しょう》がいっぺんに贈られてからでした。その後、九世紀後半の光孝《こうこう》天皇以後、壇《だん》ノ浦《うら》の合戦《かっせん》で亡くなった安徳《あんとく》天皇など、非業《ひごう》の死を遂《と》げて怨霊《おんりょう》となるおそれのある場合を除き、漢風諡号はすたれていきました。

追号は、生前の御所《ごしょ》名などが用いられたり、過去の天皇の諡号・追号をもとにしてつくられたりしました。桓武《かんむ》天皇の子の平城《へいぜい》天皇の場合、生前に譲位《じょうい》して上皇となりましたので、漢風諡号を贈られる機会がありませんでした。そこで、平城京にこだわりつづけ、晩年《ばんねん》は平城宮で過ごしたことにちなみ、平城天皇という称号が贈られ、ここに初めて追号が登場しました。

一〇世紀半ばの村上《むらかみ》*2天皇は、追号（村上）＋天皇号です。ところがその次の冷泉《れいぜい》の場合、没後《ぼつご》の称号は冷泉院です。これは追号（冷泉）＋院号の形で、以後この形が一般的となります。

その後、一九世紀になって、光格《こうかく》天皇という称号が贈られました。漢風諡号＋天皇号の組み合わせは、光孝天皇以来、九五四年ぶり。天皇号は、村上天皇以来、八七四年ぶりでした。その次の仁孝《にんこう》・孝明《こうめい》も、漢風諡号＋天皇号の組み合わせでした。

明治になると、一世一元《いっせいいちげん》の制が定められました。かくして明治天皇の場合、元号の明治を追号としています。以後、大正・昭和と、この追号＋天皇号の組み合わせがおこなわれていきました。

＊1……奈良時代の文人で、漢詩に秀でていた。

＊2……「村上」は村上陵にちなむ追号。

Column 5

神武《じんむ》天皇陵《りょう》がなぜあるのか

神武《じんむ》天皇は初代天皇とされますが、実在の人物ではありません。にもかかわらず現在、その墓《はか》の「神武天皇陵《りょう》」が、宮内《くない》庁の管理のもと、奈良県橿原《かしはら》市にあります。そのいきさつをたどってみましょう。

六七二年の壬申《じんしん》の乱の時点で、神武天皇陵とされるものが存在していたことは、『日本書紀』の記述*1からわかります。しかし、その具体的な場所はよくわかりませんでした。神武天皇陵の場所が現在地に確定したのは、江戸時代末の一八六〇年代のことです。

一八六二年、譜代《ふだい》大名の宇都宮藩《うつのみやはん》から、陵墓《りょうぼ》*2修復《しゅうふく》したいとの願いが幕府に出されました。欧米列強が押し寄せるという国難を乗り切るために、陵墓を修復して幕府が天皇に忠節《ちゅうせつ》をつくすことで、全国的に士気《しき》が大いにあがり、強国化が実現できるというのでした。宇都宮藩の願いは認められ、家老《かろう》の戸田《とだ》忠至《ただゆき》らがさっそく畿内《きない》で調査し、修復にとりかかりました。そのなかで最も重視されたのが神武天皇陵でした。

江戸時代において、神武天皇陵とされる場所は三カ所ありましたが、このとき最終的には孝明《こうめい》天皇の判断で、現在地に決定されました。一八六三年のことです。

この年の半ばころまで攘夷《じょうい》の嵐が吹き荒れました。天皇みずから神武天皇陵に行幸《ぎょうこう》して攘夷の祈願《きがん》をおこなうという計画が立てられたことも、決定を急いだ理由です。

このときの修復で、それまで田畑のなかに二つの塚があるだけだった状態から、塚の周りを囲《かこ》い、塚の前には鳥居《とりい》が建てられ、祭祀《さいし》の場に変えられたことが、図によってわかります。

その後、万世一系《ばんせいいっけい》という神話を確固《かっこ》たるものにするため、明治から大正にかけて、神武天皇陵の拡《かく》張《ちょう》・整備はさらに進められました。その過程《かてい》で、隣接《りんせつ》する被差別部落の村が移転させられたことは、住《すみ》井《い》すゑの『橋のない川』という小説に描かれているとおりです。

また、一八九〇年には、神武天皇陵の隣に、神武天皇とその妃《きさき》を祀《まつ》る橿原神宮が建てられました。

＊1……壬申の乱で大海人皇子は神武天皇陵に馬や兵器を奉納し、そのおかげもあって大友皇子方を打ちやぶることができたと記されている。

＊2……天皇・皇后・皇太后・太皇太后の墓を「陵」、それ以外の皇族の墓を「墓」という。

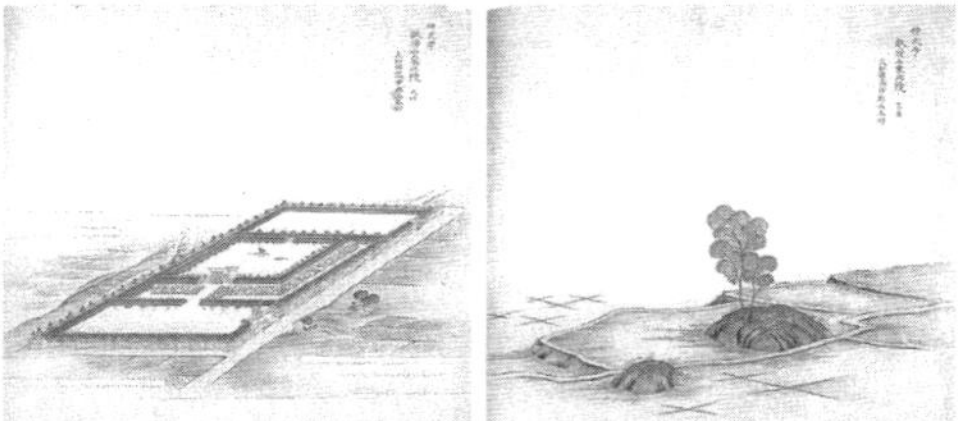

右は「荒蕪」図、左は「成功」図（『御陵画帖』より「神武帝　畝傍山東北陵」）

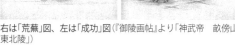

5 近代天皇制のはじまり

大政奉還図（邨田丹陵筆、聖徳記念絵画館蔵）

江戸時代末期に「尊皇《そんのう》」という動きがあらわれました。それは明治維新によってできる新しい近代国家を、天皇を現人神《あらひとがみ》（人間の姿であらわれた神）とする復古《ふっこ》の考え方と共存させようという動きになりました。明治の新政府の政策が、具体的にどう進められていくのかを見てみましょう。

Q1 王政復古《おうせいふっこ》とは何ですか。

A1 江戸時代の天皇が持っていた権限は、官位をあたえることなど、形式的なものでした。そんな天皇が実質的な権限を持つようになったきっかけは、一八四六年、アメリカ使節《しせつ》ビッドルが来航《らいこう》した際、朝廷が「海防を厳しくしなさい」との沙汰書《さたしょ》を出したことです。それ以来、幕府は、外国船がやって来る状況を、朝廷に相談するようになりました。

七年後のペリー来航と、その後のアメリカ総領事《そうりょうじ》ハリスとの条約締結《ていけつ》交渉の際には、幕府は「天皇の許可が必要」として、その調印を延期する口実にしました。しかし結局は、天皇の許可を得られないまま調印してしまいました。それが尊皇攘夷《そんのうじょうい》派*1（天皇をあがめ、外国人を排斥《はいせき》しようとする人びと）から「天皇にそむいた」と非難され、幕府の崩壊《ほうかい》につながっていきます。

一八六〇年、幕府は、孝明《こうめい》天皇の妹・和宮《かずのみや》を将軍・徳川家茂《とくがわいえもち》と結婚させるなど、公武《こうぶ》（朝廷と幕府）合体政策をとりました。しかし、一八六六年に、公武合体政策を支持していた孝明天皇が死去しました。これをきっかけに幕府は孤《こ》立《りつ》し、徳川慶喜《よしのぶ》は翌一八六七年一〇月一四日、大政奉還《たいせいほうかん》（政権を朝廷に返上すること）を申し出ます。

しかし、同年初めに明治天皇が位につくと、公家《くげ》の岩倉具視《いわくらともみ》*2は薩摩藩《さつまはん》の西郷《さいごう》隆盛《たかもり》*3、大久保利通《おおくぼとしみち》*4らとはかり、薩摩藩と長州藩《ちょうしゅうはん》に討幕《とうばく》の密勅《みっちょく》を出していました。

一二月九日には、王政復古《おうせいふっこ》の大号令により、新政府の樹立を宣言。小御所《こごしょ》会議で、慶喜から将軍職と領地を没収《ぼっしゅう》することを決めました。

*1……幕末期に長州藩などは、尊皇攘夷運動を尊皇倒幕運動に発展させた。

*2……（一八二五～一八八三年）新政府の中枢となり、外務卿として条約改正のため使節団をひきいて欧米を訪問した（岩倉使節団）。

*3……（一八二七～一八七七年）新政府では参議・陸軍大将となったが、対朝鮮問題をめぐる政変で下野。一八七七年には新政府への反乱をひきいた（西南戦争）。

*4……（一八三〇～一八七八年）新政府では初代内務卿として実権をにぎった。

Q2 五箇条《かじょう》の誓文《せいもん》とはどのようなものでしたか。

A2 一八六八年一月、旧幕府軍は京都に兵力を出し、薩長軍と戦いましたが敗れました（鳥羽《とば》・伏見《ふしみ》の戦い、戊辰《ぼしん》戦争）。新政府は、徳川慶喜は「朝廷の敵」であるとして、幕府を倒す軍を江戸に向けて出兵させました。

その年の三月に、天皇が神に誓《ちか》う形式をとって出したのが、五箇条《かじょう》の誓文《せいもん》です。その内容は次のようなものです。*1

一、広く会議で議論し、天下の政治は世論の向かうところに従って決定せよ。
一、身分の上の人も下の人も、心を一つにして国を治《おさ》めること。
一、官人や武人から庶民《しょみん》まで、その志《こころざし》を遂《と》げ、いやにならないようにする。
一、昔からの悪い習慣をやめ、天皇中心の政治に基《もと》づくこと。
一、知識を世界に求めつつ、天皇の国家の発展をめざすこと。

この誓文の原案は、由利公正《ゆりきみまさ》*2がつくり、福岡孝弟《ふくおかたかちか》*3が修正したといわれています。それを木戸孝允《きどたかよし》*4がさらに修正しました。

その内容は、「会議」といっても諸大名《だいみょう》による列侯《れっこう》会議で、しかも天皇のもとでの会議でした。そしてその目的は、「皇基《こうき》を振起《しんき》」する、つまり天皇の国家を助けることとされました。

*1……
一、広く会議を興し万機公論に決すべし
一、上下心を一にして盛んに経綸を行うべし
一、官武一途庶民に至る迄各其志を遂げ人心をして倦まざらしめん事を要す
一、旧来の陋習を破り天地の公道に基くべし
一、知識を世界に求め大いに皇基を振起すべし

*2……（一八二九～一九〇九年）新政府の参与。後に東京都知事など。

*3……（一八三五～一九一九年）新政府の参与。後に文部卿など。

*4……（一八三三～一八七七年）新政府の参与。参議、文部卿など要職をつとめ、近代的な改革をすすめた。

この新しい国家の指針《ししん》は、国民の参加を認めたものではありませんでした。五箇条の誓文が出された翌日、人民の心得《こころえ》を示す五榜《ごぼう》の掲示《けいじ》（五枚の立て札《ふだ》）が出されました。それは、儒教《じゅきょう》道徳をすすめ、集団で政府に訴《うった》えることを禁止するなど、江戸時代と変わらず新政府への反対運動をおさえこむ内容でした。

Q3 一世一元《いっせいいちげん》の制度とは何ですか。

A3 新政府軍と旧幕府側との戊辰戦争が戦われていた一八六八年閏《うるう》四月、新政府は、古代天皇制時代の太政官《だいじょうかん》制度にならって政治組織《そしき》のあり方を定めた政体書《せいたいしょ》を出しました。さらに七月には、江戸を東京に改《あらた》めました。

九月、当時まだ京都にいた天皇は、「明治改元《かいげん》の詔《みことのり》」を発しました。そのなかで、「慶応四年を改めて明治元年とする。今後、今までの制度を変え、一人の天皇の時代は一つの元号《げんごう》とする一世一元《いっせいいちげん》を、永久のものとせよ」としました。一世一元制が制度化されたのは、このときがはじめてです。

日本の元号は、六四五年（大化元年）にはじまります。中国文化の影響でした。その元号は続かず、その後、元号が制定されたのは七〇一年（大宝《たいほう》元年）です。それ以後は、天皇の権限で元号が制定されてきました。

元号は、天皇がかわるときに変えられるのが基本でしたが、それに限らず、

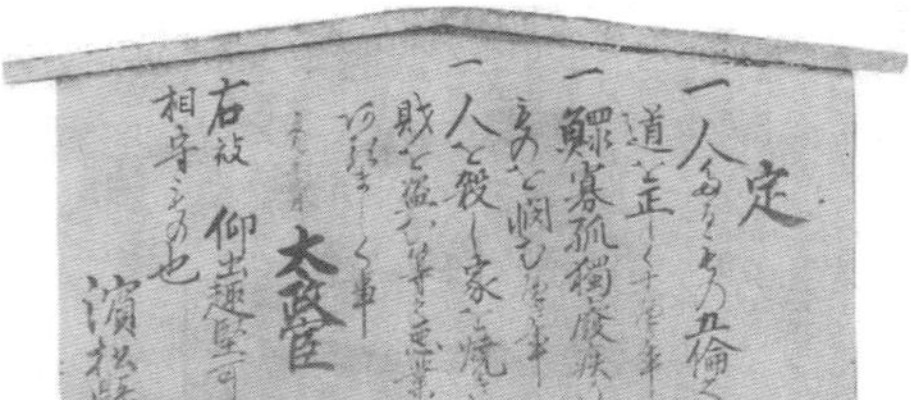

五榜の掲示の第一札

天変地異《てんぺんちい》のときや、めでたいことが生じたときにも、たびたび変えられました。明治天皇の父親である孝明《こうめい》天皇は弘化《こうか》三年に天皇位につき、嘉永《かえい》・安政《あんせい》・万《まん》延《えん》・文久《ぶんきゅう》・元治《げんじ》・慶応《けいおう》と六回の改元をおこなっていました。一世一元ではなかったのです。

明治改元の詔を提言したのは岩倉具視でした。この詔は、行政官布告《ふこく》第一号として出されました。これは天皇を現人神《あらひとがみ》として、一人の天皇には一つの元号とすることによって、その神格化を強めようというねらいがあったと考えられます。

そして改元の方法については、一八八九年に出された皇室典範《こうしつてんぱん》（↓68ページ）の第一二条で示されました。さらに後の登極令《とうきょくれい》（↓75ページ）では、新天皇が践祚《せんそ》*1（天皇の代替わり）後ただちに元号を定めるとされました。

こうして日本の近代において元号は、神武《じんむ》天皇以来の神の系譜《けいふ》として天皇を位置づけ、その関連で時代区分をあらわすものとされました。

岩倉具視（中央）。左から木戸孝允、山口尚芳、岩倉具視、伊藤博文、大久保利通

*1……践祚とは、天皇のしるしである剣と勾玉を新天皇のもとに移動させること。即位とは、内裏の紫宸殿（ししんでん）に置かれた高御座（たかみくら）にすわり、皇位継承を天下に告知すること。

Q4 国家神道《しんとう》とは何ですか。

A4 神道《しんとう》は、日本に発生した民間信仰《しんこう》で、祖先や自然を尊《とうと》ぶものとして、長い歴史のなかで形成されてきたものです。それは仏教や儒教・陰陽道《おんようどう》などとも共存してきました。

そんななか、新政府は国家に権威《けんい》と権力を集中させるため、幕末維新期にあらわれた平田篤胤《ひらたあつたね》＊1の、天皇を神格化・絶対化する復古的な神道をとりいれました。

そのために、新政府は一八六八年に、神仏分離《しんぶつぶんり》令を発しました。これは、神社を寺院から独立させたものです。これをきっかけに、全国的に寺院・仏像の破壊などまでおこなわれました（廃仏毀釈《はいぶつきしゃく》）。

そして一八七〇年、大教宣布《たいきょうせんぷ》という宗教政策を出しました。これは、神道一本の国家をつくり、国家神道の教えで国民を従わせようとするものでした。

この政策を実行するためのとりくみとして、その前年には、天皇による伊勢《いせ》参拝《さんぱい》が実行されました。天照大神《あまてらすおおみかみ》を祀《まつ》る伊勢神宮を参拝することで、天皇がその直系であることを示すためでした。また、一八七一年には、全国の神社に社格《しゃかく》（神社の位）をあたえて序列《じょれつ》化し、その頂点に伊勢神宮を置きました。

橿原神宮

＊1……（一七七六～一八四三年）江戸時代後期の国学者。

こうした方針のもとで、新しい神社もつくられました。まず、天皇・皇族関係の神社として、神武天皇を祀る橿原《かしはら》神宮などがつくられます。さらに、天皇に忠誠《ちゅうせい》を誓った楠木正成《くすのきまさしげ》＊2を祀る湊川《みなとがわ》神社や、国家のために戦死した人を祀る靖国《やすくに》神社（↓80ページ）が建てられました。開拓地・植民地にも神社が建てられました。

天皇の皇室祭祀《さいし》（祭りごと）も変えられました。賢所《かしこどころ》・皇霊殿《こうれいでん》・神殿《しんでん》からなる宮中三殿《きゅうちゅうさんでん》（↓162ページ）を整備し、古来おこなわれてきた新嘗祭《にいなめさい》・神嘗祭《かんなめさい》だけでなく、元日におこなう元始祭《げんしさい》、春分・秋分の日におこなう皇霊祭《こうれいさい》をはじめとする皇室行事が、多数おこなわれるようになりました。

＊2……（一二九四～一三三六年）鎌倉～南北朝時代の武将。後醍醐天皇に応じて挙兵し、鎌倉幕府軍と戦った。後に湊川で足利尊氏の軍と戦い敗死した。

6 近代天皇制と民衆

天皇を現人神《あらひとがみ》にするのは、むずかしいことでした。明治一〇年代までの民《みん》衆《しゅう》に、天皇の存在はそれほど知られていなかったのです。そこで政府は、神としての天皇を民衆にわからせ、天皇の国家のためにつくす国民をつくりだすために、いろいろなとりくみをしました。

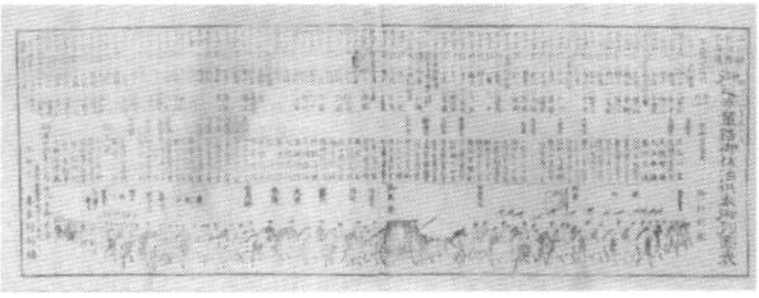

明治天皇の巡幸（御巡幸輦路御休泊供奉御列図表、1881 年）

Q1 祝日や大祭日《たいさいじつ》はどのように決まったのですか。

A1 一八七二年（明治五年）一二月九日に、改暦《かいれき》の詔《みことのり》が出されました。旧来の日本は太陰暦《たいいんれき》でした。季節の移り変わりも、月の満ち欠けで理解していました。それを西洋にならって太陽暦《たいようれき》に変えたのです。それによって、同年一二月三日が、一八七三年（明治六年）一月一日とされました。

これは単なる改暦にとどまりませんでした。改暦にともなって、天皇にまつわる行事が導入されることになります。まず、それまで自由に発行できた暦《こよみ》が、自由に発行できなくなりました。また、改暦された年、つまり一八七三年を、神武《じんむ》紀元二五三三年としました。その理由は、『日本書紀』で神武天皇が即位したのが紀元前六六〇年とされたことによります（↓2ページ）。

一八七三年に、太政官布告《だじょうかんふこく》が出されました。それにより、正月七日（人日《じんじつ》）、三月三日（上巳《じょうし》）、五月五日（端午《たんご》）、七月七日（七夕《たなばた》）、九月九日（重陽《ちょうよう》）の日を祝う五節句《せっく》を禁止する方針が出され、神武天皇の即位日を祝う紀元節《きげんせつ》（二月一一日）と、天皇の誕生日を祝う天長節《てんちょうせつ》（明治では一一月三日）を祝日としました。

さらに、自由民権運動が高まる一八八二年には、暦を発行できるのが伊勢神宮だけにされました。

一九〇八年九月一八日には、皇室祭祀《さいし》令が出されます。元始祭《げんし》、皇霊祭《こうれい》、神嘗《かんなめ》祭、新嘗祭《にいなめ》など、天皇がおこなう儀式が大祭《たいさい》とされました。

ただし、あまり頻繁《ひんぱん》に儀式をすると効果が薄《うす》くなるので、一八九三年に文部《もんぶ》省は、学校儀式については一月一日、紀元節、天長節の三つを三大節としています。

こうした経過を経《へ》て、大正期に出された尋常《じんじょう》小学校修身《しゅうしん》教科書には「祝日・

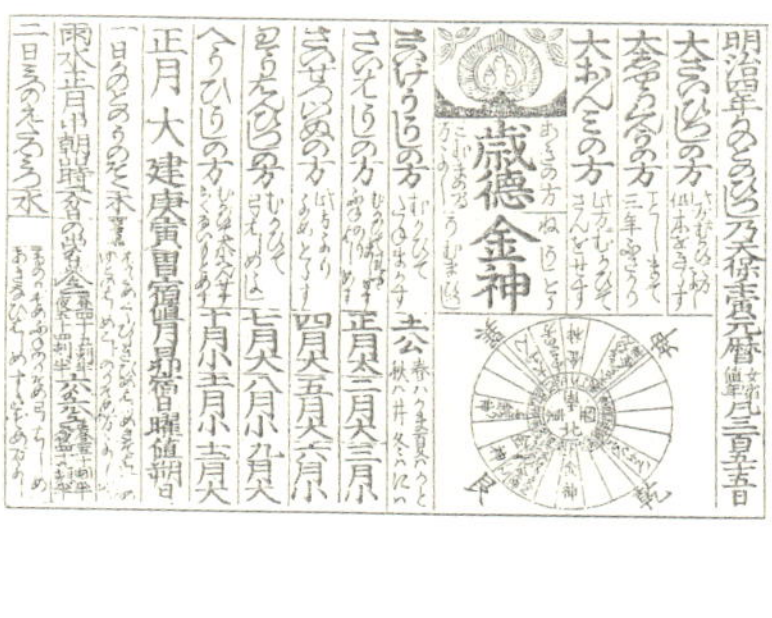

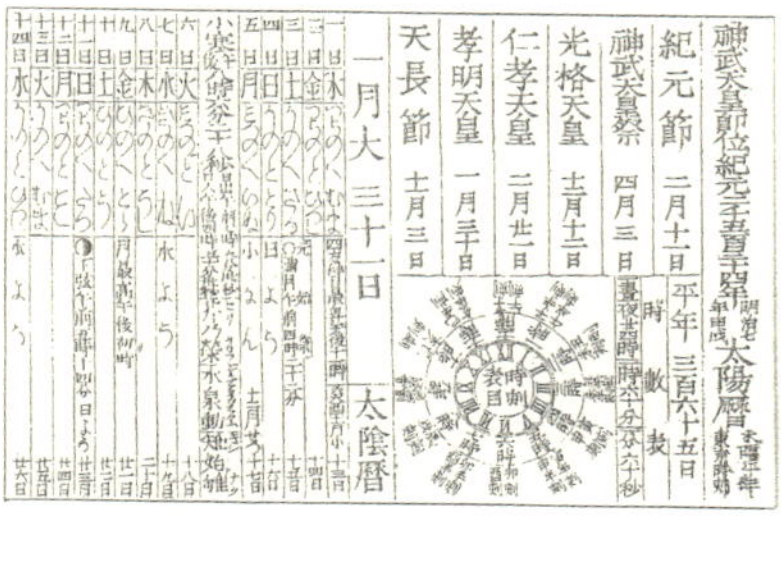

右は改暦前（明治四年）の「暦」（太陰暦）の第一ページ。左は改暦後（明治七年）の「太陽略暦」の第一ページ。

大祭日」の項《こう》が設《もう》けられ、「我《わ》が国の祝日は新年と紀元節と天長節・天長節祝日とでございます。新年は一月一日・二日・五日、紀元節は二月十一日、天長節は八月三十一日、天長節祝日[*1]は十月三十一日でいづれもめでたい日でございます[*2]」と記され、国家的な祝いの日とされることとなります。

Q2 文明開化《かいか》と天皇には どのような関係があったのですか。

A2 新政府は、それまでの民衆《みんしゅう》の風習だったちょんまげ、お歯黒《はぐろ》、盆踊《ぼんおど》りなどを悪い風習として批判《ひはん》し、西洋風の風習を推薦《すいせん》しました。一八七一年には、「ちょんまげを切ったり刀を捨てたりすることは自由」というおふれが出されました。

そのころに流行《はや》った「開化どどいつ」は、次のようなものでした。

半髪《はんぱつ》頭をたたいてみれば　因循《いんじゅん》姑《こ》息《そく》の音がする
総髪《そうはつ》頭をたたいてみれば　王政復古《ふっこ》の音がする
散切《ざんぎ》り頭をたたいてみれば　文明開化の音がする

半髪とは、頭を剃《そ》ったちょんまげスタイルのこと。総髪とは、頭を剃らずに束ねたスタイル。そして散切りとは、ちょんまげをつくらず、すそをそろえて切ったスタイルです。この散切り頭が流行しました。

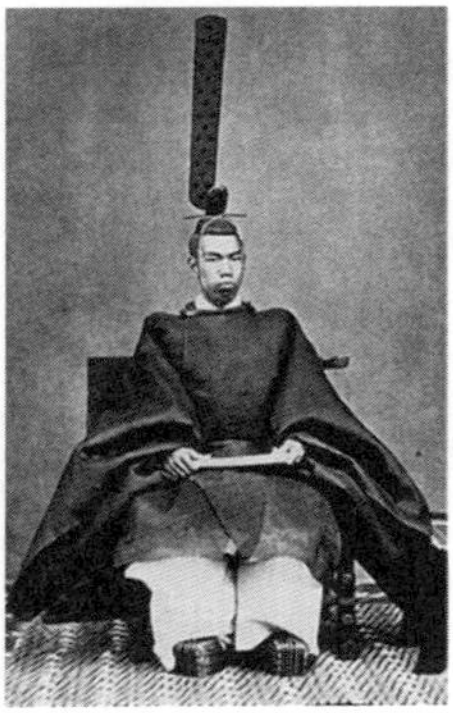

一八七二年の明治天皇肖像

＊1……大正期の天長節（八月三一日）は暑くて儀式をしにくいため、二カ月後に延期して天長節祝日に儀式をおこなった。
＊2……大正九年発行の修身書、巻四。

それは、明治天皇みずからが一八七三年三月に断髪《だんぱつ》し、お手本を示したことが影響したと考えられます。

また、食生活についても、こんな歌が流行りました。

スープにコーヒー　シチューにサラダ
牛鍋食わぬは開化不進奴《ひらけぬやつ》

この背景にも、天皇が一八七三年正月に、牛肉をはじめとする洋食を食べたことが影響しました。

このように、天皇みずからが率先《そっせん》して、文明開化を推奨《すいしょう》しました。

一八七三年の明治天皇肖像

Q3 天皇の巡幸《じゅんこう》の目的は何だったのですか。

A3 一八七〇年代から一八八〇年代の初めにかけて、明治天皇は長期の地方巡幸《じゅんこう》をおこないました。巡幸とは、天皇が首都を離れて全国をまわることです。一八七六年の五〇日間の東北・北海道巡幸、一八七八年の七二日間の北陸道・東海道の巡幸、一八八〇年の三八日間の山梨・長野・三重・京都の巡幸、そして一八八一年の七四日間の山形・秋田・北海道の巡幸などが代表的です。

こうした巡幸の目的は、天皇が人びとの実情を知り、その苦しみに寄《よ》り添《そ》うことだと宣伝《せんでん》されました。しかし実際は、天皇の権威《けんい》を人びとにわからせることが目的でした。

一八八一年の巡幸を例に見てみましょう。天皇につき従ったのは、左大臣・熾仁《たるひと》親王、能久《よしひさ》親王、参議《さんぎ》・大隈重信《おおくましげのぶ》、参議・黒田清隆《くろだきよたか》、参議・大木喬任《おおきたかとう》、内《ない》務卿《むきょう》・松方正義《まつかたまさよし》などでした。全体で三五〇人の大行列でした。

政府・県・郡《ぐん》の指示で、沿道《えんどう》の歓迎《かんげい》行事がくり返されました。行在所《あんざいしょ》（巡幸中の仮の御所《ごしょ》）には、地域の名望家《めいぼうか》の家を使いました。ただし、それらの人も信用できなかったのか、食事を担当する人や食材はすべて持参《じさん》しました。

天皇を知らない民衆のなかには、「生き神様」が来ると信じる動きもつくられました。こうした巡幸をとおして、天皇中心の国家であることが、人びとの頭に植えつけられました。

また、この巡幸には、大隈重信を政権から排除《はいじょ》しようとする、「明治一四年の政変」をおこなう準備という政府のねらいもありました。[*1] 政権内の批判勢力であった大隈が、この巡幸には動員され、後に政権から排除されたのは、そのことを示しています。巡幸は、天皇の意思だけでおこなったのではありません。政権を担《にな》う伊藤博文《いとうひろぶみ》[*2]などが、天皇を利用しつつ、みずからの政治基盤《きばん》を強めようとするねらいもあったのです。

明治天皇巡幸の「行在所」の高札

＊1……北海道開拓使の経営を政商に不当に安く払い下げようという汚職事件に、大隈が反対したため。

＊2……（一八四一〜一九〇九年）一八八五年に初代首相となる。その後、初代枢密院議長として大日本帝国憲法制定の中心となった。

Q4 自由民権運動と天皇にはどのような関係があったのですか。

A4 自由民権運動は、政府に対して立憲《りっけん》体制（憲法に基《もと》づく政治体制）を求める運動としてはじまりました。板垣退助《いたがきたいすけ》*1らが高知で結成した立志社《りっししゃ》は、国会の開設を求めました。各地で民権結社がつくられ、一八八〇年には国会期《き》成同盟《せいどうめい》が結成されます。国会開設を求める署名《しょめい》は、一年間で二七万人を超えるものとなりました。

どんな憲法をつくるべきかという議論も全国的に進み、当時七〇を超す憲法草案《そうあん》がつくられたことが知られています。そのなかに、天皇制を明確に否定するものはありません。

しかし、注目すべきものもあります。その一つは、一八八一年に千葉卓三郎《ちばたくさぶろう》が書いた『日本帝国憲法』（「五日市《いつかいち》憲法」*2）です。この憲法草案の第一篇《へん》は「国帝《こくてい》」（天皇）について定めており、「神武《じんむ》帝の正統《せいとう》性」を認め、「国帝の身体は神聖にして侵《おか》すべからず」としています。しかし、二〇四条まで全体を見ると、「日本国民は各自の権利・自由を達《たっ》すべし」とする人権条項《じょうこう》や、「民撰《みんせん》議院は行政《ぎょうせい》官が出した法案を討論《とうろん》し、天皇の決めた内容を変える権利も有する」、つまり天皇に対する議会の優越《ゆうえつ》を、しっかり書き込んでいます。

*1……（一八三七〜一九一九年）新政府で参議をつとめたが、下野していた。自由民権運動の指導者となり、一八八一年に自由党を創設。国会開設後、短期間だが内務大臣にもなった。

*2……一九六八年に東京都五日市町の深沢家土蔵で発見された。

五日市憲法草案（一部）

〔四五〕日本国民は、各自の権利自由を達すべし。他より妨害すべからず。かつ国法これを保護すべし。

〔四六〕日本国民は、国憲ゆるすところの財産智識ある者は国事政務に参与し、これが可否の発言をなし、これを議するの権を有す。

〔四七〕およそ日本国民は、族籍位階の別を問わず、法律上の前に対しては平等の権利たるべし。

〔四八〕およそ日本国民は、日本全国において同一の法典を準用し同一の保護を受くべし。地方および門閥もしくは一人一族に与ふるの時権（特権）あることなし。

〔四九〕およそ日本国に在居する人民は、内外国人を論ぜず、その身体、生命、財産、名誉を保固す。

ほかにも、岩手で見つかった小田為綱《おだためつな》の『憲法草稿評林《そうこうひょうりん》』という憲法草案には、「天皇が憲法を守らず、人民の権利を乱暴《らんぼう》に抑圧《よくあつ》するときは、人民全員の投票の多数決で天皇をやめさせる権利もある」という条項もありました。

しかし、明治政府はこうした議論をすることなく、自由民権運動を弾圧《だんあつ》し、大日本帝国憲法の準備に入っていきました。

7 大日本帝国憲法と天皇

床次正精（とこなみまさよし）『憲法発布式図』（一八九〇年、宮内公文書館蔵）。独学で洋画を学んだ床次に、宮内省が制作を依頼。床次は女性たちの服の生地や色まで取材して制作した

大日本帝国憲法は、天皇を中心とした国家のしくみを定めていました。その憲法は天皇について、どのように定めていたでしょうか。また、天皇を中心とする国家を維持《いじ》していくため、どのようなしくみがあったでしょうか。

Q1 大日本帝国憲法がつくられたことにはどのような意味があったのですか。

A1 明治政府はかなり早い時期から、憲法について検討《けんとう》をはじめていました。一八七六年九月、天皇は元老院《げんろういん》[*1]議長の有栖川宮熾仁《ありすがわのみやたるひと》親王に対して、憲法調査をはじめるにあたって、「我《わ》が建国の体《てい》」と「海外各国の成法《せいほう》」を考慮《こうりょ》せよと命じました。

＊1……一八七五年に設置された立法諮問機関。一八七六年から憲法調査にとりくみ、『日本国憲按』を第三次案までまとめたが、一八八〇年に不採択となった。

「我が建国の体」とは、天皇の祖先が日本をつくりあげてきたという神話に基《もと》づく歴史です。江戸幕府を倒して成立した明治政府は、天皇にその正当性を求めていたので、「我が建国の体」は外せないことがらでした。

他方、「海外各国の成法」とは、欧米各国の憲法のことです。そもそも欧米に誕生した憲法は、国王などの権力に制限をかけるところに本質があります。したがって、天皇が日本の政治の中心になることとは、両立させるのが実にむずかしいことでした。

大日本帝国憲法の制定過程《かてい》でも、このむずかしい課題にとりくみました。憲法づくりの中心を担《にな》った伊藤博文は、国家の中心となるのは、日本では宗教ではなく天皇だけであるとしていました。しかし他方で、「憲法をつくる目的は、君主の権限を制限し、国民の権利を保護することにある」とも考えていました。こちらはまさに立憲《りっけん》主義という考え方です。

こうした二つの考え方がせめぎあうなかで、大日本帝国憲法は完成しました。そして一八八九年二月一一日の紀元《きげん》節に、明治天皇から、時の首相・黒田清隆《くろだきよたか》に、皇居の宮殿で授《さず》けられました。

大日本帝国憲法の内容を確認してみましょう。憲法は、発布《はっぷ》時の天皇の勅語《ちょくご》によれば、「祖先代々の天皇から受け継《つ》いできた、国家を治める大権《たいけん》に基づいて、国民（臣民《しんみん》）に対して示すもの」でした。その意味で、君主が定め、国民

伊藤博文

に授けるという欽定《きんてい》憲法でした。条文を見ても、第一条から第三条までで、天皇は「万世一系《ばんせいいっけい》」であり「神聖にして侵《おか》すべからず」と、絶対性を持つ存在とされました。

しかし第四条には、「天皇は国の元首《げんしゅ》にして統治権《とうちけん》を総攬《そうらん》し此《こ》の憲法の条規《じょうき》に依《よ》り之《これ》を行《おこな》う」とあります。つまり、天皇は国の元首であり、国を治《おさ》める権限を一手ににぎるけれど、その権限は憲法の条文に従って行使されなければならないとされたのです。天皇が思いのままに統治《とうち》することは退《しりぞ》けられました。

このように、大日本帝国憲法は、天皇の絶対性と立憲主義が同居《どうきょ》する形となっていました。どちらの要素《ようそ》がより強まるかは、その後の政治や社会のあり方によって変化していくことになりました。

Q2 「万世一系」とは何ですか。

A2 大日本帝国憲法第一条は、「大日本帝国は万世一系の天皇之《これ》を統治す」という条文です。憲法発布にあたって明治天皇が神々に述べた「告文《こうもん》」をふまえて考えると、この第一条の意味は、およそ次のように考えられます。

憲法とは、代々の天皇が受け継いできた天照大神《あまてらすおおみかみ》など神々のお告《つ》げを、統治の基本として述べたものにすぎない。そのお告げは、神々につながる子々《しし》孫々《そんそん》が皇位について日本国を治めるべしと命じている。

ここでは、天皇による統治に人びとが疑《うたが》いの目を向けないよう、歴代天皇が天照大神などの神々につらなっているという神話を持ち出していることがわかります。そして、神武《じんむ》天皇から今の天皇まで、一本の糸のようにずっと続いているのが、「万世一系」ということです[*1]。

でも、本当に万世一系だったのでしょうか。

昭和天皇の即位を前にして、歴代の天皇・皇后《こうごう》や皇族の系譜《けいふ》がまとめられることになりました。天皇・皇后の系譜を大統譜《たいとうふ》、皇族の系譜を皇族譜《こうぞくふ》、合わせて皇統譜《こうとうふ》といいます。たとえば天皇の欄《らん》には、名、父母、誕生の年月日とその場所、践祚《せんそ》の年月日、即位式や大嘗祭《だいじょうさい》の年月日、結婚の年月日、皇后の名、崩御《ほうぎょ》（死去）の年月日とその場所、追号《ついごう》（死後に贈《おく》られる称号）、陵所《りょうしょ》（墓）などが記されます。いわば天皇家の戸籍簿《こせきぼ》のようなものでした。

ところがその編纂《へんさん》の過程で、そもそも皇統譜が存在せず、誰が天皇で誰が皇后なのかも、あるいは天皇の歴代数も、確定されていなかったことが明らかになりました。審議《しんぎ》がおこなわれるなかで、たとえば、南北朝時代の南朝の長慶《ちょうけい》天皇の即位が初めて認められたりしたのです。

このように、二〇世紀になってから皇室の系譜が確定されていったことをふまえると、万世一系は後からこしらえた話にすぎないと考えられます。

＊1……一九三六年の二・二六事件（→125ページ）で死刑となる北一輝は、「法律学者だけでなく、倫理学者も哲学者も、その頭蓋骨を横ざまに万世一系の一語に撃たれてまるめこまれてしまう」と書いた（『国体論及び純正社会主義』一九〇六年）。内務省はこの書物を発禁処分とし、北は要注意人物として警察の監視対象となった。その後、北は中国の辛亥革命に身を投じていった。

御歴代表

圓融天皇	花山天皇	一條天皇	三條天皇	後一條天皇	後朱雀天皇	後冷泉天皇	後三條天皇	白河天皇	堀河天皇	鳥羽天皇	崇德天皇
近衛天皇	後白河天皇	二條天皇	六條天皇	高倉天皇	安德天皇	後鳥羽天皇	土御門天皇	順德天皇	仲恭天皇	後堀河天皇	四條天皇
後嵯峨天皇	後深草天皇	龜山天皇	後宇多天皇	伏見天皇	後伏見天皇	後二條天皇	花園天皇	後醍醐天皇	後村上天皇	後龜山天皇	後小松天皇

三

御歴代表

圓融天皇	花山天皇	一條天皇	三條天皇	後一條天皇	後朱雀天皇	後冷泉天皇	後三條天皇	白河天皇	堀河天皇	鳥羽天皇	崇德天皇
近衛天皇	後白河天皇	二條天皇	六條天皇	高倉天皇	安德天皇	後鳥羽天皇	土御門天皇	順德天皇	仲恭天皇	後堀河天皇	四條天皇
後嵯峨天皇	後深草天皇	龜山天皇	後宇多天皇	伏見天皇	後伏見天皇	後二條天皇	花園天皇	後醍醐天皇	後村上天皇	長慶天皇	後龜山天皇

三

右は一九二〇年発行の第三期国定教科書『尋常小学国史』の御歴代表。左は第四期のもの。第三期では長慶天皇が抜けているが、第一期、二期、四期には載っている。在位が確定していなかったのだろう

Q3 大日本帝国憲法に定められた天皇大権とは何ですか。

A3 天皇大権は、大日本帝国憲法に定められた、天皇の地位にともなう権限です。天皇を補佐《ほさ》（輔弼《ほひつ》という）し責任を負う機関によって、三つに分けられます。

① 国務《こくむ》大権……国務大臣の輔弼によりおこなう権限。
② 統帥《とうすい》権……軍令機関（参謀《さんぼう》本部・海軍軍令部）の輔弼によりおこなう権限。*1
③ 栄典授与《えいてんじゅよ》権……宮内《くない》大臣や賞勲《しょうくん》局総裁《そうさい》の輔弼によりおこなう権限。

このうち、国務大権について述べますと、第一に、立法に関する大権があります。すなわち、法律を裁可《さいか》し、その公布・執行《しっこう》を命じること。法律にかわる勅令《ちょくれい》*2を発すること。憲法の改正を発案し、決定することなどです。法律の制定には議会の協賛《きょうさん》が必要でしたが、議会で成立した法律案は、首相から天皇に報告され、天皇の裁可を得て初めて法律となったのです。

第二に、議会の召集《しょうしゅう》・開会・閉会・停会《ていかい》、衆議院の解散などの権限があります。

第三に、行政《ぎょうせい》組織のしくみを定めたり、役人や軍人の給料を定めたり、彼らを任じたり、辞《や》めさせたりする権限があります。ただし、会計検査《けんさ》院と裁判所

*1……参謀本部・海軍軍令部の長は、憲法で輔弼責任を定められていないので、統帥権に関しては天皇が責任を負うとの見解がある。

*2……勅令は国務大臣の副署だけで出せたが、法律の改変はできないとされた。また、大日本帝国憲法第八条には、議会閉会中の緊急な事態に対処するため、枢密院（→63ページ）にはかったうえで、法律に相当する内容の法令を勅令として出すことができると定められている。緊急勅令というが、次の議会での承認が求められた。

については、法律によって定められると憲法にありますので、天皇大権にふくまれません。

第四に、陸海軍の編制《へんせい》と常備兵額《じょうびへいがく》（兵士の人数）をそれぞれ定める権限があります。ただし、編制については統帥権にふくまれるとの考え方もあります。

第五に、宣戦《せんせん》や講和《こうわ》や条約締結《ていけつ》などの外交大権があります。

第六に、戦時やそれに準《じゅん》じる非常事態のときに、多くの権限を軍にゆだねる戒厳《かいげん》を宣告《せんこく》することができるという、非常大権があります。

そして最後に、刑を軽くしたり、刑の執行《しっこう》を免除《めんじょ》したりする恩赦《おんしゃ》を命ずることができました。

これら国務大権は、国務大臣が責任を負うことになります。議会は国務大臣に対して、意見や質問を出し、予算審議などでその責任を追及《ついきゅう》できました。

Q4 統帥権とは何ですか。

A4 統帥権とは、最高位の軍人である大元帥《だいげんすい》が有する、軍隊を指揮《しき》・統率《とうそつ》する権限のことです。大日本帝国憲法は第一一条で「天皇は陸海軍を統帥す」と定めています。

すでに一八八二年に発布された軍人勅諭《ちょくゆ》（→84ページ）で明治天皇は、天

二・二六事件（一九三六年）のときの戒厳司令部。事件発生の翌日、東京市に戒厳令が敷かれ、軍人会館に司令部が置かれた。なお、軍人会館は戦後は九段会館となったが、二〇一一年の東日本大震災で閉館した

皇が大元帥として軍隊をひきいることが大原則であるとしていました。

さて、この統帥権は慣例《かんれい》として、内閣の介入を認めず、天皇に直属《ちょくぞく》する陸軍の参謀本部、[*1]海軍の軍令部[*2]が輔弼するものとされました。これを統帥権の独立といいます。ただ、統帥権の独立には、統帥権を輔弼する者が政府の政策決定に介入すべきでないとの考え方もふくまれていました。

しかし日露《にちろ》戦争後、軍人の政治的発言力が強まってくると、政府が軍の作戦に細かく介入すべきでないという考え方だけが強調されるようになりました。これは軍の暴走《ぼうそう》を招《まね》きかねない問題でした。

ところで、日清《にっしん》戦争のとき、陸海軍の最高司令部として、初めて大本営《だいほんえい》が設《もう》けられました。その際、大元帥である天皇の軍事顧問《こもん》として、侍従武官《じじゅうぶかん》[*3]が置かれました。ところが、戦争が終わった後も置かれつづけた結果、侍従武官は、参謀本部長・海軍軍令部長の上奏《じょうそう》（天皇に意見を上げること）を取り次ぐ役割を担うようになりました。

Q5 枢密院《すうみついん》と元老《げんろう》は、それぞれどのような役割を果たしていたのですか。

A5 枢密院《すうみついん》は憲法に定められていましたが、元老《げんろう》は憲法に定められてはいませんでした。しかしどちらも、政治に大きな役割を果たしました。

＊1……参謀本部は、軍を動かし、運用することを担当するために、一八七八年に設置された。その長が参謀本部長である。一方、陸軍省は、軍の組織を維持することなど行政面を担当した。

＊2……海軍軍令部は一八九三年に発足した。その後、一九三三年に（「海軍」が外れて）軍令部となり、参謀本部同様の大きな権限を持つようになった。

広島大本営跡（広島城）。1894 年に日清戦争がはじまると、日本軍が出撃する広島に大本営が移され、明治天皇も広島城に 8 カ月あまり滞在した

＊3……侍従武官は、侍従武官長と侍従武官で構成される。日常的にはそれぞれ一名で天皇を輔弼する形であった。侍従武官に対し、文官の侍従長は、首相以下の大臣（陸海軍大臣をふくむ）の上奏（天皇に意見を上げること）を取り次ぐことが役割であった。

枢密院は、一八八八年、憲法草案を審議するために、伊藤博文によって設けられました。議長、副議長、顧問官で構成されます。

大日本帝国憲法第五六条では、枢密院は「天皇の諮詢《しじゅん》に応え重要の国務を審議」すると定められました。天皇の求めに応じて、重要な政治上の問題を審議する機関ということです。たとえば緊急勅令や条約などについて意見を求められましたが、枢密院はあくまで議論で決まった結果を報告するだけで、現実の政治には関わらないと決められていました。

この点は、初代議長の伊藤博文《いとうひろぶみ》が一九〇九年に亡くなるころまでは、かなりよく守られていました。しかし、一九二〇年代後半から三〇年代前半、若槻礼次郎《わかつきれいじろう》内閣や浜口雄幸《はまぐちおさち》内閣のときには、枢密院の権限や政府の政策をめぐって、内閣と枢密院が鋭《するど》く対立することもありました。

元老とは、天皇の国政上の最高顧問のような役割を果たし、次の首相の推薦《すいせん》など、重要な国策《こくさく》を決めるうえで強い影響力をふるった国家指導者たちのことです。一八八九年に伊藤博文が、明治天皇から「元勲優遇《げんくんゆうぐう》の詔《みことのり》」を受けたことがはじまりです。以後、井上馨《いのうえかおる》、山県有朋《やまがたありとも》、黒田清隆、松方正義《まつかたまさよし》、西郷従道《さいごうつぐみち》、大山巌《おおやまいわお》が、そして大正期に桂太郎《かつらたろう》と西園寺公望《さいおんじきんもち》が加わりました。

明治期の元老は、すべて薩長藩閥《さっちょうはんばつ》の出身者で、政治の第一線に立っていたときから元老でした。しかし大正期になると、元老は政治の第一線を退いてお

最後の元老・西園寺公望。日露戦争後から明治末にかけて二度首相となり、大正天皇即位に際して元老となった。写真は最初の首相のときのもの

り、次の首相の推薦が主な役割となりました。昭和期は西園寺一人で、彼の死（一九四〇年）をもって元老制度は終わりました。

Q6 皇室の財政はどのようになっていたのですか。

A6 自由民権運動が高まるなか、政府は、将来、議会が開かれた際、予算審議で皇室予算が削られないようにしたいと考えました。そこで政府は、議会に左右されない皇室財政をめざし、皇室財産を創設していきました。

具体的には、政府が持っていた財産のなかから、日本銀行株、横浜正金《しょうきん》銀行[*1]株、日本郵船《にっぽんゆうせん》会社[*2]株などの証券《しょうけん》類や、佐渡《さど》・生野《いくの》鉱山、さらに山林《さんりん》・原野《げんや》約三五〇〇万町歩などを、皇室財産に移しかえました。そのうえで、大日本帝国憲法第六六条により、皇室経費は増やす場合を除いて議会の協賛は必要ないこととされ、独立した会計で運営されることになりました。

その会計は、常用部《じょうようぶ》会計（国庫《こっこ》から交付される皇室経費）、御資部《ぎょしぶ》会計（現金・有価証券など）、御料部《ごりょうぶ》会計（山林経営など）の三つに区分されていました。

まず、国庫からの交付金（皇室経費）は、明治二〇年代は毎年三〇〇万円でしたが、日露戦争後に四五〇万円となり、第二次世界大戦中まで変わりません

＊1……一八八〇年に開業した外国為替専門の銀行。

＊2……一八八五年創立。日本最大の海運会社。

でした。この使いみちについては、皇室内部のこととして、政府も議会も会計検査院もかかわることはできませんでした。

御資部会計では、日清戦争の結果、下関《しものせき》条約で得た清《しん》からの賠償《ばいしょう》金のうち二千万円が、皇室財産に献上《けんじょう》されました。

御料部会計では、まず鉱山は収益《しゅうえき》がなかなかあがらず、一八九六年に佐渡・生野鉱山はいずれも三菱《みつびし》に払い下げられました。また、山林は住民が入会地《いりあいち》として使うので争いが起こることがあり、農地も小作争議《こさくそうぎ》と無縁《むえん》ではありえなかったので、山林の一部が北海道庁《ちょう》に払い下げられ、農地も明治末から大正にかけて払い下げや売却《ばいきゃく》されるものが多くありました。ただ、明治三〇年代以降の日本経済の発展とともに、山林経営は収益を生み出すようになっていきました。

こうして大正から昭和戦前期にかけての皇室財政は、国庫からの交付金、有価証券の利益、山林経営の収益、この三つが支えていました。

一方、支出について見ると、一九一三年の場合、表のように総額三一一万九一〇三円でした。

皇室の支出（1913年）

項目	金額
神事や祭典、陵墓費	33万8593円
天皇関係費（食事・被服等）	64万9834円
行幸啓費	20万7627円
皇后関係費	30万4215円
皇太后関係費	42万4119円
皇太子関係費	16万9948円
明治天皇子息関係費	15万1575円
医薬費	1万3283円
恩賜金	85万9909円

（出典）森暢平『天皇家の財布』新潮社、2003年、84～85ページより作成

column 6 皇居《こうきょ》前広場

現在、国民公園として環境省が管理する皇居《こうきょ》前広場は、第二次世界大戦までは宮城《きゅうじょう》前広場*1と呼ばれていました。そのあたりは、江戸時代には大名や旗本の屋敷などがありましたが、明治維新後、宮内《くない》省の管轄《かんかつ》となりました。

宮城前広場は、大日本帝国憲法の発布《はっぷ》にあわせて整備されました。広場は、広い道路空間と、その道路にはさまれたほぼ長方形の芝庭からなっていました。現在見られる黒松は、その後に植えられたものです。

憲法発布の日の午後、天皇が観兵《かんぺい》式のため青山練兵《れんぺい》場に行幸《ぎょうこう》する際、広場には山車《だし》が出るなか、学校生徒らが万歳を唱え、君が代などを歌ったといいます。つまり広場は、臣民《しんみん》が天皇をお迎《むか》えする儀礼の場としてつくられたのです。

その後、日露《にちろ》戦争のころに宮城前広場の改修《かいしゅう》がおこなわれ、一九〇六年四月の凱旋《がいせん》大観兵式では、戦利品の兵器が広場に陳列《ちんれつ》されたり、兵士たちの凱旋行軍《こうぐん》が青山練兵場から宮城をめざしておこなわれたりしました。

一九一二年、明治天皇の容態《ようだい》が悪化*2したときには、大勢の人びとが広場にかけつけ、祈りをささげたといいます。一九四〇年の「皇紀《こうき》二六〇〇年」にあたっては、ふたたび広場の改修がおこなわれ、天皇が立つ台が設けられたりしました。このように宮城前広場は、国民が天皇を拝《おが》むことで、天皇と国民との関係を確認する場所でもありました。

なお、一九九九年一一月、明仁《あきひと》天皇の即位一〇年を「お祝いする国民式典」が、芸能界やスポーツ界の著名人を招いて皇居前広場でおこなわれましたが、盛り上がりはとぼしいものでした。かつて宮城前広場が持っていた意味は、現在では失われつつあるようです。

*1……東京遷都後の宮殿は一八七三年に焼失したため、天皇は赤坂離宮に移った。一八八八年に宮殿が再建され、翌年、天皇は戻った。これを明治宮殿という。天皇・皇后の住まいと宮殿のあるところを、一八八八年以降、宮城と呼んだ。しかし明治宮殿は一九四五年五月二五日の空襲で焼失。一九六八年、その跡地に現在の宮殿が完成した。なお、宮城は一九四八年以後、皇居と呼ばれることになった。

*2……明治天皇は糖尿病をわずらっていたが、さらに慢性腎臓炎を併発、尿毒症となった。一九一二年七月一九日、夕食時に突然、目がくらむといったまま意識を失い、一〇日後の二九日夜に五九歳で亡くなった。

8 皇室典範と宮中のしくみ

大日本帝国憲法と同じ日に、皇室典範が定められました。それはどのような内容のものだったのでしょうか。また、天皇の日常生活の場である宮中《きゅうちゅう》は、どのようなしくみだったのでしょうか。

皇室典範
第一章　皇位繼承
第一條　大日本國皇位ハ祖宗ノ皇統ニシテ男系ノ男子之ヲ繼承ス
第二條　皇位ハ皇長子ニ傳フ
第三條　皇長子在ラサルトキハ皇長孫ニ傳フ皇長子及其ノ子孫皆在ラサルトキハ皇次子及其ノ子孫ニ傳フ以下皆之ニ例ス
第四條　皇子孫ノ皇位ヲ繼承スルハ嫡出

皇室典範の原本

Q1 皇室典範《こうしつてんぱん》とは何ですか。

A1 皇室典範《こうしつてんぱん》とは、皇位継承《こういけいしょう》や摂政《せっしょう》、皇族の範囲《はんい》、皇室財政などについて定めたもので、計一二章・六二カ条からなります。大日本帝国憲法が発布《はっぷ》された一八八九年二月一一日に制定されました。

皇室典範は、皇族のみに関する「家法《かほう》」（家のおきて）とされたため、公布はされませんでした。また、一般の法律が公布される際には、天皇の署名《しょめい》と並んで、天皇を輔弼《ほひつ》する国務《こくむ》大臣の署名が必要とされましたが、皇室典範にはそれもありませんでした。

皇室典範は、大日本帝国憲法の制定にたずさわった伊藤博文《いとうひろぶみ》や井上毅《いのうえこわし》、*1さらに外交官で海外の王室事情にくわしい柳原前光《やなぎわらさきみつ》*2らが中心となって起草され、枢密院《すうみついん》の審議を経《へ》てまとめられました。そこには次のような意図がこめられていました。

第一のねらいは、皇室のあり方について、議会に一切介入させないことでした。大日本帝国憲法も第七四条で、皇室典範には帝国議会の立法権の手は届かないと定めていました。その意味で皇室典範は、憲法を頂点とする国法《こくほう》と対等であったといえます。

第二は、国民を統合《とうごう》していく要《かなめ》となる天皇像をつくりだすことでした。そのため、譲位《じょうい》の不可、女系《じょけい》の禁止、長子《ちょうし》優先など、これまでの皇室の慣行とは異なることが導入されました。

第三は、皇位継承をめぐって争いが起こり、混乱をもたらすことを防止することでした。そのためのルールを定めようとしました。

大日本帝国憲法は、天皇が議会の力が及ばないたくさんの権限を持つことを定めています。皇室典範は、そのために皇室制度の安定をはかったといえます。

井上毅

*1……（一八四三～一八九五年）教育勅語や軍人勅諭の起草にもかかわった。一八八八年より法制局長官。後に文部大臣。

*2……（一八五〇～一八九四年）公卿出身。妹の愛子（↓72ページ）は大正天皇の生母。

なお、このときの皇室典範は、第二次世界大戦後の一九四七年五月二日に廃《はい》止《し》されました。その翌日、現在の皇室典範が法律として施行《しこう》されました。

Q2 皇族とはどのような人びとのことですか。

A2 明治の皇室典範第七章「皇族」の定めによると、皇族とは次の人たちです。太皇太后《たいこうたいごう》（天皇の祖母で、元・皇后）、皇太后《こうたいごう》（天皇の母で、先の天皇の皇后）、皇后、皇太子《こうたいし》、皇太子妃《ひ》、皇太孫《こうたいそん》、皇太孫妃、親王《しんのう》、親王妃、内親王《ないしんのう》、王、王妃。敬称は、天皇・太皇太后・皇太后・皇后は陛下《へいか》、それ以外の皇族はすべて殿下《でんか》でした（第四章「敬称」）。

親王とは、天皇の子から玄孫《げんそん》（孫の孫、つまり四世）までをさし、女子の場合は内親王といいました。五世以下は、男子は王、女子は王妃と呼ぶとしています。

ところが、皇室典範が制定されたとき、すでにこの規定《きてい》に当てはまらない親王がいました。明治維新以前から続く伏見宮《ふしみのみや》・桂宮《かつらのみや》・有栖川宮《ありすがわのみや》・閑院宮《かんいんのみや》の四親王家などです。

このうち伏見宮が成立したのは、一四世紀末の南北朝時代。北朝の崇光《すこう》天皇の皇子《おうじ》からはじまるので、明治天皇との血縁《けつえん》関係はきわめて遠いものでした。

近代宮家の系譜

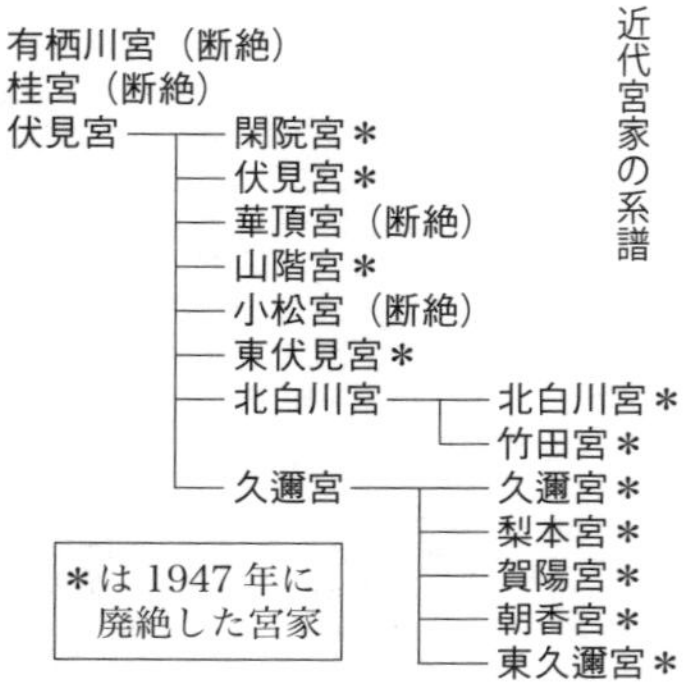

その後、幕末から明治にかけて、さらに規定外の親王や王が新たに登場しました。たとえば、明治初期に創立された北白川宮《きたしらかわのみや》*1の能久《よしひさ》親王の子が、明治天皇の六女（昌子《まさこ》）の嫁《とつ》ぎ先として、竹田宮《たけだのみや》（王）となりました。一九〇六年のことです。ただし、それ以降は、天皇の直系《ちょっけい》の兄弟や子孫以外の新しい宮家《みやけ》の創設はありません。

なお、皇族は、天皇が認めなければ結婚できず、相手も皇族か、特に天皇が認めた華族《かぞく》に限られていました。また、皇族以外と結婚した女性皇族は、皇族の身分を失いました。*2

第二次世界大戦後になると、新しく制定された皇室典範のもと、一九四七年一〇月、当時存在した一四の宮家のうち、昭和天皇の弟である秩父宮《ちちぶのみや》・高松《たかまつの》宮《みや》・三笠宮《みかさのみや》（↓170ページ）の三宮家以外は、すべて消滅《しょうめつ》することになりました。

Q3 宮内省《くないしょう》や後宮《こうきゅう》はどのようなしくみだったのですか。

A3 一八六九年、太政官《だじょうかん》のもとに宮内省《くないしょう》が置かれました。その後、一八八五年に太政官が廃止《はいし》され内閣制度が発足《ほっそく》すると、宮内省は天皇の私生活や公的な業務を支える役割をもっぱら担当することになり、内閣とは別機関とされました。

*1……伏見宮の邦家親王の子にはじまる宮家。二代目の能久親王は、日清戦争に出征した軍人で、台湾で亡くなった。

*2……現在の皇室典範では、皇族の男子の場合は、皇室会議での検討が不可欠の条件とされている。女子の場合、そうした規定はないが、天皇・皇族以外の者と結婚した場合、皇族の身分から離れると定められている。

宮中《きゅうちゅう》と内閣をつなぐ役割は、初代の宮内《くない》大臣を内閣総理大臣（首相）の伊《い》藤博文《とうひろぶみ》が兼《か》ねることで果たしました。その後、伊藤が枢密院議長を辞《や》める際、重要事件があれば天皇の問いに答えるように命じられ、元勲《げんくん》となりました。後に元老《げんろう》と呼ばれ、黒田清隆《くろだきよたか》・山県有朋《やまがたありとも》らが就任《しゅうにん》しました（→63ページ）。

一方、天皇の私生活の場である皇居《こうきょ》の後宮《こうきゅう》には、多くの女官がいました。尚《しょう》侍《じ》、典侍《てんじ》・権典侍《ごんてんじ》、掌侍《しょうじ》・権掌侍《ごんしょうじ》、命婦《みょうぶ》・権命婦《ごんみょうぶ》、女孺《にょじゅ》・権女孺《ごんにょじゅ》、雑仕《ざつし》などのたくさんの階層《かいそう》があり、それぞれの仕事を担当していました。このうち尚侍は欠員のままでした。

典侍・権典侍は、天皇の衣服や食事、風呂など、身のまわりの世話をし、女官を監督《かんとく》します。掌侍・権掌侍は、天皇の食事を運んだり、皇后の衣服・食事・風呂の奉仕をしたりします。

命婦・権命婦は、日常のあらゆる雑務《ざつむ》を担当し、食事の毒味《どくみ》をしたりしました。女孺・権女孺は、食事の最後の味つけをしたり、裁縫《さいほう》をしたりしました。

明治初期、明治天皇の皇后・美子《はるこ》が、これら女官全体を統括《とうかつ》することになりました。

ところで、明治天皇と皇后・美子とのあいだには子どもが生まれませんでした。明治天皇の子どもを生んだのは、権典侍の葉室光子《はむろみつこ》・橋本夏子《はしもとなつこ》・柳原愛子《やなぎわらなるこ》・千種任子《ちくさことこ》・園祥子《そのさちこ》の五人で、実家はみな伯爵《はくしゃく》か子爵《ししゃく》の家でした。生まれた

柳原愛子（一八五九〜一九四三年）。中級公家に生まれ、一八七〇年から一九一三年まで宮中に仕えた。姪に歌人の柳原白蓮（びゃくれん）がいる

一五人の子どものうち、成人したのはわずか五人で、そのうち男子は柳原愛子が生んだ一人だけでした。後の大正天皇です。

Q4 なぜ女性天皇は認められなかったのですか。

A4 明治期の一八八〇年代前後では、皇位継承で男子がいない場合、女子への継承を認めるのかどうかは大きな問題点で、賛否両論《さんぴりょうろん》がありました。

自由民権運動の代表的な結社《けっしゃ》の一つ、東京の嚶鳴社《おうめいしゃ》では、一八八二年、女帝を認めるべきかどうかが討論《とうろん》されました。また、自由民権運動のなかでつくられた数多くの憲法草案《そうあん》においても、女帝を認めているものがかなりあります。[*1]

一方、政府側でも、たとえば一八八六年に制度取調局《せいどとりしらべきょく》[*2]がつくった案（「皇室制規《せいき》」）では、男子の血統《けっとう》が途絶《とだ》えた場合、女性への継承を認める構想がありました。[*3]

これらの議論に対して井上毅は、次の理由で女帝に反対しました。ヨーロッパの女帝と異なり、日本の女帝はすべて、男子の継承者が皇位につくまでの中《なか》継《つ》ぎで、一時的なものにすぎない。また、女帝が結婚すれば、夫が前面に出て、政治に干渉《かんしょう》しかねない。井上はさらに、女性に参政権《さんせいけん》を認めていないのに、女帝として最高権力を認めてしまうのはおかしいとも主張しました。

女性天皇の一覧

天皇名	在　位
推　古	592〜628
皇　極	642〜645
斉　明	655〜661
持　統	686〜697
元　明	707〜715
元　正	715〜724
孝　謙	749〜758
称　徳	764〜770
明　正	1629〜1643
後桜町	1762〜1770

斉明は皇極が、称徳は孝謙がそれぞれ再即位した天皇名なので、実人数では８人いたことになる。なお、「女帝だから中継ぎ」と見る説は今でも根強いが、一方で見直しも進んでいる。

＊1……五日市憲法草案（→55ページ）では、皇族のなかに男子がいない場合、女帝を立てると定められている。

＊2……一八八四年、ドイツなどでの憲法調査から帰国した伊藤博文の提案により設置された。立憲政治を導入するうえで必要な制度改革のために設けられた。長官は伊藤がなり、井上毅らが所属していた。

＊3……「皇室制規」の案では、女系も認めていた。女系とは、天皇の娘の子が皇位を継いでいくこと（→168ページ）。

この井上の主張は伊藤博文にも受け入れられ、最終的に、天皇は「男系の男子」（↓168ページ）が継承するとして、女帝は認められませんでした。

そのかわり、皇位継承者がいない事態《じたい》に備《そな》えて、皇后以外の女性と天皇とのあいだに生まれた男子（庶子《しょし》）が皇位継承者として認められることになりました。ただし、皇后が生んだ長男（嫡子《ちゃくし》）が優先であり、嫡子やその子、嫡子の弟やその子がいない場合に限って、庶子が皇位継承者になると決められていました。*4

Q5 なぜ生前退位は認められなかったのですか。

A5 明治以前は、譲位《じょうい》した天皇はたくさんいました。その場合、天皇本人の意思が強く反映されましたが、朝廷《ちょうてい》内で協議することもありました。

しかし、明治になって、天皇を要《かなめ》とする国家のしくみをつくりあげようとするなかで、皇位継承において天皇個人の意思が入り込まないような制度が定められていきました。

一八八六年に制度取調局がつくった案（「皇室制規」）では、天皇に事故があった場合、摂政を置いて対処するとしていました。これに対して井上毅は、そうすると摂政を置くにあたって議会で議論せざるをえなくなり、その過程《かてい》で、

*4……明治天皇の場合、Q3を参照。

天皇が重い病気にかかっていることを国民に知られてしまう、それは天皇の権《けん》威《い》を損《そこ》なうことになる、といって反対しました。

さらに井上は、摂政を置くのに反対する理由として、皇室の重要な問題を議会で議論することで、皇室の将来を国民の手にゆだねることになってしまうとも述べています。井上は、摂政を置くかわりに、議会と関係なく皇室内で処理できる譲位を主張したのでした。*1

これに対して伊藤博文は、こう考えました。譲位を認めると、天皇が思いつきで退位するようなことも起こるし、天皇が政府の政策に抵抗《ていこう》するために退位をいいだすことも起こりえる。また、政権に反対する勢力が、皇族をかついで天皇の地位をねらうような権力争いを起こしかねず、政治が混乱する。およそこのような理由から、伊藤は譲位・退位を否定しました。

この伊藤の考え方が採用され、できあがった皇室典範第一〇条で、皇位継承者が後を継ぐのは天皇が亡くなった後のみ、と定められたのでした。

Q6 登極令《とうきょくれい》とはどのような法令ですか。

A6 登極令《とうきょくれい》は、枢密院の審議《しんぎ》を経《へ》て、一九〇九年二月一一日の紀元節《きげんせつ》に、皇室令第一号として公布されました。

*1……井上は、天皇の心身に重大な病気が生じた場合は譲位を認める考えだったが、伊藤に反対され、生前譲位の可能性は閉ざされた。そのかわり、皇室典範第九条で、皇太子が精神や身体に「不治の重患」を抱えていれば、皇位継承順を変えることもありうるとした。

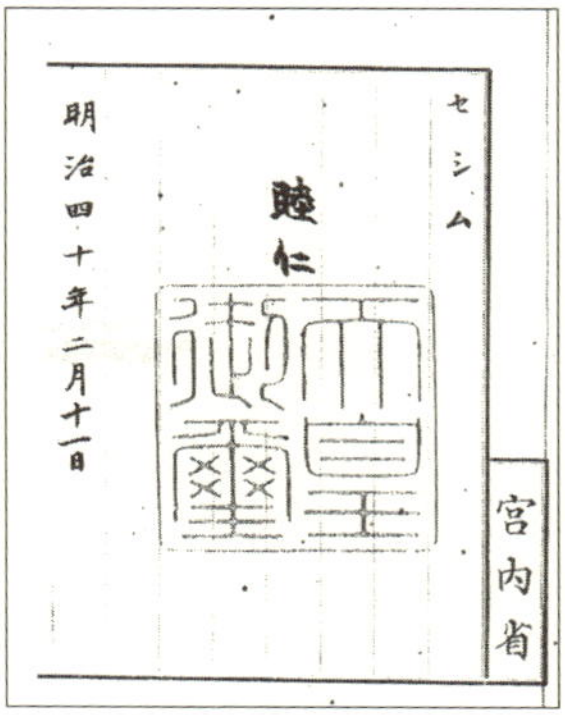

国璽と御璽。右が国璽で、「大日本国璽」とある。左が御璽で、「天皇御璽」とある。いずれにも明治天皇（睦仁）の署名（御名）がある

全部で一八条からなり、天皇の践祚《せんそ》、元号《げんごう》制定、大嘗祭《だいじょうさい》など、皇位への就任にかかわる儀式について定めています。[*1] 大正天皇・昭和天皇のときは、この規定に基《もと》づいて儀式がおこなわれました。

昭和天皇の場合について、具体的に見てみましょう。

まず践祚とは、前天皇が亡くなったとき、皇太子が後を継いで、天皇の位につくことをいいます。その儀式の中心は、「祖宗《そそう》の神器を承《う》く」（旧皇室典範第一〇条）、つまり先代から神器を受け継ぐことで、「剣璽渡御《けんじとぎょ》の儀《ぎ》」[*2]といわれます。これは、いわゆる三種の神器のうち剣《けん》と璽《じ》（勾玉《まがたま》）を受け継ぐものです。天照大神《あまてらすおおみかみ》が孫のニニギノミコトにそれらを授《さず》けたという神話に基づいています。また、剣璽とともに、天皇が国務《こくむ》に使う国璽《こくじ》と御璽《ぎょじ》という二つの印《いん》[*3]も引き継がれました。

大正天皇は一九二六年一二月二五日の午前一時二五分、神奈川県の葉山御用《はやまごよう》邸《てい》で死去しました。その後すぐ、葉山で剣璽渡御の儀式がおこなわれ、昭和天皇が践祚しました。

一方、即位の礼・大嘗祭[*4]は、一九二八年一一月、皇室典範第一一条の定めに基づき、京都御所《ごしょ》の紫宸殿《ししんでん》でおこなわれました。践祚のおよそ二年後になったのは、大正天皇の死去にともない一年の服喪《ふくも》期間が必要であったことや、大嘗祭用の新穀《しんこく》の収穫《しゅうかく》を待つためでした。

＊1……登極令には「附式」があり、践祚の式や即位の礼・大嘗祭の式次第が細かく定められている。

＊2……三種の神器のうち、剣の「うつし」（本体は熱田神宮にある）と璽は、天皇夫妻の寝室の隣にある「剣璽の間」に置かれ、天皇が一日以上皇居を離れる場合は侍従が捧げ持ち随行した。天皇が鉄道を利用して行幸する場合、さいたま市にある鉄道博物館に展示されている御料車を見ると、一八七六年製造の第一御料車から剣璽を安置する棚が設けられていたことがわかる。これを「剣璽動座」という。一方、鏡は伊勢神宮に本体があり、「うつし」が皇室祭祀をおこなう宮中三殿の一つ賢所に神体として安置されていた。践祚の際は賢所でその旨が奏上された。

＊3……国璽は、天皇が条約書国書・勲記などに捺す印。御璽は、詔書・法律・政令などに捺す印。

＊4……践祚した新天皇が、新穀を天照大神をはじめとする神々に供えるとともに、新穀・新酒を神々と共食する儀式。昭和天皇の大嘗祭では、その新穀は、京都以東以北の田として滋賀県三上村、京都以西以南の田として福岡県脇山村の田が指定され、そこで収穫されたものが用いられた。

一一月六日、昭和天皇と皇后は、剣璽とともに皇居を発《た》ち、厳重《げんじゅう》な警戒《けいかい》体制*5がとられた東海道線を京都に向かいました。そして一〇日には、紫宸殿に設けられた高御座《たかみくら》*6に天皇が、その横の御帳台《みちょうだい》には香淳《こうじゅん》皇后が立ち、即位の礼のクライマックスを迎《むか》えました。田中義一《たなかぎいち》首相の万歳三唱《ばんざいさんしょう》はラジオ放送され、植民地をふくめて帝国各地で、国民全体が万歳を叫ぶよう、徹底《てってい》がはかられました。高御座は天孫降臨《てんそんこうりん》*7の神話に基づくものであり、万世一系《ばんせいいっけい》を演出しようとの意図がうかがえます*8。

登極令で、即位の礼と連続しておこなうとされた大嘗祭は、一一月一四日夜から一五日未明にかけて、夜の暗闇《くらやみ》のなか、秘密《ひみつ》の儀式としておこなわれました。

京都での儀式が終わると、天皇は登極令の定めに従って、伊勢《いせ》神宮（↓48ページ）、神武《じんむ》天皇陵《りょう》（↓42ページ）、前四代*9の天皇陵に参拝《さんぱい》しました。

なお、登極令は第二次世界大戦後、日本国憲法公布の前日に廃止となりました。しかし、平成の明仁《あきひと》天皇の皇位継承の儀式は、ほぼこの登極令の定めに従っておこなわれました（↓181ページ）。憲法違反との訴訟《そしょう》が各地で起こされました。

*5……天皇や神器を乗せた「御召（おめし）列車」が走る東海道線では、交差する私鉄の運行と行き違う送電をストップさせた。さらに、御召列車と行き違う対向列車では、行き違う三〇分前から便所の使用が禁止された。一般の人びとが使う便所を不浄なものと見なしたからである。さらに、即位の礼がおこなわれる京都など天皇の動向先では、官憲を大規模に動員して厳重な警戒がなされた。特に朝鮮人に対して厳しかった。また、ハンセン病患者などが排除された。

*6……内裏の正殿である紫宸殿にあり、即位などの際に用いられた天皇の座。

*7……『古事記』によると、天上界に住む天照大神は、地上の国土を治めさせるため、ニニギノミコトに勾玉と鏡、剣を持たせて下した。九州日向の高千穂の峰に降り立ったニニギノミコトは、土着の神の娘と結婚。そうして生まれた山幸彦（やまさちひこ）が海神の娘と結婚して生まれたウガヤフキアエズノミコトは叔母と結婚。そのあいだに生まれた四人目が神武天皇とされている。

*8……即位の礼の前後に、天照大神などを祀る伊勢神宮や神武天皇陵へ勅使が派遣されていることからも、万世一系を演出しようとしていることがわかる。その一方で、天皇が皇后とともに紫宸殿に立っているのは、ヨーロッパ風を意識したものと考えられる。

*9……昭和天皇に先立つ四代、つまり仁孝・孝明・明治・大正の各天皇。前三者の陵は京都市にあるが、大正天皇の陵は八王子市（東京）の多摩陵である（↓113ページ）。

9 軍隊と天皇

現在の靖国神社の入り口

幕末には、外国船が日本の周辺に頻繁《ひんぱん》にあらわれるようになりました。幕府や有力な藩《はん》は、外国との戦争に備える軍備《ぐんび》の必要を初めて自覚《じかく》します。討幕《とうばく》運動も、そのようなかで起こりました。尊皇攘夷《そんのうじょうい》運動です。しかし、外国の軍事力を見せられて、幕府側も討幕側も、攘夷（外国の排斥《はいせき》）は不可能だと悟《さと》ります。そのなかで、「尊皇」運動が「王政復古《ふっこ》」という考え方にまとめられていったのです。天皇の軍隊は、どのようにできてきたでしょうか。

Q1 天皇と軍隊との関係はどのようなものでしたか。

A1 天皇と軍との関係は、幕末の尊皇攘夷《そんのうじょうい》運動（↓44ページ）からはじまりますが、形になってあらわれるのは、一八六八年の戊辰《ぼしん》戦争からといってもいいでしょう。

一八六八年一月、京都郊外《こうがい》の鳥羽《とば》・伏見《ふしみ》で幕府軍をやぶった薩摩藩《さつまはん》・長州《ちょうしゅう》藩《はん》を中心とする討幕《とうばく》軍は、京都の天皇をかつぎだして、官軍《かんぐん》と名乗《なの》るようになります。官軍は江戸を攻《せ》め、さらに会津《あいづ》をやぶり、翌年には函館《はこだて》まで攻め落とし、明治政府をうちたてました。

明治政府は、戊辰戦争での官軍の犠牲《ぎせい》者を弔《とむら》う神社を建てました。招魂社《しょうこんしゃ》、後の靖国《やすくに》神社です（↓80ページ）。そして、この「内戦」の官軍側の犠牲者を、天皇への忠臣《ちゅうしん》として祀《まつ》ります。

一八七二年には、天皇のそばを守っていた兵を近衛兵《このえへい》＊1にし、さらに近代的な軍隊をめざして徴兵告諭《ちょうへいこくゆ》、翌年には徴兵令を公布します（↓81ページ）。

この徴兵令は、士族《しぞく》・平民《へいみん》の区別なく、満二〇歳に達した男子を選抜《せんばつ》して兵につかせるというものでした。しかし、軍隊の中での天皇の位置づけがはっきり示されておらず、一八七八年には近衛兵の反乱が起こります（↓83ページ）。

また、自由民権運動の高まりを見て、一八八二年には軍人勅諭《ちょくゆ》を発布《はっぷ》します（↓84ページ）。この勅諭で天皇は、軍人たちに向けて、私がおまえたちの大元帥《だいげんすい》（総大将）なのだと宣言します。天皇の軍隊となったのです。

鳥羽・伏見の戦い。小枝橋で激突する幕府軍と新政府軍

＊1……平安時代以降、皇居や天皇を守る役所を近衛府といい、そこにつとめる兵を近衛兵といった。

Q2 靖国神社はなぜ建てられたのですか。

A2 靖国神社の前身は招魂社です。一八六三年に津和野《つわの》藩士で国学《こくがく》者の福羽《ふくば》美静《びせい》らが、京都・八坂《やさか》神社の境内《けいだい》に祠《ほこら》を建て、安政《あんせい》の大獄《たいごく》[*1]などの犠牲者四六人を祀ったのが、招魂社のおこりとされています。

その後、一八六八年五月、薩摩・長州軍側が、鳥羽・伏見の戦いで死んだ自軍の兵士を弔うために、京都の東山・霊山《りょうぜん》に招魂社を建てました。今の京都霊山護国神社です。

一八六九年六月、明治天皇の勅命《ちょくめい》により、東京の九段坂《くだんざか》上に東京招魂社が建てられ、京都の招魂社を吸収（合祀《ごうし》）しました。

東京招魂社は、一八七九年に名を改《あらた》め、靖国神社となります。そして別格官《べっかくかん》幣社《ぺいしゃ》に格づけされました。別格官幣社とは、天照大神《あまてらすおおみかみ》のような神話の神や天皇などを祀るのではなく、臣下《しんか》（天皇の家来《けらい》）を神として祀る神社のことです。靖国とは、国を安らかにするという意味です。

靖国神社は、一八八〇年から神官《しんかん》（宮司《ぐうじ》などの管理者）の任命などを陸・海軍省がすることになってから、第二次世界大戦の敗戦にいたるまで陸海軍が管理しました。宮司（神官の長）は陸軍大将がなり、守衛《しゅえい》は憲兵《けんぺい》（軍隊の警察

東京招魂社

＊1……一八五八年（安政五年）から翌年にかけて、江戸幕府の大老・井伊直弼が、尊皇攘夷派などを弾圧した事件。

＊2……英語では靖国神社をさして war shrine（戦争神社）ということもある。

＊3……一八七七年に西郷隆盛らが明治政府に対して起こした反乱。

官）がつとめ、賽銭《さいせん》は軍に納《おさ》められるという軍事施設でした。[*2] 一般の神社は内務省が管理していましたから、特別な神社でもあります。

西南《せいなん》戦争[*3]を経《へ》て、日本が外国との戦争をおこなうようにしたがい、靖国神社が祀る祭神《さいじん》の数は、表のように増えていきます。日中戦争がはじまると、靖国神社では春秋二回の臨時大祭《りんじたいさい》をおこない、戦死者を神として祀りました。この大祭には、天皇が全軍の総大将の軍服姿で参拝《さんぱい》しました。

そのころには、戦死者は「英霊《えいれい》」と呼ばれ、子どもたちにはこの英霊に続くようにとの教育がおこなわれました。[*4]

Q3 どのような人が徴兵されたのですか。

A3 江戸時代までは、幕府を守る集団は、武士階級が独占《どくせん》していました。明治政府は、そうした集団を解体し、四民平等《しみんびょうどう》の精神にそって、進んだ西洋の兵隊の制度をとりいれようとしました。

その最初が、一八七二年に出された徴兵告諭です。[*1] 翌年一月には徴兵令が公布されました。

この徴兵令には、兵役《へいえき》を免除《めんじょ》する定めがあり、以下に当てはまる人は徴兵されずにすみました。①身長一五四・五センチ以下、病弱・身体障害者。②官吏《かんり》

戦役・事変別の合祀祭神数

（靖国神社・遊就館『かく戦えり、近代日本』原文の表現のまま）

明治維新	7751柱
西南戦争	6971柱
日清戦争	1万3619柱
台湾征討	1130柱
北清事変	1256柱
日露戦争	8万8429柱
第一次世界大戦	4850柱
済南事変	185柱
満州事変	1万7175柱
支那事変	19万1218柱
大東亜戦争	213万3760柱
合　計	246万6344柱

＊4……一九四二年発行の『初等科修身二』（四年生用）の「靖国神社」の教材には、次のように書かれていた。「君（天皇）のため国のためにつくしてなくなった人々が、かうして神社にまつられ、そのおまつりがおこなはれるのは、天皇陛下のおぼしめしによるものであります。……私たちは、天皇陛下の御恵みのほどをありがたく思ふとともに、ここにまつられてゐる人々の忠義にならって、君のため国のためにつくさなければなりません」

＊1……そのなかに、「人たるものは、もとより心力をつくして国にむくいなければならない。西洋人はこれを血税と呼んでいる」という一文があった。この「血税」が、血を税として納めるとか、血を吸い取られるというように誤解されて、「血税反対一揆」が起こった。一揆は翌年の徴兵令公布の後まで各地で起こった。

（役人）と官立上級学校の生徒。③外国に行っている者。④戸主《こしゅ》（家の主人）、後継《あとつ》ぎとなる息子や孫、ひとり息子やひとり孫、養子《ようし》。⑤代人《だいにん》料二七〇円を納めた人、などです。当時の二七〇円は、現在のお金で一〇〇〇万円以上になるでしょうか。*2 徴兵の負担は貧《まず》しい人びとの上にかかりました。

兵士になるのを拒否《きょひ》することを、徴兵忌避《きひ》といいます。醤油《しょうゆ》や下剤《げざい》を飲んで病気をよそおう人、自分で指を切ったり、手足を骨折したり、眼球を刺したりして障害者になって、徴兵をまぬかれる人もいました。しかし、わざとであることが見つかれば、一～三年の懲役《ちょうえき》刑となりました。

また、日清《にっしん》戦争後までは、北海道と沖縄県では徴兵令が施行《しこう》されなかったので、本籍《ほんせき》地をこの地に移す人もいました。このうち、一八九八年に徴兵令が施行された沖縄県でも、徴兵忌避がたくさん起きています。*3

徴兵令はしばしば改訂《かいてい》され、合法的な徴兵忌避は、だんだんできなくなっていきました。しかし、日露《にちろ》戦争のときから、少数ですが、絶対的平和主義の信念《しんねん》に基《もと》づく良心的《りょうしん》兵役拒否者が出てきます。徴兵よりも懲役を選ぶキリスト教徒もいました。

そうした信念も持ちえなかった人びとにとって、徴兵を逃《のが》れる道は、逃亡《とうぼう》または失踪《しっそう》しかありませんでした。

1882～96年に発生した逃亡失踪者の数

年	人
1882	4167
1883	4861
1884	3350
1885	4060
1886	3473
1887	5923
1888	3244
1889	5177
1890	4927
1891	5144
1892	5887
1893	6101
1894	6337
1895	6044
1896	6185
合計	7万4880

（出典）菊池邦作『徴兵忌避の研究』立風書房、1977年

＊2……一八七七年ころは、もりそば一杯が八厘（〇・〇〇八円）だった。週刊朝日編『値段の明治・大正・昭和風俗史』（朝日新聞社、一九八一年）参照。

＊3……「せまい島で徴兵検査前の逃亡は容易でなく、小舟で清国へ脱出する者が多数をしめている（脱清）。サトウキビ刈りの作業中に鎌で小指を切り落としたり、飼馬に噛み切らせたり、ハブにかませたりしている。また、移民県沖縄では海外移民にでた者も多数おり、移民は合法的な徴兵逃れの道でもあった」（安仁屋政昭「沖縄県民と天皇」『象徴天皇制とは何か』大月書店、一九八八年）

しかしそれも、約一八年間も逃げ切らなければ、刑事罰《ばつ》や徴兵を優先的に科《か》せられました。それでも命がけの逃亡にかけた人が、一八八二年から一八九六年までに、七万四八八〇人もいます。

Q4 軍隊が反乱を起こしたことがあるのですか。

A4 一八七八年八月二三日の夜、東京・麹町《こうじまち》区竹橋《たけばし》（現在の千代田《ちよだ》区北の丸公園）で起こった竹橋事件は、日本で初めての兵士の反乱です。

その中心になったのは、近衛砲兵《ほうへい》大隊の兵士、二百数十人。しかしこの反乱は、開始から約二時間で鎮圧《ちんあつ》されました。参加するはずの別の部隊が合流できず[*1]、また、近衛兵は隊全体としては同調しなかったため、砲兵大隊だけが孤立して、失敗したのです。

この兵士たちは、前年の西南戦争で明治政府に動員された徴兵兵士で、政府軍の勝利に貢献《こうけん》した者たちでした。ところが、政府は上層部には恩賞《おんしょう》をほどこしながら、下士《かし》・兵卒《へいそつ》（階級の低い兵士）には何の賞も手当《てあて》もあたえず、むしろ財政の厳しさを理由に給与《きゅうよ》や支給品を減らしていました。

兵士たちは、これでは五年の徴兵を終えて地元に帰っても生活の見通しが立たないと、不安をかかえていました。農業技術を身につける大事な時期を兵に

近衛砲兵大隊の将校たち

＊1……東京鎮台予備砲兵第一大隊が、王子方面に行軍させられていて、合流できなかった。

とられたという、徴兵制度への不満もありました。

そこに、自由民権思想が伝えられたのです。事件の前日、少尉《しょうい》の内山定吾《うちやまさだご》*2は、同じ隊の兵士たちにフランス革命の話をし、「(皇帝・天皇の権力を倒し、国民中心の政府をつくる)革命は可なり、一揆《いっき》は不可なり」と演説したといいます。近衛兵は、天皇を守る直属《ちょくぞく》の兵ですから、この反乱は政府に衝撃《しょうげき》をあたえました。事件から二カ月も経たない一〇月一五日に、反乱に加わった兵士五三人を銃殺《じゅうさつ》。結局この事件で三六一人を処罰《しょばつ》します。

この事件から、政府は、農民兵士の不満と自由民権運動が結びつくことのおそろしさを学びました。そして、自由民権運動を弾圧《だんあつ》し、その軍隊への影響を防ぎ、天皇に絶対服従《ふくじゅう》する軍隊をつくるのに力をそそぐことになります。

Q5 軍人勅諭とは何ですか。

A5 軍人勅諭は、一八八二年一月四日に、明治天皇が軍人に対して下《くだ》した訓《くん》示《じ》と戒《いまし》めです。「陸海軍軍人に賜《たまわ》りたる勅諭」ともいいます。

天皇を守るはずの近衛砲兵が反乱を起こした竹橋事件におどろいた政府は、それを鎮圧した直後の一八七八年一〇月一二日、陸軍卿《きょう》・山県有朋《やまがたありとも》*1の名で、陸軍全体に軍人訓誡《くんかい》を出しました。天皇の絶対神聖や、軍隊の秩序《ちつじょ》の厳守《げんしゅ》、軍人

山県有朋（一八七二年ころ）

*2……結果的には合流できなかった東京鎮台予備砲兵第一大隊の少尉である。士族出身。

が政治にかかわることの禁止を徹底しようとしたのです。しかし、自由民権思想が軍隊に入ってくるのは避けられませんでした。

そこで出されたのが軍人勅諭です。山県が作成を命じ、思想家の西周《にしあまね》*2が草案をつくりました。内容の最も重要な点は、冒頭《ぼうとう》の一節に「わが国の軍隊は、世々《よよ》天皇の統率《とうそつ》したまうところにそある」とあるように、日本の軍隊は天皇の軍隊であると宣言したことです。大日本帝国憲法の制定より前に、天皇の統帥《とうすい》権（軍隊をひきいる権限）は天皇だけが持つ権利（天皇大権《たいけん》）であり、政府の口出しをゆるさないと宣言したものです。

軍人が守るべき道徳は、「軍人は忠節《ちゅうせつ》をつくすを本分《ほんぶん》とすべし」「軍人は礼儀《れいぎ》を正しくすべし」「軍人は武勇《ぶゆう》を尚《とうと》ぶべし」「軍人は信義を重んずべし」「軍人は質素《しっそ》を旨《むね》とすべし」の五カ条。

そのなかに、「死は鴻毛《こうもう》（羽根）よりも軽しと覚悟《かくご》せよ」とか、「下級のものは、上官の命《めい》を承《うけたまわ》ること、実は直《ただ》ちに、朕《ちん》が命（天皇の命令）を承る義《ぎ》なりと心得《こころえ》よ」という戒めが出てきます。兵士の命は鳥の羽根より軽いとされ、上官の命令への絶対服従という日本の軍隊の規律《きりつ》ができたのです。

軍人勅諭は、はじめは上官が部下へ読んで聞かせていましたが、後には兵士に持たせる「軍隊手帳」の冒頭にかかげ、兵士に暗唱《あんしょう》させるようになりました。教育勅語のように神聖視されるようになったのです。

*1……（一八三八〜一九二二年）長州藩出身。幕末には奇兵隊（下級武士、農民、町人らでつくった軍隊）をひきいて討幕運動で活躍。明治政府では陸軍の確立につとめた。

*2……（一八二九〜一八九七年）石見国（現在の島根県）出身。一八六二年にオランダに留学して、法学、哲学、経済学を学ぶ。明治政府に仕え、西洋の学問を紹介した。

日本軍の軍隊手帳

column 7 靖国《やすくに》神社の廃止《はいし》を訴《うった》えた石橋湛山《いしばしたんざん》

石橋湛山《いしばしたんざん》（一八八四〜一九七三年）は身延山《みのぶさん》の日蓮宗《にちれんしゅう》の僧侶《そうりょ》の子として育ち、山梨県立第一中学校（現在の甲府《こうふ》第一高等学校）、早稲田《わせだ》大学哲学科を卒業。一九一一年に東洋経済新報《しんぽう》社に入社しました。

入社後、経済学を独学《どくがく》で学び、経済の面からも日本が植民地を持つことを批判し、朝鮮の独立運動を支援し、中国への侵略政策を批判、平和な小日本主義を主張しました。

湛山は、第二次世界大戦の敗戦直後、『東洋経済新報』の社説に、靖国《やすくに》神社を廃止《はいし》すべきという主張を発表しました。敗戦からたった二カ月あまりです。死を恐れず戦争を続けるという日本人の考えの中心に、天皇のために死んだら靖国神社に祀《まつ》られるという靖国神社信仰《しんこう》があることを、湛山は戦時中から考えていたに違いありません。「靖国神社廃止の議《ぎ》」と題する『東洋経済新報』一九四五年一〇月一三日の社説は、おおむね次のような内容です。

靖国神社の主な祭神《さいじん》は、明治維新以来の戦没者《せんぼつ》であり、その大多数は日清・日露戦争と「大東亜《だいとうあ》戦争」（アジア太平洋戦争）の従軍者である。その大東亜戦争は汚辱《おじょく》の戦争であり、国家を亡国《ぼうこく》の危機に導き、日清・日露戦争の戦果《せんか》も完全に失った。残念ながら、それらの戦争に命を捧《ささ》げた人びとに対しても、これを祀《まつ》って「靖国」（国を安泰《あんたい》させる）とは言えなくなった。これからの国民は、靖国神社を屈《くつ》辱《じょく》と怨恨《おんねん》の記念として、長く心にとどめるのではないか。

国民は、今回の戦争がなぜこんな悲惨《ひさん》な結果をもたらしたのか、深く掘り下げて検討し、その経験を生かさなければならない。そのためには、いつまでもこの戦争に怨《うら》みを抱《いだ》くような心がけでは駄目《だめ》だ。そんな狭い考えでは、この戦争に負けた原因を明らかにできず、日本を再生することはむずかしい。

私たちは、全く心を新たにして、真に無武装《むぶそう》の平和日本を実現するとともに、ひいてはその功徳《くどく》（良いおこない）を世界にひろげるという悲願《ひがん》を立てなくてはいけない。そのためには、この際、国民に長く怨みを残すような記念物を一掃《いっそう》することが必要であろう。

石橋湛山（最前列中央）は戦後、政治家になり、短期間だが首相をつとめた

10 教育と天皇

校長による教育勅語の朗読を聞く子どもたち（汐見小学校『卒業記念写真帖』1929年）

欧米に追いつくために明治政府が重視したのは、人材の育成でした。国民に義務教育を受けさせるようにしたのもそのためです。しかし、自由民権運動が激しくなると、政府は自由民権運動が欧米の革命思想から来ているとして、教育の方針を欧米流から復古《ふっこ》調の儒教《じゅきょう》主義に変えていきます。

Q1 教育勅語《ちょくご》とは何ですか。

A1 教育勅語《ちょくご》は、正式には「教育に関する勅語」。勅語とは天皇の命令や言葉のことです。一八九〇年一〇月三〇日に、明治天皇の名前で発布《はっぷ》されました。

明治維新によってできた新政府が最初にやらなければならなかったことは、

国民に天皇の存在を知らせ、これからは天皇が支配する世の中になったこと、国民は天皇の臣民《しんみん》（家来《けらい》）になったことをわからせることでした。このために使われたのが学校教育でした。

一八七二年、早く欧米に追いつけるようにと、政府は学制《がくせい》を発布して学校制度をつくり、誰でも学校に行けるようにしました。ところが、明治一〇年代になって自由民権運動（↓55ページ）がさかんになってくると、このまま「文明開化」の教育を続けたら天皇中心の国づくりがあぶないと、政府は教育の方針を転換《てんかん》させます。欧米流から、中国の孔子《こうし》の教えで封建《ほうけん》道徳を説《と》く儒教《じゅきょう》主義へと変えていったのです。

この流れのなかでつくられたのが教育勅語です。[*1] 当時の首相・山県有朋《やまがたありとも》は、軍人勅諭《ちょくゆ》をつくった人です（↓84ページ）。ヨーロッパの議会を視察《しさつ》[*2]した経験から、まもなく開設[*3]される日本の議会で、王制（天皇制）を廃止《はいし》するようなヨーロッパ風の「過激《かげき》論」がはびこらないかと心配していました。そのため、教育にも軍人勅諭のようなものがほしいと思っていました。[*4]

山県は、法制局長官の井上毅《いのうえこわし》（↓69ページ）に草案づくりを依頼《いらい》しました。井上は自分の案を、天皇の侍講《じこう》（教育係）である元田永孚《もとだながざね》にも見せ、何度かの書き直しを経《へ》て、教育勅語はできあがりました。

井上の最初の案が書かれたのが一八九〇年六月。それから発布の一〇月まで、

文部省が全国の学校に配った教育勅語の謄本(写し)

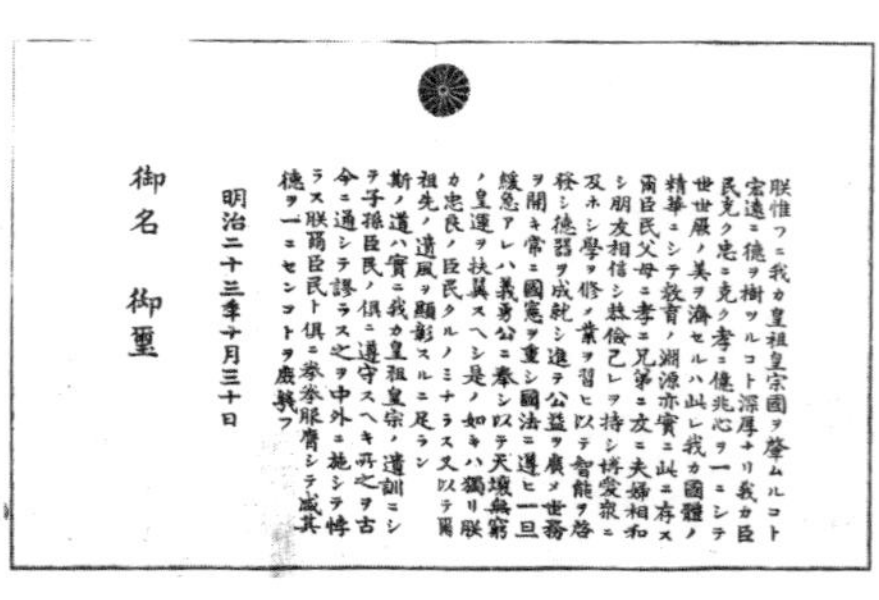
朕惟フニ我カ皇祖皇宗國ヲ肇ムルコト
宏遠ニ德ヲ樹ツルコト深厚ナリ我カ臣
民克ク忠ニ克ク孝ニ億兆心ヲ一ニシテ
世世厥ノ美ヲ濟セルハ此レ我カ國體ノ
精華ニシテ教育ノ淵源亦實ニ此ニ存ス
爾臣民父母ニ孝ニ兄弟ニ友ニ夫婦相和
シ朋友相信シ恭儉己レヲ持シ博愛衆ニ
及ホシ學ヲ修メ業ヲ習ヒ以テ智能ヲ啓
發シ德器ヲ成就シ進テ公益ヲ廣メ世務
ヲ開キ常ニ國憲ヲ重シ國法ニ遵ヒ一旦
緩急アレハ義勇公ニ奉シ以テ天壤無窮
ノ皇運ヲ扶翼スヘシ是ノ如キハ獨リ朕
カ忠良ノ臣民タルノミナラス又以テ爾
祖先ノ遺風ヲ顯彰スルニ足ラン
斯ノ道ハ實ニ我カ皇祖皇宗ノ遺訓ニシ
テ子孫臣民ノ倶ニ遵守スヘキ所之ヲ古
今ニ通シテ謬ラス之ヲ中外ニ施シテ悖
ラス朕爾臣民ト倶ニ拳拳服膺シテ咸其
德ヲ一ニセンコトヲ庶幾フ

明治二十三年十月三十日

御名 御璽

＊1……発布の直接のきっかけは、一八九〇年二月に東京で開催された地方官（県知事）会議に集まった知事たちの、道徳を重視する「徳育涵養」の意見書だった。意見書は、榎本武揚文部大臣や、山県有朋首相宛に出された。

＊2……一八八八年一〇月から約一〇カ月間。

＊3……一八九〇年一一月に開設。

＊4……一八九〇年五月の内閣改造で、山県は道徳教育に熱心でない榎本武揚にかえて、気心の知れた芳川顕正を文部大臣にすえた。

わずか四カ月。とても急いでつくられました[*5]。

教育勅語は、謄本《とうほん》（原本からの写し）が全国の学校に配られ、子どもたちは学校の儀式でそれを読み聞かされました。

Q2 教育勅語には何が書かれているのですか。

A2 教育勅語はわかりにくい文章です。発布以来、たくさんの解説書が刊行されました。ここでは、国定《こくてい》の修身《しゅうしん》教科書[*1]に載《の》った解釈《かいしゃく》を、文部省公認のものと考えて紹介します[*2]。

それによれば、教育勅語は三段でできています。第一段[*3]の趣旨《しゅし》は以下のようです。皇室の祖先がわが国をはじめるにあたり、その規模《きぼ》が広大《こうだい》で、いつまでも動かないようにした。皇室の祖先は身をつつしみ、臣民（家来である国民）を愛し、永《なが》く手本を残した。臣民は天皇に忠義《ちゅうぎ》をつくし、親に孝行《こうこう》をつくすことを心がけ、みな心を一つにして、代々忠孝《ちゅうこう》の美風《びふう》をまっとうしてきた。以上のことが、わが国体《こくたい》（国柄《くにがら》）の純粋な立派《りっぱ》なところであり、わが国の教育の基《もと》づくところもここにある。

第二段[*4]は、天皇が「爾《なんじ》臣民」と呼びかけ、臣民が常に守るべき道を諭《さと》すところです。臣民たるものは、父母に孝行をつくし、兄弟姉妹仲よくし、夫婦たが

＊5……急がれた理由は、同年一一月二九日に開会される帝国議会に間に合わせたかったこと、一一月三日の天長節（天皇誕生日）に、全国の官庁・学校で読まれることを期待したこと、そして前年から各地で起こっていた米騒動をしずめるため、「国憲を重んじ国法に遵い」（憲法や法律に従う）の文言のある教育勅語が必要とされたこと、であった。

＊1……修身は、現在でいう道徳科目。第二次世界大戦後の教育改革で廃止された。一八八〇年以来、敗戦にいたるまで、最も大切な科目とされてきた。

＊2……以下は、大正期から昭和初期（一九二〇年代～一九三〇年代初期）にかけて使われた『尋常小学修身書』（巻六・六年生用）の最後（第二五課～二七課）に「教育に関する勅語」として登場する解釈。

＊3……「朕惟うに」から「教育の淵源亦実に此に存す」まで。

＊4……「爾臣民父母に孝に」から「爾祖先の遺風を顕彰するに足らん」まで。

いに分《ぶん》を守ってむつまじくしなければならない。友だちには信義《しんぎ》をもって交《まじ》わり、誰に対しても礼儀《れいぎ》を守ることが大事である。また、学問を修《おさ》め、公共の利益を増進することが大切である。いつも皇室典範《こうしつてんぱん》と大日本帝国憲法を重んじ、その他の法令を守り、もし国に天災や戦争などが起こったら、勇気をふるい一《いっ》身《しん》をささげて、君国《くんこく》（天皇の国）のためにつくさなければならない。このようにして、天地とともに永遠に続く皇位が栄《さか》えるのを助けるのが、われらのつとめである。

第三段*5の趣旨はこうです。第二段で諭している道は、明治天皇が新たに決めたものではなく、皇祖皇宗《こうそこうそう》（皇室の先祖）が残した教訓であって、皇祖皇宗の子孫も一般の臣民も、ともに守るべきものである。この道は、昔も今も変わりがなく、どこでもおこなわれるものである。

教育勅語には、親孝行など良いことが書いてある、現代でも通じるという、政治家などの発言を耳にします。しかし、教育勅語の徳目《とくもく》はすべて、「皇位が栄えるのを助ける」につながっていたのです。

教育勅語のなかで、最もたくさん使われている用語は「臣民」です。「主君（天皇）に仕《つか》える家来」という意味です。「臣民」が守るべき道徳を述べたのが教育勅語なのです。

＊5……「斯の道は」から最後の「庶幾う」まで。

教育に関する勅語

朕惟うに、我が皇祖皇宗国を肇むること宏遠に、徳を樹つること深厚なり。我が臣民克く忠に克く孝に、億兆心を一にして世々厥の美を済せるは、此れ我が国体の精華にして、教育の淵源亦実に此に存す。爾臣民父母に孝に、兄弟に友に、夫婦相和し、朋友相信じ、恭倹己れを持し、博愛衆に及ぼし、学を修め、業を習い、以て智能を啓発し、徳器を成就し、進で公益を広め、世務を開き、常に国憲を重じ、国法に遵い、一旦緩急あれば義勇公に奉じ、以て天壌無窮の皇運を扶翼すべし。是の如きは独り朕が忠良の臣民たるのみならず、又以て爾祖先の遺風を顕彰するに足らん。
斯の道は実に我が皇祖皇宗の遺訓にして、子孫臣民の倶に遵守すべき所、之を古今に通じて謬らず、之を中外に施して悖らず、朕爾臣民と倶に拳々服膺して、咸其徳を一にせんことを庶幾う。
明治二十三年十月三十日
御名　御璽

Q3 御真影《ごしんえい》と奉安殿《ほうあんでん》とは何ですか。

A3 天皇・皇后の写真のことを御真影《ごしんえい》といいました。一八八二年ころから、国立の学校に御真影が配られるようになりました。*1 小学校にひろまったのは、一八八九年一二月の、文部省の通知*2からです。

御真影は、教育勅語の謄本とは違って、全国の小学校に一律《いちりつ》に配られたわけではありません。高等科*3がある小学校のうち、地域で「模範《もはん》」「優等」とされる学校を選んで配られました。ですから、御真影を受け取ることは、その学校にとってたいへんな名誉《めいよ》でした。*4

子どもたちは、御真影や教育勅語謄本の大切さを、学校でおこなわれる儀式でも教えられました。教育勅語が発布された翌年に、学校儀式の規程《きてい》がつくられますが、その第一条に、天皇・皇后の御真影への最敬礼《さいけいれい》（手の指先がひざ頭《がしら》あたりに達するまで頭を深く下げるおじぎ）や、教育勅語の朗読《ろうどく》が定められています。

御真影と教育勅語謄本のあつかい方は、丁重《ていちょう》をきわめました。文部省の訓令《くんれい》（命令）*5で、それらを校内の一定の場所に「最も尊重《そんちょう》に」置くこととされました。そして、御真影、教育勅語謄本を守るためには、生命をかけなければなら

イギリスの週刊紙『イラストレイテッド・ロンドンニュース』一八七八年三月二三日号には、天皇の写真を拝む日本人の絵が載っている

＊1……天皇の写真を役所などに配布し、役人や一般住民に拝礼させるという慣行は、一八七三、七四年ころからあったようである（石井研堂『明治事物起原』など参照）。こうした慣行に教育関係者が注目したのであろう。

＊2……文部省総務局長の通知。「天皇・皇后の写真は、これまで府県立小学校へは配布してきたが、これから高等小学校へも、申し立てにより配布するはずである。配布を希望する場合は、当省を経て申し立てなさい」という内容。

＊3……当時の小学校は、義務教育は尋常科四年間であり、その上に二〜三年通う高等科を設置する学校もあった。

＊4……御真影を受け取る拝戴式は、各地で「空前絶後の盛典」として開催された。

＊5……御真影と教育勅語謄本を大事にあつかうようにとの文部省からの最初の通知は、一八九一年一一月一七日の訓令。

ないことが、次第《しだい》に「当然のこと」となっていきました。

御真影が学校に来て、それぞれの学校では、男子教職員が交代で学校に泊《と》まり、夜の警備（宿直《しゅくちょく》）をすることが習慣《しゅうかん》となっていきます。そんななか、御真影を守ろうとして最初の犠牲者が出たのは、一八九六年六月一五日の三陸《さんりく》大津波のときです。*6

こうした犠牲を防ぐためにつくられるようになったのが、奉安殿《ほうあんでん》です。教育勅語謄本や御真影が配られた当初は、宿直室の押入《おしい》れのなかや教員室に、神棚《かみだな》風の棚をつくってそこに置くのが一般的でした。しかし一九二〇年代から次第に、校舎《こうしゃ》とは別の、土蔵《どぞう》、石づくり、鉄筋《てっきん》コンクリートづくりの施設*7となり、聖域《せいいき》あつかいになっていったのです。神殿《しんでん》風の建物が多かったので、奉安殿と呼ばれました。子どもたちは、その前を通るときには最敬礼をするようにしつけられました。

Q4 教科書に天皇はどう描《えが》かれたのですか。

A4 教科書は、明治のはじめのころは自由に発行されていました。それが一八八六年から、文部省の検定《けんてい》をとおったものしか使用できなくなります。さらに一九〇四年からは、主な科目については国が定めた教科書しか使用でき

＊6……岩手県・箱崎小学校の教師・栃内泰吉（五五歳）。これ以後、敗戦までに三〇人近い殉職者が出た。

＊7……奉安殿の敷地面積は一～二坪。建造費は六〇〇円から二千円くらい。五千円かけたところもある。現代の価格に換算すれば、三〇〇万円から三千万円くらいになると考えられる。

奉安殿の新築記念。一九一八年ごろと思われる（『下諏訪学校教育百年史』）

ないという、国定教科書制度[*1]がはじまります。その回数は国定教科書で、天皇個人が最もたくさん出てくるのは修身です。二二回。個人別では第一位です（第二位は二宮金次郎《にのみやきんじろう》で一八回）。

一九〇四年発行、小学二年生の修身教科書には、こう描《えが》かれています（原文はすべてカタカナ）。「天皇陛下《へいか》は、陸軍や海軍の大演習《えんしゅう》においでになって、グンシンの働きをご覧《らん》になります。天皇陛下の御恩《ごおん》を、思わねばなりません」[*2]

一九四一年からの国民学校時代の教科書[*3]になると、あつかう学年が五年生に上がり、内容もくわしくなります。「私たち日本の国民は、天皇を現御神《あきつみかみ》と仰《あお》ぎたてまつるとともに、また皇室を宗家《そうけ》としていただいてゐるのであります。天皇陛下は、この皇室の御家長《かちょう》で、皇族はその御家族でいらっしゃいます。天皇陛下は、御名を裕仁《ひろひと》と申しあげ、明治三十四年四月二十九日、御降誕《ごこうたん》になりました。御年十六歳で、立太子《りったいし》の礼をおうけになり、御年二十一歳から、大正天皇の久しい御病気のため、摂政《せっしょう》として、まつりごとをごらんになり、昭和元年十二月二十五日御歳二十六歳で御践祚《ごせんそ》、同三年十一月十日御即位の礼をおあげになりました。……わが大日本は万世一系《ばんせいいっけい》の天皇をいただく国でありますから、御稜威《みいつ》のいよいよ高く、皇室のいよいよおさかえになることは、やがてわが大日本のとこしへにさかえ行くことをしめして、私たち国民のこの上もないしあわせであります」。この文の後も、天皇や皇室についての単元が続きます。

＊1……国定教科書は四回改訂された。一九〇四年から発行された第Ⅰ期、一九一〇年からの第Ⅱ期、一九一八年からの第Ⅲ期、一九三三年からの第Ⅳ期、一九四一年からの第Ⅴ期である。明治天皇は、全期をとおして登場する。

＊2……『尋常小学修身書　第二学年用』。

＊3……『初等科修身　三』。

二年生の修身教科書に書かれた、御真影への最敬礼（『ヨイコドモ　下』一九四一年発行）

Q5 「日の丸」「君《きみ》が代《よ》」は どう教えられたのですか。

A5 「日の丸」を国旗《こっき》、「君《きみ》が代《よ》」を国歌《こっか》とするきまりは、近年（一九九九年）に制定された「国旗及《およ》び国歌に関する法律」までは何もありませんでした。ただ習慣[*1]と学校教育によって、そうあつかわれてきたのです。

「日の丸」が学校に登場するのは、御真影の拝戴《はいたい》式や学校儀式のときでした。それらの日には、校門や玄関に「日の丸」を交差《こうさ》するのが習わしでした。

教科書のなかで「日の丸」が国旗として記されるのは、一九二三年から使用された小学六年生用の国語教科書[*2]からです。「第十三課　国旗」に次のくだりがあります。「雪白の地に紅の日の丸をゑがける我《わ》が国の国旗は、最もよく我が国号《こくごう》にかなひ、皇威《こうい》の発揚《はつよう》、国運《こくうん》の隆昌《りゅうしょう》さながら旭日昇天《きょくじつしょうてん》の勢あるを思はしむ。更《さら》に思へば、白地は我が国民の純正潔白《じゅんせいけっぱく》なる性質を示し、日の丸は熱烈《ねつれつ》燃ゆるが如《ごと》き愛国の至誠《しせい》を表《あらわ》すものともいふべきか。[*3]」

「君が代」は唱歌《しょうか》の教科書にも載っていましたが、子どもたちの日常で歌われたのは、学校儀式のときからでしょう。教育勅語が出されてから三年後の一八九三年、文部省は、学校儀式のときに歌う歌詞《かし》と楽譜《がくふ》を八曲決めます。このとき以来、「君が代」は、儀式では必ず歌う歌とされ、国歌としての性格を持

＊1……このような習慣ができたのは、「日の丸」の場合、一八七〇年の郵船商船規則（太政官布告第五七号）からである。船にかかげる国旗は白地に日の丸、とされた。幕末から外国船が多く来航していたので、それと区別するためであった。

＊2……第Ⅲ期の国定教科書。『尋常小学国語読本　巻十二』。

＊3……さらに、教科書のなかの「日の丸」は、「ばんざい」の文字と結びついていた。第Ⅳ期、第Ⅴ期とも、小学一年生用の国語教科書に、「ヒノマル　ノ　ハタ　バンザイ　バンザイ」がある。出征兵士の見送りや「敵地」を占領したときの発声を模していたとも思える。「万歳」についてはコラム8を参照。

たされたのです。

教科として「君が代」を習ったのは、唱歌（音楽）[*4]の時間でした。国民学校時代には、一～六学年の音楽の教科書の冒頭《ぼうとう》に「君が代」が出てきます。

「君が代」の内容について学習するのは、修身や国語の時間でした。国民学校時代の四年生用の修身教科書[*5]には、こんな説明がされています。「この歌は、『天皇陛下のお治《おさ》めになる御代《みよ》は、千年も万年もつづいて、おさかえになりますやうに。』といふ意味で、国民が、心からおいはい申しあげる歌であります。『君が代』の歌は、昔から、私たちの先祖が、皇室のみさかえをおいのりして、歌ひつづけて来たもので、世々《よよ》の国民のまごころのとけこんだ歌であります。祝日や、おめでたい儀式には、私たちは、この歌を声高く歌ひます」

＊4……一九四一年の国民学校時代から「音楽」となった。

＊5……『初等科修身 二』。

column 8 万歳《ばんざい》の起源

選挙で当選すると「万歳三唱」がおこなわれますが、「万歳」を「ばんざい」と発声することは、そんなに昔からあることではありません。和田信二郎『君が代と万歳』（一九三二年）によると、その起源は次のようです。

大日本帝国憲法が発布《はっぷ》される日、午前に皇居《こうきょ》で憲法発布の式があり、午後一時、天皇が皇居を出て、青山練兵《れんぺい》場での観兵《かんぺい》式に出る予定になっていました。このとき、帝国大学以下の職員、学生、生徒は整列して、皇居を出る天皇に拝礼《はいれい》することになりました。

この拝礼のとき、黙って見送るのは忍びない。何か唱えたいが、良い言葉はないかと、帝国大学では教授の総会を開いて議論しました。発布式が近づいたころ、文部省が、「奉賀《ほうが》」と三声唱えたらどうかと提案してきました。そこで、学生を運動場に集め、「奉賀—奉賀—奉賀」と三声連呼《れんこ》させてみました。ところが、声の続きぐあいで「賀《が》—奉《ほう》」となり、「アホー」に聞こえる。それで不採用となりました。

大学内からもいろいろな提案があり、そのなかに「万歳・万歳・万々歳」がありました。これがよかろうと、練習にとりかかりましたが、「万歳」の読み方に困りました。古来、日本では「万歳」の読み方は、「バンゼイ」か「マンザイ」。また学生を集めて練習してみると、「バンゼイ」では「ゼイ」の音がぴったりこない。「マンザイ」は、三河万歳《みかわまんざい》*1の者を呼びとめているように聞こえる。そこで、文科大学長・外山正一《とやままさかず》の提案で、二つを合わせて「バンザイ」はどうかということになりました。

そして当日、聖駕《せいが》（天皇の馬車）が二重橋を渡り終わると、帝国大学総長の代理の外山学長が「天皇陛下《へいか》、万歳・万歳・万々歳」と発声し、職員・学生・生徒一同がこれに和《わ》し、万歳の声がとどろいたといいます。

これをきっかけに、教育勅語《ちょくご》発布翌年の文部省の「儀式規程《きてい》」第一条で、「御影《ぎょえい》（御真影）に対し奉《たてまつ》り最敬礼を行い、かつ両陛下の万歳を奉祝《ほうしゅく》す」と定められ、全国に「万歳」が広まっていったのです。

＊1……愛知県東部の西尾市ではじまったとされる伝統芸能。江戸時代に家々をまわってお祝いの言葉やこっけいな掛け合いをやって評判となった。

11 明治後期の社会と天皇

聖徳記念絵画館

大日本帝国憲法の発布《はっぷ》により、天皇を中心とする国家のしくみがつくられました。その後、日本は日清《にっしん》戦争・義和団《ぎわだん》戦争・日露《にちろ》戦争を経《へ》て、台湾や韓国を植民地にしました。社会も変化していきます。天皇に関して、どのような問題が起きたでしょうか。

Q1 御府《ぎょふ》とは何ですか。

A1 東京の明治神宮の外苑《がいえん》に、聖徳《せいとく》記念絵画《かいが》館*1があります。明治天皇の生涯《しょうがい》を描《えが》いた八〇枚の絵が展示されています。そのなかに、洋画家の川村清雄《かわむらきよお》が一九三六年に制作した「振天府《しんてんふ》」という作品があります。

画面右上に、白馬にまたがった子どもと、軍旗《ぐんき》（旭日旗《きょくじつき》）をかかげる日本軍。上部には、戦利品《せんりひん》を振天府に運び入れる光景。下半分には、戦利品の品々が描

＊1……東京都新宿区。一九二六年に完成。明治神宮についてはコラム11を参照。

かれています。日本軍の勝利によって、さまざまな戦利品が獲得《かくとく》される。そうした物語が読み取れます。

さて、この絵に描かれている振天府の建物は、一般には公開されていませんが、皇居《こうきょ》の吹上御苑《ふきあげぎょえん》の南端《なんたん》にあります。*2 桜田濠《さくらだぼり》をへだてて、憲政《けんせい》記念館（戦前は参謀《さんぼう》本部がありました）と向きあっている場所です。

振天府は、日清《にっしん》戦争のときに日本軍が戦場から持ち帰った戦利品（当時は「分捕り品《ぶんどりひん》」といいました）が皇室に献上《けんじょう》され、それらを収《おさ》める倉庫として、一八九六年に建てられたものです。そこには、戦死した将兵の写真と名簿《めいぼ》も置かれました。

一九〇二年発行の高等小学校向けの唱歌《しょうか》教科書には、「振天府」という歌があります。「日清戦利の品々を　つらね給《たま》ひし　振天府*3」と歌われています。

振天府には、師範《しはん》学校（教員を養成《ようせい》する学校）の職員や生徒が見学するなど、国威発揚《こくいはつよう》がめざされました。

その後、義和団《ぎわだん》戦争のときには懐遠府《かいえんふ》、日露《にちろ》戦争のときには建安府《けんあんふ》、第一次世界大戦のときには惇明府《じゅんめいふ》、満州事変《まんしゅうじへん》のときには顕忠府《けんちゅうふ》が建てられました。それらをまとめて「御府《ぎょふ》」といいます。日本軍の栄光を示し、戦没《せんぼつ》者の慰霊《いれい》・顕彰《けんしょう》をする、「もう一つの靖国《やすくに》神社」であったといえます。

川村清雄『振天府』

＊2……巻末の皇居見取り図を参照。

＊3……(一) 弾丸銃砲　鉾　剱　日清戦利の品々を　つらね給ひし　振天府　かしこしや　大内山の上に立てり　(二) 将校士官　下士　歩卒　戦病死者の面影を　かかげ給ひし　振天府　かしこしや　天皇陛下の大御しわざ

Q2 韓国を植民地にしたとき、韓国の皇帝はどうなりましたか。

A2 朝鮮は一八九七年、自主独立の国であることを示すため、国号《こくごう》を大韓《だいかん》に改《あらた》め、国王・高宗《コジョン》が最初の皇帝となりました。しかし日本は、日露戦争後、一九〇五年に第二次日韓協約《きょうやく》を韓国に押しつけ、日本の保護国にしました。一九一〇年には韓国併合《へいごう》を強行して植民地とし、統治《とうち》のため総督府《そうとくふ》を置きました。韓国側では激しい抵抗《ていこう》が起こりましたが、日本は軍事力を使って弾圧《だんあつ》していきました（↓122ページ）。

韓国併合にともなって、韓国の皇帝の一族は、新たに設《もう》けられた「王公族《おうこうぞく》」という身分をあたえられました。併合時の皇帝・純宗《スンジョン》＊1や前皇帝・高宗らが王族となり、純宗の弟や叔父《おじ》などは公族とされたのです。王公族は、日本の皇族に準《じゅん》じたあつかいを受けました。

王族の一人に、高宗の七男で、純宗の皇太子であった李垠《イウン》がいました。一九〇七年、李垠が一〇歳のとき、伊藤博文《いとうひろぶみ》に連れられて来日し、そのまま日本で育てられました。皇太子（後の大正天皇）にかわいがられたといいます。

一九一六年、「日韓融和《ゆうわ》」（一体化）の象徴《しょうちょう》として、李垠と梨本宮方子《なしもとのみやまさこ》＊2との婚約《こんやく》がまとまりました。皇族女子が王族などに嫁《とつ》ぐことができるように、一九

＊1……高宗の長男。

＊2……梨本宮は、伏見宮一九代・邦家親王の弟である守脩親王が、一八六八年に立てた宮家。方子（一九〇一～一九八九年）は日本の敗戦後、身分や財産を剥奪されたが、晩年には韓国社会に受け入れられ、福祉活動に力を入れた。

李垠と梨本宮方子。一九二〇年四月に結婚。垠は陸軍歩兵中尉で二四歳、方子は二〇歳であった

一八年に皇室典範《こうしつてんぱん》が改訂《かいてい》されました。[*3] しかし、一九一九年に高宗が死去したので、結婚は一九二〇年四月にずれ込みました。

一九二一年、二人のあいだに子どもが生まれ、晋《ジン》と名づけられました。翌年、三人で朝鮮を訪問したのですが、晋は日本に戻る直前に発熱し、急死しました。方子の母・伊都子《いつこ》[*4]は、毒殺ではないかと疑《うたが》いました。当時、朝鮮内には、親日・親清《しん》・親露《ろ》の三派の対立があり、それに巻き込まれたに違いないと、伊都子が思ったからです。

李垠・方子夫妻は、第二次世界大戦後、日本国憲法の公布にともない、王公族の身分を失いました。生活に苦労するようになりましたが、一九六三年、韓国政府に帰国をゆるされて、韓国で安定した暮らしを送ることができるようになりました。

その後、一九七〇年に李垠が、一九八九年に方子が亡くなりました。夫妻の二人めの子ども玖《イグ》は、二〇〇五年七月、滞在《たいざい》していた東京の赤坂プリンスホテル[*5]で病死し、家系は途絶《とだ》えました。

＊3……それまで皇族女子は、皇族男子と同様に、皇族・華族とだけ結婚してきた。

＊4……伊都子は侯爵・鍋島直大の娘。

＊5……赤坂プリンスホテルは、戦前に李垠一家が住んでいた邸宅を改修してホテルにしたもの。現在は解体されて存在しない。

Q3 明治天皇の皇后・美子《はるこ》はどのような女性でしたか。

A3 美子《はるこ》は、左大臣・一条忠香《いちじょうただか》の三女として、一八四九年に生まれました。明治に改元《かいげん》された一八六八年、一九歳で、明治天皇（一六歳）の皇后となりました。

皇后となった美子は、天皇に仕《つか》える女官の制度の大改革をおこないました。それでも、大正天皇の生母《せいぼ》となる柳原愛子《やなぎわらなるこ》らの女官は残り、実質的な一夫一婦制は実現できませんでした。

そうしたなかで美子は、女子教育の振興《しんこう》＊1、日本赤十字社《せきじゅうじしゃ》総会や東京慈恵会《じけいかい》医院などへの行啓《ぎょうけい》＊2、製糸《せいし》業などの産業奨励《しょうれい》、洋装《ようそう》化の推進《すいしん》＊3などにとりくみ、近代的な皇后としての役割を開拓《かいたく》していきました。結婚二五周年の記念式典の際には、天皇と同じ馬車に乗ってパレードをし、女性の地位向上を示すものと好評《こうひょう》のようでした。そのころ、天長節《てんちょうせつ》と同様に皇后の誕生日（四月一七日）も地久節《ちきゅうせつ》として祝うべきだとの世論が高まりました。＊4

皇后は、富国強兵《ふこくきょうへい》に突き進む国策《こくさく》のうえでも大きな役割を果たしました。軍艦《ぐんかん》の浪速《なにわ》と高千穂《たかちほ》に試乗《しじょう》したときに、「事《こと》しあらは　みくにのために　仇波《あだなみ》の　よせくる船も　かくやくたかむ」（一八八六年作）と、有事となれば国の

皇后美子

＊1……欧米各国を訪問した岩倉使節団に参加した津田梅子ら五人の女子留学生を激励したり、東京女子師範学校の設立（一八七五年）に資金を寄付したり、華族女学校にしばしば行啓したりした。

＊2……天皇が出かけることを行幸というのに対して、皇后や皇太子らが出かけることを行啓という。

＊3……一八八六年に初めて洋装を着用した。

＊4……東京の女学校では、休校して地久節の祝いをした。

ために、高い波を立ててやってくる敵船《てきせん》を打ちくだくだろうという、勇《いさ》ましい歌を詠《よ》みました。日清戦争のときには、「みいくさの　艦《ふね》にやどりし　山鳩《やまばと》のつばさの上に　神やましけむ」（一八九四年作）と、士気を鼓舞《こぶ》しています。

日露戦争開戦の際には、弱気になった明治天皇に対して、皇后の夢に坂本《さかもと》龍馬《りょうま》があらわれて海軍を守ると告《つ》げたという話が国民のあいだを駆《か》けめぐり、国民の戦意を高めたことは有名です。また、戦死した軍人遺族《いぞく》の慰問《いもん》などを目的とした愛国婦人会＊5の総会へも、日露戦争中からしばしば行啓しています。

明治天皇の死後、皇太后《こうたいごう》となり、青山御所《ごしょ》に移りました。その二年後の一九一四年、六四歳の生涯を閉じ、京都の伏見桃山東陵《ふしみのももやまのひがしのみささぎ》に葬《ほうむ》られました。昭憲《しょうけん》皇太后という称号が贈られています。

Q4 大逆《たいぎゃく》事件とはどのような事件だったのですか。

A4 明治になって、皇室の尊厳《そんげん》を守るための法が定められました。それらを体系的にまとめたものとして、一八八〇年に刑法が公布されました。そこで大逆罪《たいぎゃくざい》が登場しました。

具体的には、一九〇七年に改正された刑法では、「天皇、太皇太后《たいこうたいごう》、皇太后、皇后、皇太子または皇太孫《こうたいそん》に対し、危害《きがい》を加えたり、加えようとしたりした者

＊5……一九〇一年、奥村五百子が、陸・海軍省や内務省などの後援を得て設立した。日露戦争の際には軍人援護にとりくみ、会員数は四六万人にふくれあがった。

「東京監獄市ヶ谷刑務所　刑死者慰霊塔」。東京都新宿区の余丁町児童遊園内。幸徳秋水らの死刑が執行された東京監獄跡地に、一九六四年七月一五日、日本弁護士連合会により建てられた

は、死刑にする」と定められていました。

その特徴《とくちょう》は、第一に、死刑以外の刑を認めていないこと。第二に、危害を「加えようとした」、つまり準備や陰謀《いんぼう》の段階でも処罰《しょばつ》するとしていること。第三に、ほかの犯罪では認められている三審制《さんしんせい》*1が保障《ほしょう》されていなかったことです。

この大逆罪で起訴《きそ》・処罰された事件は、全部で四件ありました。

まず、一九一〇年の事件（後で述べます）。第二に、一九二三年、摂政《せっしょう》・裕《ひろ》仁《ひと》皇太子が、難波大助《なんばだいすけ》*2により仕込み杖銃《づえじゅう》で撃《う》たれた虎《とら》の門《もん》事件（↓105ページ）。

第三に、一九二五年、朴烈《パクヨル》と金子文子《かねこふみこ》が、裕仁皇太子の結婚式に爆弾を投げつける計画があったとされた朴烈事件。*3 第四に、一九三二年に昭和天皇の馬車が、東京・桜田門の付近で李奉昌《イボンチャン》*4から手榴弾《しゅりゅうだん》を投げつけられた事件です。

このうち、一般に大逆事件と呼ばれているのは、一九一〇年の事件です。日露戦争中から戦後にかけて、非戦運動や労働運動が高まり、そのなかで日本社会党が結成されました。こうした動きに、西園寺公望《さいおんじきんもち》内閣は、厳しい態度をとりませんでした。そのことに危機感を持った元老《げんろう》（↓63ページ）の山県有朋《やまがたありとも》は、首相を桂太郎《かつらたろう》に交代させ、社会主義者などを徹底《てってい》的に弾圧していきました。そのなかで、大逆事件がでっちあげられていったのです。*5

事件の発端《ほったん》は、一九一〇年五月、宮下太吉《みやしたたきち》*6が爆裂弾《ばくれつだん》製造の疑いで検挙《けんきょ》されたことでした。関連ありとして、管野《かんの》スガ（須賀子）*7ら三人も逮捕《たいほ》。それを引き

*1……第一審の判決に不服であれば第二審に控訴でき、それでも不服であれば第三審に上告できる制度。日本では一八九〇年に整った。ただし、刑事事件で無罪判決の場合、検察側も控訴・上告できる。

*2……一九二四年一一月に死刑判決を受け、二日後に処刑された。

*3……朴烈と金子文子には、一九二六年三月に死刑判決が下されたが、後に検事総長名で無期懲役に減刑された。金子は一九二六年七月、栃木監獄で縊死した。朴は一九四五年七月に釈放された。

*4……一九三二年九月に死刑判決を受け、一〇月に処刑された。

*5……西園寺内閣の内務大臣であった原敬は、日記に「官僚派がこれを産出したと言っても弁解の言葉はないだろう」（一九一〇年七月二三日）と記し、強硬な取り締まりが背景にあったと指摘している。

*6……長野県明科（現在の安曇野市）の国営製材所の機械工で、社会主義者であった。爆裂弾製造の具体的な日時・場所は特定されていない。

金に、幸徳秋水《こうとくしゅうすい》ら数百人[*8]が全国で検挙されました。

事件は社会主義者らによる天皇暗殺の陰謀として仕立てられ、二六人が大逆罪で起訴されました。大逆罪の場合、裁判はいきなり最終審の大審院《だいしんいん》[*9]で審理《しんり》され、しかも一人の証人調べもなく、非公開でした。

わずか一カ月あまりという異例の速さで審理が終わり、一九一一年一月一八日、全員有罪の判決[*10]が下されました。天皇に刃を向けるといかにおそろしい目にあうかを、人びとに知らしめました。

それと同時に、判決の翌日、一二人が特赦《とくしゃ》[*11]により無期懲役《ちょうえき》に減刑されました[*12]。さらに翌月、天皇から一五〇万円が政府に渡され、貧《まず》しい患者の医療《いりょう》にあたる恩賜《おんし》財団済生会《さいせいかい》が設立されました。こうして天皇の恩恵《おんけい》も見せつけました。

大逆罪は第二次世界大戦後、一九四七年に廃止《はいし》されました。

Q5 不敬罪《ふけいざい》とは何ですか。

A5 不敬罪《ふけいざい》は、天皇・太皇太后・皇太后・皇后・皇太子・皇太孫と、神宮《じんぐう》または天皇陵《りょう》に対し、その名誉《めいよ》や尊厳を害する行為（不敬）をした罪です。

大逆罪と同じく、一八八〇年公布の刑法に定められ、一九〇七年の刑法に引き継《つ》がれました。大逆罪は死刑でしたが、不敬罪は、三カ月以上、五年以下の

＊7……社会主義に共鳴し、幸徳秋水と生活をともにした。

＊8……（一八七一～一九一一年）本名は伝次郎。自由民権運動の理論家・中江兆民の影響を受ける。『万朝報』という新聞の記者として名をはせ、その後、社会主義への関心を高めた。日露戦争では平民社を結成し、非戦論を展開。爆裂弾については否定的であった。

＊9……日本国憲法施行まで、最上級の裁判所であった。一八七五年設置。

＊10……二四人が死刑、二人が有期懲役。

＊11……大日本帝国憲法は、天皇大権（→61ページ）の一つとして大赦・特赦・減刑・復権を命じることができると、一六条で定めている。これらを恩赦という。最初の恩赦は、大日本帝国憲法発布の日、勅令で大赦令が出され、多くの自由民権活動家が出獄した。特赦は、有罪判決を受けた特定の者に対しておこなわれるが、大逆事件での特赦がなぜ一二人だったのか、くわしい理由は不明である。

＊12……一九一一年一月二四日、東京監獄にて、幸徳秋水・森近運平・宮下太吉・新村忠雄・古河力作・奥宮健之・大石誠之助・成石平四郎・松尾卯一太・新美卯一郎・内山愚童の一一人に、翌二五日には管野スガに、絞首刑が断行された。

懲役刑でした。

大逆罪は四件でしたが、不敬罪に問われた件数は、おびただしい数にのぼります。御真影《ごしんえい》（↓91ページ）・教育勅語《ちょくご》（↓87ページ）のあつかい方はもとより、日常の会話や落書《らくが》き、日記なども監視《かんし》の対象となりました。

一般市民が不敬罪[*1]とされた例を見てみましょう。[*2]

高知県の雑貨商《ざっかしょう》（村議《そんぎ》）、平野義雄（五二歳）。一九三九年二月二七日、小学校の校長に対し、「日本の天皇は一種の機関じゃ。君らの毎日拝《おが》んでいる教育勅語のごときも、人民の偉《えら》い者がつくったのを、天皇がつくったものとして祭り上げているのである。虎の門事件[*3]も、天皇にも責任がある。皇太子殿下《でんか》も、機関の後継者《こうけいしゃ》というだけで、別に変わったものでない云々《うんぬん》」と、不敬のことを口にした。

北海道の細川伊次郎（七三歳）。一九四〇年一月二九日の夜、銭湯で入浴客に対し、「こんな世の中になったのも、あの天皇のためだ。あんなもの、五、六人行って叩き殺せば、楽になるかもしれぬ」と言った。懲役六カ月。

神奈川県の農民、藤沢房吉。一九四一年六月一七日、国民学校での陸軍兵長の葬式に参列。葬儀終了後、埋葬《まいそう》に向かう途中、村長に対し、「国家のため戦死された英霊《えいれい》を、なぜ国民学校の裏門から出発させるのか」と問いただしたところ、村長は、「国家のために戦死されたとはいえ、国民学校の正門には御真

＊1……不敬罪で有名なものには、内村鑑三不敬事件がある。一八九一年の奉読式のとき、「睦仁」（明治天皇）の署名入りの教育勅語への拝礼が不十分だと非難され、第一高等中学校の教員をやめることになった。

＊2……取り締まりをした特高（特別高等警察）の内部資料である『思想研究資料』や「特高月報」に載っている。明石博隆・松浦総三編『昭和特高弾圧史5』（太平出版社、一九七五年）を参照。

＊3……一九二三年一二月二七日、摂政・裕仁皇太子（後の昭和天皇）が議会開院式に行く途中、市電虎の門停留所付近で、難波大助により、仕込み杖銃で狙撃された事件。皇太子が乗っていた車の窓ガラスが破損したが、皇太子は無事であった。

影が奉安《ほうあん》されていて恐れ多いから、臣下《しんか》として御遠慮《ごえんりょ》申し上げる」と応えた。それに対し、「恐れ多い、恐れ多いと言ったって、天皇はわれわれが食わせているのではないか」と不敬のことを言った。

不敬罪は、大逆罪と同じく、一九四七年に廃止されました。ただし、敗戦後の一九四六年にも不敬罪に問われた事件があります（コラム14を参照）。

Q6 南北朝正閏《せいじゅん》問題とは何ですか。

A6 歴史学者の喜田貞吉《きださだきち》は、一九一〇年に発行された教師用の国定《こくてい》教科書『尋常《じんじょう》小学日本歴史』の執筆《しっぴつ》者でした。同年一一月、全国の師範《しはん》学校長と倫理《りんり》科教員を集めた文部省の講習《こうしゅう》会で、喜田は、南北朝時代（↓4ページ）については、南朝と北朝を対等にあつかうのが望ましいとの説明をしました。

これに対し、『読売新聞』は、一九一一年一月一九日、すなわち大逆事件の被告《ひこく》二四人に死刑判決がなされた翌日の社説《しゃせつ》で、南朝が正統《せいとう》であるとの立場から激しく非難し、世間の注目を集めました。

さらに議会でも、南北朝に関する質問書が出されました。桂太郎内閣は、皇室にかかわることが政治問題になるのを防ぐため、教科書を改訂することを約束して、それと引きかえに質問を撤回《てっかい》させました。そのうえ、質問書を提出し

晩年の喜田貞吉（一八七一～一九三九年）

た議員が突然辞職《じしょく》を表明したため、政府に対する非難の声が高まりました。
元老の山県有朋や桂首相は、事態の収拾《しゅうしゅう》をはかるため、一九一一年二月、喜田貞吉に責任ありとして教科書編纂《へんさん》官を休職処分とし、南朝正統説の採用を閣《かく》議《ぎ》決定しました。三月には、明治天皇からも南朝正統説を認めてもらいました。

こうして『尋常小学日本歴史・児童用』の記述は改訂されることになりました。一九〇九年発行のものでは「南北朝」だった章が、改訂された一九一一年発行のものでは「吉野の朝廷《ちょうてい》」（南朝のこと）と改《あらた》められました。また、後醍《ごだい》醐《ご》天皇にそむいた足利尊氏《あしかがたかうじ》は「賊《ぞく》」とされ、さらに北朝はその尊氏が「ほしいまま（好き勝手）に京都に立てた」ものとされました。

南朝正統説は江戸時代、水戸藩《みとはん》の徳川光圀《とくがわみつくに》がはじめた『大日本史』の編纂《へんさん》過程で採用されていました（→39ページ）。ただ、朝廷では、北朝の血統《けっとう》を継いでいることもあり、北朝正統説が支持されていました。また、明治になって歴史学の世界でも、南北朝が並び立っていたとするのが主流の考えでした。

それがひっくり返ったのは、大逆事件に政府が危機感を持ったためでした。一九〇九年の教科書にあった「両皇統《こうとう》の御争《おあらそい》」（南北朝の争い）を認めたら、人びとの心を天皇のもとで一つにまとめていくことがむずかしい、と判断したのです。歴史教育は、事実よりも、人びとの心をどうやって導くかに重点が置かれることになりました。

Column 9 明治天皇の肖像《しょうぞう》から考える

五二ページの写真を見てみましょう。これは一八七二年に撮影されたものです。和服礼装《れいそう》の写真です。明治維新は、尊皇攘夷《そんのうじょうい》派が天皇を政治的に利用して、神にしようとする動きのなかでおこなわれました。明治天皇は、次第《しだい》に現人神《あらひとがみ》としての威厳《いげん》を持つようになります。この写真からは、そうした明治天皇像が浮かび上がります。

五三ページの肖像写真を見てみましょう。一八七三年に撮影されたものです。この年には徴兵令《ちょうへいれい》が敷《し》かれました。その最高指揮《しき》官は天皇とされました。したがって、軍服《ぐんぷく》をまとった天皇の写真がつくられたのです。

右下の肖像画を見てみましょう。これは一八八八年に描かれたものです。イタリア人画家のキュッソーネが描いたものでした。西洋式の軍装で描かれています。この六年前に軍人勅諭《ちょくゆ》が発せられました。さらに一八九〇年には教育勅語《ちょくご》が発せられました。この肖像《しょうぞう》画の複製《ふくせい》が「御真影《ごしんえい》」として各学校に配布され、教育勅語とともに、天皇が絶対的権威《けんい》を持つ存在として教えられたのです。

その左の絵は、一九〇一年の歴史教科書[*1]に掲載されているものです。「神武《じんむ》天皇御肖像」とされています。神武天皇といいますが、どう見ても明治天皇と似ています。現人神なので、顔は神武以来変わらないとでもいっているようです。

＊1……『小学内国史、甲種、巻二』金港堂発行

Column 10

日清《にっしん》戦争と旧大名華族《だいみょうかぞく》

日清《にっしん》戦争の大本営《だいほんえい》は、一八九四年六月五日に、東京の参謀《さんぼう》本部内に置かれました。その後、日本と清国《しんこく》が開戦すると、宮中《きゅうちゅう》に移され、さらに九月一三日に広島に移されました。広島には、一八九五年四月二六日まで置かれました。広島に大本営が置かれたのは、前線に向かう日本軍の出《しゅつ》撃《げき》・兵站《へいたん》基地であったことが一つの理由です。

明治天皇も大本営の移動に合わせて広島に移り、翌年の四月二六日まで滞在《たいざい》しました。そして、天皇がみずから軍をひきいている姿を国民に示し、国民を戦争に駆り立てようとしました。

天皇が広島駅に到着した際、広島や岩国《いわくに》、福山《ふくやま》などの旧藩主《はんしゅ》が出迎《でむか》えました。旧広島藩主の浅野長勲《あさのながこと》は、天皇が広島入りする前日に東京から広島に戻りました。その際、広島市民らが大勢で出迎えました。民心のなかに旧藩主を慕《した》う気持ちが残っていたのです。そうしたなかで、浅野も旧広島藩領《りょう》から出征《しゅっせい》した家族に施《ほどこ》しをして、旧藩主としてふるまいました。

明治維新の際、旧藩主たちは版籍奉還《はんせきほうかん》で華族《かぞく》*1という身分とされ、さらに廃藩置県《はいはんちけん》で東京に集められ、収入を保障《ほしょう》されました。一八八四年には、華族令で公爵《こうしゃく》以下五段階の爵位《しゃくい》を授《さず》けられ、「皇室のお守り」とされましたが、その役割はいまひとつはっきりしませんでした。

しかし、浅野が広島入りし、臣下《しんか》として天皇を出迎えたことで、旧広島藩領民は、天皇の戦争を受け入れ、天皇のために戦うことを実感できるようになっていきました。

つまり、浅野は、旧藩主という立場をいかして、国民を天皇の戦争に結びつける役割を具体的に自覚《じかく》できたのです。

*1……旧大名以外にも、旧公卿や、国家のためにつくした政治家・軍人・官僚などが華族とされた。一九四七年の日本国憲法施行で廃止となったが、その時点までに華族と呼ばれたのは一〇一一家であった。

12 大正天皇

明治天皇の霊柩車。東京・赤坂溜池付近。兵隊が二重になって警備するなか、大勢の人びとが見送っている

大正天皇は明治天皇の第三皇子《おうじ》で、母は女官の柳原《やなぎわら》愛子《なるこ》。一九一二年に即位しましたが、脳《のう》の病気がだんだん悪化し、一九二一年に裕仁《ひろひと》皇太子が摂政《せっしょう》となりました。そして一九二六年に大正天皇は四七歳で亡くなりました。どんな天皇だったのでしょうか。

Q1 明治天皇の葬儀《そうぎ》はどのようにおこなわれたのですか。

A1 明治天皇は、一九一二年七月三〇日に[*1]、五九歳で亡くなりました。天皇が重態《じゅうたい》であると発表されたのは、その一〇日前の七月二〇日で、新聞号《ごう》外《がい》が出されました。以後、亡くなるまでのあいだ、一般の人びとは、皇居《こうきょ》の二《に》重橋《じゅうばし》の外で、土下座《どげざ》して回復を祈《いの》ったといいます。また、神道《しんとう》や仏教、天理《てんり》教、

＊1……明治天皇の死去日は、宮内省発表では七月三〇日午前〇時四三分であるが、実際は七月二九日の夜半であった。死因についてはコラム6を参照。

キリスト教*2などの団体は、神仏《しんぶつ》に回復を祈りました。

天皇が亡くなると、五日間の歌舞音曲《かぶおんぎょく》停止が宮内《くない》省から発表されました。一八九七年一月に亡くなった英照《えいしょう》皇太后*3の大喪《たいそう》*4では一五日間であったのに比べると、大幅に短縮《たんしゅく》されました。それは、人びとの生活にマイナスになってはいけないと考えられたためと思われます。ただ、左腕などに喪章《もしょう》をつけることは、強く徹底《てってい》されました。

天皇の葬儀《そうぎ》は、東京・青山の練兵場《れんぺいじょう》（現在の明治神宮外苑《がいえん》）で、九月一三日におこなわれました。東京での初めての大喪ということで、葬場殿《そうじょうでん》に向かう道ぞいには、三〇万人以上の人びとが見送りにつめかけたといいます。

式の後、天皇の棺《ひつぎ》は特別列車で東海道線を京都に向かい、九月一五日、桃山《ももやま》御陵《ごりょう》に埋葬《まいそう》されました。天皇が特別な存在*5であることを、あらためて人びとに印象づけた葬儀でした。

ところで、天皇の葬儀は、江戸時代をとおして仏式《ぶっしき》（仏教のきまり）でおこなわれてきました。*6ところが英照皇太后の葬儀は、泉涌寺《せんにゅうじ》*7でおこなわれたものの、僧侶《そうりょ》は一切かかわらず、神道《しんとう》式でおこなわれました。遺体《いたい》は孝明《こうめい》天皇と同じ泉涌寺境内《けいだい》の陵《りょう》に葬《ほうむ》られました。そして明治天皇の場合、葬儀はやはり神道式で、陵も泉涌寺から離れました。

以後、この方式は、大正天皇・昭和天皇と受け継《つ》がれています。

＊2……一八九一年に不敬を非難された内村鑑三は、明治天皇の死について、「聖書にいうところの『日も月も暗くなり、星その光明を失う』とは、かかる状をいうのであろうと思います」と、「悲痛」の様子を記している（『聖書之研究』一四五号）。

＊3……九条夙子（くじょうあさこ）。孝明天皇の皇后だが、明治天皇の実母ではない。

＊4……天皇・皇太后・皇后の葬儀。

＊5……後に昭和天皇が即位すると、病弱であった大正天皇のときと打って変わって、天皇が時代の前面に出るようになった。それとともに、祖父・明治天皇の偉大さを強調する機運が高まった。明治天皇の誕生日であった一一月三日が明治節（現在は文化の日）となったのは、一九二七年（昭和二年）のことであった。

＊6……遺骸は、一六五四年、後光明天皇のときから、それまで一般的であった火葬はおこなわず、土葬となった。そして京都の泉涌寺の山陵に埋葬された。火葬の形式だけは仁孝天皇の代まで残っていたが、次の孝明天皇のときからそれもなくなった。

＊7……真言宗の寺で、一二四二年、四条天皇が寺内に葬られてから、皇室の菩提寺となった。35ページも参照。

Q2 大正天皇はどのような天皇でしたか。

A2 大正天皇嘉仁《よしひと》は、一八七九年、東京の青山御所《あおやまごしょ》で生まれました。明治天皇の男子でただ一人生き残った人です。

一八八九年に皇太子となりましたが、生まれたときから病弱であったため、静養《せいよう》を目的として、あいついで御用邸《ごようてい》*1が建てられました。

一九〇〇年に九条節子《くじょうさだこ》（貞明《ていめい》皇后）と結婚した後、健康のため国内各地を自由に旅行しました。しかし一九一二年に践祚《せんそ》すると、行動の自由が失われ、ふたたび病気におかされ、日光《にっこう》や葉山《はやま》などの御用邸に滞在《たいざい》せざるをえなくなっていきました。そこでは趣味《しゅみ》の乗馬やヨット、特に漢詩《かんし》に没頭《ぼっとう》したといいます。

第一次世界大戦後、国内では労働運動や社会運動がさかんとなり、政府は「革命」の危機感を強めていきました。そんなとき、天皇が重い病気をわずらっているのは大きな問題だと、原敬《はらたかし》*2首相や元老《げんろう》の山県有朋《やまがたありとも》らは考えました。

そこで、天皇の病状《びょうじょう》が公開され、不治《ふじ》の病《やまい》であることが明らかにされていきました。つまり、皇室典範《こうしつてんぱん》に定められた、摂政《せっしょう》を置くときの条件に当てはまることを、公表していったのです。その条件とは、重い病気などで天皇が政治をすることができない場合ということです。*3その一方で、裕仁《ひろひと》皇太子を一九二一

大正天皇・貞明皇后（御真影）。画家の黒田清輝、写真家の小川一真、丸木利陽が一九一五年から翌年にかけて御真影を製作した

*1……別荘にあたる。一八九三年に静岡県の沼津御用邸（一九六九年廃止）、一八九四年に神奈川県の葉山御用邸、一八九九年に栃木県の日光田母沢御用邸（一九四七年廃止）が設けられた。なお、現在ある御用邸は、栃木県の那須（一九二六年建設）、静岡県下田市の須崎（沼津のかわりとして一九七一年に建設）、葉山、の三カ所である。

*2……（一八五六～一九二一年）官僚などを歴任した後、一九〇〇年に立憲政友会創立に参加。衆議院議員となり、一九一四年に立憲政友会の総裁に就任。一九一八年には内閣を組織。利益誘導や多数をたのんでの強引な政治が反発を招き、一九二一年一一月、東京駅で暗殺された。

年、半年間にわたってヨーロッパ訪問に出かけさせ、若さと健康をアピールしました。

こうして皇太子は、一九二一年一一月に摂政となりました。同じ日に宮内省は、天皇の病は幼少期の脳病《のうびょう》が原因と発表しました。そのため、天皇がずっと脳病であったかのような印象を持たれることになったのです。

大正天皇は、一九二六年一二月二五日、滞在していた葉山で亡くなりました。大喪は一九二七年二月七日に、東京の新宿御苑《しんじゅくぎょえん》でおこなわれました。陵は、歴代天皇として初めて東京府に、多摩陵《たまりょう》がつくられました。

＊3……「天皇久しきに亘るの故障に由り大政を親らすること能わざる」（皇室典範第一九条）。

Q3 宮中某《ぼう》重大事件とは どのような事件でしたか。

A3 一九一九年六月、皇太子裕仁の妃《きさき》として、宮家《くげ》の久邇宮邦彦王《くにのみやくによしおう》の長女・良子《ながこ》が内定したことを宮内省が発表しました。

邦彦王は久邇宮家の二代目。その妃（良子の母）俔子《ちかこ》は、薩摩藩《さつまはん》の最後の藩主・島津忠義《しまづただよし》の七女です。

ところが、島津家の家系に目の色覚異常《しきかくいじょう》の問題があるとされ、それが良子をとおして皇太子の子孫に遺伝《いでん》するかもしれないと指摘されました。元老（↓63ページ）の山県有朋は、松方正義《まつかたまさよし》や西園寺公望《さいおんじきんもち》らほかの元老とともに、久邇宮家に婚約を辞退《じたい》するよう働きかけました。

これに対して、久邇宮家は辞退を拒否《きょひ》しました。そのうえ、長州閥《ちょうしゅうばつ》の山県が薩摩出身の良子を将来の皇后にしないため起こした陰謀《いんぼう》だとの批判《ひはん》すら出るようになりました。山県の立場はかなりダメージを受けたといわれます。

治安《ちあん》上の不安を感じた宮内大臣は、事態《じたい》の収拾《しゅうしゅう》をはかるため辞任《じにん》しました。首相の原敬は婚約に後ろむきでしたが、一九二一年一一月に東京駅で暗殺されました。さらに山県も、一九二二年二月に死去しました。

こうして、婚約を進めるよう主張する新宮内大臣の牧野伸顕《まきののぶあき》*1のもと、一九二二年六月に婚約は正式決定となりました。

以上の一連の経過を、宮中某《ぼう》重大事件といいます。

結婚は、関東大震災による延期《えんき》を経《へ》て、一九二四年一月におこなわれました。ただ、皇太子の母の皇后・節子は、婚約を進めるよう強くせまる久邇宮邦彦王の態度に嫌気《いやけ》がさして、良子と対面しようとしなかったと伝えられています。

Q4 「国体《こくたい》」とは何ですか。

A4 「国体《こくたい》」という言葉が法律で初めて使われたのは、一九二五年に成立した治安維持法《ちあんいじ》です。その主な内容は、「国体を変革」したり、「私有《しゆう》財産

裕仁皇太子と良子妃。一九二四年三月、皇居での結婚記念の写真

*1……（一八六一〜一九四九年）大久保利通の次男で、牧野家を継いだ。昭和天皇の内大臣をしばらくつとめた。なお、内大臣は、御璽や国璽の保管など、天皇の政治を常に輔弼した。

*1……無政府主義や社会主義・共産主義など。

*2……イギリス・フランス・ベルギー・オランダ・イタリアを訪問した。

制度を否認《ひにん》する」ことを目的に結社《けっしゃ》をつくったり、事情を知りながらそういう結社に加入した者は、一〇年以下の懲役《ちょうえき》か禁錮《きんこ》にするというものです。

「国体の変革」や「私有財産制度の否認」といったあいまいな言葉を使うことで、国家体制を批判したり否定したりする考え方[*1]を持った人たちを自由自在に取り締まれるようにしたのです。

しかし「国体」とは、そもそもどういうことでしょうか。

皇太子裕仁は、一九二一年に半年ほどかけてヨーロッパを訪問しました。[*2]その様子は、現地から送られてきた活動写真（映画）が、東京の日比谷《ひびや》公園など各地で上映されることで人びとに伝えられました。観覧《かんらん》した人びとは、全国でおよそ四九〇万人にのぼりました。

そして、帰国した九月には、東京市主催《しゅさい》の「市民奉祝会《ほうしゅくかい》」が日比谷公園で開かれました。皇太子が盛大な歓迎に満足したとの言葉を述べると、集まった三万四千人もの市民が万歳《ばんざい》を三唱《さんしょう》したといいます。同じような光景は、京都市での奉祝会でも見られました。

その後、皇太子は天皇になるまでのあいだ、沖縄県をふくむ全道府県と台《たい》湾《わん》・樺太《からふと》を視察《しさつ》してまわりました。そこでは、日の丸の旗《はた》行列と「君が代」の斉唱《せいしょう》がおこなわれました。

こうして、目に見える形で人びとの前に皇太子が姿をあらわし、人びとはそ

裕仁皇太子のヨーロッパ訪問の映画会。東京・日比谷公園で開かれた映画会の様子を伝える記事（『東京日日新聞』一九二一年六月九日）

れを仰《あお》ぎ見て、皇室との一体感をおぼえ、万歳三唱する。日本とはこういう国なのだ、という実感を、人びとは抱きました。それが、「国体」というあいまいな言葉の意味を示す光景でした。

一九二一年刊行の国定修身《しゅうしん》教科書*3では、国体を次のように説明しています。

「我が国は皇室を中心として、全国が一つの大きな家族のやうになって栄《さか》えて来ました。御代々《ごだいだい》の天皇は我等臣民《われらしんみん》を子のやうにおいつくしみになり、我等臣民は祖先以来、天皇を親のやうにしたひ奉《たてまつ》って、忠君愛国《ちゅうくんあいこく》の道に尽《つ》くしました。世界に国は多うございますが、我が大日本帝国のやうに、万世一系《ばんせいいっけい》の天皇をいただき、皇室と国民が一体になってゐる国は外《ほか》にはございません」

日本の国がはじまって以来、代々国を治《おさ》めてきた天皇に対して、国民は「親のように慕《した》い」「忠君愛国」をつくしてきたと説《と》いています。こうしたあり方が国体*4であるとされました。一九三〇～四〇年代の戦争の時代になると、国体はさらに狂信《きょうしん》的なものへエスカレートしていきました。

Q5 天皇機関説とは何ですか。

A5 天皇機関説は、ドイツに学んだ美濃部達吉《みのべたつきち》*1が体系化し、精力《せいりょく》的に主張した憲法学説です。それは、穂積八束《ほづみやつか》*2らの天皇主権説を批判するもので

*3……『尋常小学修身書』巻五（五年生用）、第一課「我が国」。

*4……一九二二年、内務省神社局が『国体論史』を刊行した。そこでは「国体」を、「一国が国家として存立する状態」と定義している。その状態とは、植民地の民をふくめて、天皇を中心に家族（「綜合家族」）のようにまとまっていることだと説かれている。『古事記』『日本書紀』の神話を持ち出して国体を説明することには消極的で、また、「国家は天皇御一人のために存立し活動」するといった上杉慎吉（→117ページ）の考え方は厳しく退けている。

した。天皇主権説とは、大日本帝国憲法第一条「大日本帝国は万世一系の天皇之《これ》を統治《とうち》す」との規定《きてい》から、統治権の主体は天皇にあるとする考え方です。

天皇機関説は、美濃部の『憲法講話《こうわ》』*3（一九一二年）によれば、およそ次のような理論でした。

国家は共同の目的を持った多数人の集合、一個の団体であり、法律上から見れば一個の法人である。すなわち、国家があたかも一人の人間であるかのごとく意思を持ち、権利能力を持っている。この国家が団体としての共同の目的を達成するためにあるのが統治権であり、統治権の主体は国家にある。君主というのは、統治権を行使《こうし》する国家のさまざまな機関のなかの、最高機関である。

このように説いたうえで美濃部は、天皇主権説では「統治権が君主の御一身《ごいっしん》の利益《りえき》のために存《そん》する権利」ということになってしまい、臣民はただ統治される客体《きゃくたい》となるだけなので、国家の統一が失われてしまうと批判したのです。

美濃部の天皇機関説に対して、天皇主権説の立場から批判をしたのが上杉慎《うえすぎしん》吉《きち》*4でした。この論争は、多くの学者が参加し、華々《はなばな》しくくり広げられました。そのなかで美濃部は、天皇主権説は「国民の権利を抑《おさ》えてその絶対の服従《ふくじゅう》を要求し、立憲政治の仮想《かそう》の下にその実は専制《せんせい》政治をおこなおうとする主張」と言い切りました。天皇主権説は次第《しだい》に少数意見となっていきました。

天皇機関説は、一九二四年から一九三二年の五・一五事件まで続いた政党内

*1……（一八七三〜一九四八年）東京帝国大学法科大学教授。一九三二年に退官し、貴族院議員に勅選された。

*2……（一八六〇〜一九二二年）東京帝国大学法科大学教授。一八九〇年公布の民法に対して、「民法出でて忠孝ほろぶ」と施行延期を主張したことで知られる。

*3……一九一一年に美濃部が文部省に頼まれて中等教員講習会でおこなった講演をまとめたもの。

美濃部達吉『憲法講話』表紙

*4……（一八七八〜一九二九年）東京帝国大学教授。穂積八束の後継者。

閣を正当化する役割を果たしました。

しかし一九三〇年代半ば、軍部主導の国家をつくろうとの動きが強まるなかで、国体明徴《めいちょう》声明[*5]が政府から出され、天皇機関説は否定されていきました。

Q6 別府《べっぷ》的ケ浜《まとがはま》事件とは どのような事件でしたか。

A6 一九二二年三月二五日、大分県別府《べっぷ》の的ケ浜《まとがはま》で、掘建《ほった》て小屋風の民家六〇戸《こ》が火災にあい、全焼《ぜんしょう》する事件がありました。その集落は、貧《まず》しい人びとが集まり住む地域と見なされ、漂泊《ひょうはく》の民《たみ》であるサンカ[*1]や、ハンセン病[*2]患者などが暮らしていました。

火災の際、不思議なことに消防夫《ふ》は出動せず、警察官も手をこまぬいて見ているだけでした。しかも地元の『大分新聞』の記事によると、なんと警察官が放火したというのです。[*3]

それはいったい、なぜでしょうか。『大分新聞』によると、日ごろから警察は、この集落が環境を害していると見なしており、観光上において好ましくないと判断したといいます。

そしてもう一つの理由としてあげられているのが、皇族の別府訪問です。具体的には、閑院宮《かんいんのみや》（→37ページ）の六代目で軍人の載仁《ことひと》親王[*4]が、別府を訪問

＊5……一九三五年、帝国議会で、天皇機関説は反逆の議論であり、美濃部は「学匪（がくひ）」であると決めつける動きが起こった。その勢いは日に日に強まり、内務省は憲法に関する美濃部の著作を発禁処分とした。天皇機関説事件といわれる。この事件に対して、一九三五年、岡田啓介内閣は、「天皇機関説は神聖なるわが国体にもとり、その本義をはなはだしく誤るものなので、厳しくこれを取り除かなければならない」との国体明徴声明を出した。

＊1……定住せず、簡単な家財道具を持って、移動生活を送った人びと。農具の製作などで生計を立てていた。一九六〇年代ころまでその存在が確認されている。

＊2……一九世紀後半（一八七三年）、ノルウェーのハンセンの研究で、「らい菌」による感染症と判明。末梢（まっしょう）神経などがおかされ、長く不治の病として恐れられ、患者は差別された。一九三一年以降、法律により、強制隔離が六〇年以上もおこなわれつづけた。その間に治療法が確立したが、差別は続いた。

＊3……政府は警察の放火を否定したが、『大分県警察史』（一九四三年版）では、「これは、警察にとってはあまり名誉な事件ではない」と記している。

することになっていたのです。

おそらく、皇族にハンセン病が感染《かんせん》するのを予防しようと考えたことや、風《ふう》紀《き》を損《そこ》なうと見なすものを排除《はいじょ》して皇族を迎《むか》えようと考えたことが、事件の背景と考えられます。

しかも、同様の事件はほかにもありました。たとえば一九一五年一一月、京都で大正天皇の即位礼と大嘗祭《だいじょうさい》がおこなわれましたが、その際に内務《ないむ》省は、ハンセン病患者の徘徊《はいかい》の取り締まりと、一時的な強制隔離《かくり》を指示しています。また、一九二八年一一月、京都でおこなわれた昭和天皇の即位礼と大嘗祭《だいじょうさい》でも、同様の措置《そち》がとられています。

大正天皇の皇后（節子、貞明《ていめい》皇后）は、生涯《しょうがい》をとおして、ハンセン病患者の救済に力をつくしたことで知られています。[*5] しばしばハンセン病患者のための病院に寄付したりしているのです。その背景には、皇室の恩恵《おんけい》の大きさを国民に広く知らしめたいとの国家や皇室の意図があったことも確かです。ただ、その影で、皇族が来ることを理由にハンセン病患者たちを排除する問題が起こっていたことも事実です。[*6]

＊4……閑院宮は江戸時代、新井白石の意見などで設立された宮家。戴仁親王は六代目で、軍人をつとめた。

＊5……一九三一年に皇后の寄付で「癩（らい）予防協会」が設立され、誕生日の六月二五日前後は「癩予防デー」とされた。現在も「ハンセン病を正しく理解する週間」として残る。

＊6……ハンセン病患者のことではないが、石牟礼道子（→184ページ）の作品『苦海浄土』『椿の海の記』には、一九三二年、昭和天皇が日本窒素肥料会社の水俣工場を視察する際、盲目で、精神を病み、徘徊症状のあった祖母を天皇の目にふれさせてはいけないというので、警察が離島に閉じ込めようとした話が記されている。

column 11 明治神宮

東京都渋谷区にある明治神宮は、一九八〇年代から、初詣《はつもうで》の人数が最も多い神社となっています。

この明治神宮に祀《まつ》られているのは、明治天皇と昭憲《しょうけん》皇太后の夫妻です。明治天皇の死去は一九一二年七月二九日。これを受けて東京市長や財界人のなかから、天皇陵《りょう》を東京に、という声があがりました。

しかし八月一日、宮内《くない》省は京都の伏見桃山陵《ふしみももやまりょう》と発表。その後、明治天皇を祀る神宮を東京につくろうとの運動が起こりました。埼玉県飯能《はんのう》町の朝日山[*1]などから、誘致《ゆうち》運動も起こりました。

政府は調査会を設置し、検討しました。その結果、一九一四年四月、東京府の代々木の御料《ごりょう》地と決定されました。あわせて、明治天皇の大喪《たいそう》がおこなわれた青山練兵《れんぺい》場に外苑《がいえん》を設けることも決まりました。

明治天皇の遺骸《いがい》が葬《ほうむ》られている伏見桃山陵や、霊《れい》が祀られている宮中《きゅうちゅう》の皇霊殿《こうれいでん》には、国民はなかなか近づくことができない。だから、国民に開かれた場に天皇を祀ろう、と考えられたのでした。

一九一五年五月、内務省から正式に、明治神宮の創立が発表されました。一九一四年四月に亡くなった昭憲皇太后も、ともに祀ることになりました。

明治神宮造営《ぞうえい》局が設置され、内苑《ないえん》の工事は一九一五年一〇月にはじまりました。第一次世界大戦中の高い物価《ぶっか》のため、当初予算を大幅に上まわる五二〇万円あまりが見込まれました。そのためもあって、青年団による勤労奉仕《きんろうほうし》[*2]により境内《けいだい》（内苑）の整備がなされ、植民地をふくめて各地から献木《けんぼく》が一七万本にも及び、植えられました。かくして一九二〇年に神宮[*3]は完成し、一一月に鎮座祭《ちんざさい》がおこなわれました。そのお祝いに集まった人びとは五〇万人にも及び、死傷《ししょう》者が出る騒ぎとなりました。

内苑が国費《こくひ》でつくられたのに対し、外苑は明治神宮奉賛《ほうさん》会が設けられ、国民の献金によってつくられました[*4]。外苑の工事は一九一八年六月にはじまり、一九二六年に竣工《しゅんこう》しました[*5]。ただ、その中心施設である聖徳《せいとく》記念絵画《かいが》館は、建物はできましたが、明治天皇の歩みを再現した絵画八〇点はほぼ未完成でした。絵がそろったのは一九三六年四月でした。また、外苑には各種のスポーツ施設もつくられました。

＊1……明治神宮の候補地として評価が高かったが、天皇とのかかわりという点で難があった。現在は住宅・都市整備公団による宅地造成がおこなわれた結果、朝日山は消滅し、美杉台という地名となっている。

＊2……一九二〇年一一月、皇太子（昭和天皇）は、青年団の奉仕の功績に対して、国運進展につとめよと激励した。これを記念し、青年団の寄付金で建設されたのが、日本青年館（一九二五年一〇月完成）である。

＊3……一九二〇年に完成した社殿は、一九四五年四月一四日、アメリカ軍の空襲で焼失し、戦後の一九五八年に現在の社殿が再建された。

＊4……東京府二〇〇万円以下各道府県に目標額が設定され、募金活動をおこなった。募金は海外に渡った移民にも呼びかけられ、さらに官吏には個人ごとに金額が割り当てられた。献金は、四九五万円の目標額を上まわる六七六万円あまりが集まった。

＊5……この工事で使われた引き込み線を利用してつくられたのが、原宿宮廷駅。大正天皇の健康に配慮して、出入口とホームとの段差がなかった。天皇は一九二六年八月、葉山の御用邸に向かうため、できたばかりの駅を利用した。天皇は東京に戻ることなく、葉山で亡くなった。

11 column

⑬ 日中戦争と天皇

軍部が天皇の統帥権《とうすいけん》を活用して、アジアに植民地を広げていく動きが強まりました。その動きは、朝鮮半島や台湾《たいわん》だけでなく、大陸まで進められます。「戦争」と呼ばずに「事変《じへん》」と称《しょう》して、実質的な戦争に入っていきます。そうした動きに、天皇はどうかかわっていったでしょうか。

リットン調査団。柳条湖付近での満鉄の爆破地点を調査している

Q1 天皇は植民地支配にどうかかわっていたのですか。

A1 明治時代の一八七四年、琉球《りゅうきゅう》の漂流《ひょうりゅう》民が台湾《たいわん》先住民に殺された事件への報復《ほうふく》を理由に、日本は清国《しんこく》の領土である台湾に出兵《しゅっぺい》しました。

その際、明治天皇は、陸軍中将の西郷従道《さいごうつぐみち》＊1に対して勅語《ちょくご》を発しました。そこでは次のように述べています。

＊1……（一八四三〜一九〇二年）台湾蕃地事務都督として台湾出兵の軍を指揮。西郷隆盛の弟。

一、日本人を乱暴《らんぼう》に殺した罪を問いつめ、相当の処分をする。
一、もしその罪を受け入れなければ、軍事力を発動し攻撃する。
一、今後、日本人が台湾に行くときは、現地人（原文は「土人」）が乱暴なことをしないよう備えること。

ここには、天皇みずからが、後に植民地になる台湾の人たちを軽蔑《けいべつ》し、武力による台湾支配を正当化していることがうかがえます。そして日清戦争後、日本は台湾を植民地にしました。

日本は一九一〇年八月二九日、韓国を併合《へいごう》し、植民地にしました（↓99ページ）。その際、天皇は韓国併合の詔書《しょうしょ》を出しました。

そこでは、「天皇は韓国皇帝陛下《へいか》とともに、この情勢《じょうせい》のなかで韓国全体を日本帝国に併合し、情勢の要求に応じることはやむをえないと思う。したがって、韓国を日本に併合することとしたい」と述べています。

ここで「併合」という言葉を使ったのは、「廃滅《はいめつ》」（ほろぼす）などという過激な言葉を使わないよう、外務《がいむ》省の官僚《かんりょう》が配慮《はいりょ》したからだといわれています。しかし、実際には、韓国

韓国併合に至る日朝関係

年	出来事
1873	征韓論おこる
1875	江華島事件
1876	日朝修好条規
1882	壬午軍乱
1884	甲申政変
1885	天津条約
1894	甲午農民戦争。日清戦争
1895	閔妃（明成皇后）虐殺事件
1904	日韓議定書（韓国内での軍事行動の自由、軍事基地の提供）。第一次日韓協約（韓国政府、日本政府推薦の財政・外交顧問を採用）
1905	桂―タフト協定。第二次日韓協約（韓国の外交権接収）。統監府設置
1907	ハーグ特使事件。韓国皇帝の退位。第三次日韓協約（韓国の内政権を監督下に置き、韓国軍隊を解散させる）。義兵闘争高まる
1909	伊藤博文射殺
1910	韓国廃滅。韓国を朝鮮と改称。統監府を朝鮮総督府に改組

（出典）『高校日本史A』実教出版、2018年、72ページ

では皇帝もハーグ平和会議に特使《とくし》を派遣《はけん》するなどの動きを見せており、また、韓国の軍隊が解散させられたことへの反日義兵《ぎへい》闘争も激しくなっていました。一九〇九年には、統監《とうかん》であった伊藤博文《いとうひろぶみ》を殺害する事件も起きていました。これに対して天皇はこの詔書で、「私は、朝鮮総督府《そうとくふ》を置き、私の命令を受けた陸海軍が現地の統治《とうち》をおこなうように命じる」と、直接的な植民地支配を認めました。

こうして、一九四五年の敗戦まで、植民地支配がおこなわれたのでした。

Q2 天皇は「満州《まんしゅう》」をどう見ていたのですか。

A2 一九二八年六月、中国東北部の日本陸軍部隊である関東軍が、奉天《ほうてん》の軍人・政治家張作霖《ちょうさくりん》が乗っている列車を爆破《ばくは》し、張を殺害しました。しかし、日本の政府や軍部は、当初は関与を認めませんでした。

即位してまだ日が経《た》っていなかった昭和天皇は、誰が爆破したのかを問うことはしませんでした。ただ、田中義一《たなかぎいち》首相が上奏《じょうそう》（天皇に意見を上げること）の順番を間違えたとして不快《ふかい》の意を表し、田中内閣は総辞職《そうじしょく》となりました。

一九三一年九月に起きた満州事変《まんしゅうじへん》*1の際、天皇は当初、事変を拡大させないという政府の方針を支持していたのですが、それも次第《しだい》に変えていくことにな

*1……奉天近くの柳条湖の鉄道爆破事件をきっかけに、日本の関東軍が中国軍を攻撃。翌年には「満州国」を樹立。日中戦争へとつながっていった。

ります。参謀《さんぼう》本部は、天皇の命令を受けてから朝鮮軍を満州に出動させることにしていたのですが、林銑十郎《はやしせんじゅうろう》＊2朝鮮軍司令官は、天皇の命令もなしに独断《どくだん》で満州に軍を進めました。明らかに天皇の統帥《とうすい》権をおかす行為でした。

しかし天皇は、そのための予算を認め、「このたびは致《いた》し方ないが、将来十分注意しなさい」と参謀総長に説《と》いただけでした。

九月二一日、関東軍は、支配権を持つ区域を超えて戦域《せんいき》を拡大しました。これも明らかに統帥権をおかす行為でした。

しかし、天皇はそれをとがめなかっただけでなく、翌年一月八日に出した「関東軍への勅語」のなかで、「満州において事変が起きると、自衛《じえい》の必要上、関東軍の将兵は、勇気をもってすばやく民衆を統制《とうせい》し敵を討《う》った」、「勇気あるその忠誠《ちゅうせい》心をよろこぶ」と、その軍事行動を全面的に高く評価しています。

関東軍は一九三二年三月に「満州国」の建国《けんこく》を認め、溥儀《ふぎ》＊3を執政《しっせい》としました。一九三四年三月には溥儀が皇帝となり、満州国は帝政となりました。「国」とはいっても、政治の主導権を日本人がにぎる傀儡《かいらい》国家でした。

溥儀は一九三五年四月、日本を訪問しました。その際、天皇は東京駅まで出《で》迎《むか》え、歓迎しました。溥儀は一九四〇年六月にも来日し、以後、天照大神《あまてらすおおみかみ》を満州に迎えて国教《こっきょう》にすることとされました。

日本の満州占領は、国際社会から強く非難されました。しかし一九三三年、

満州事変の展開（『詳説　日本史図録』第四版、山川出版社、二〇一〇年、二六七ページ）

＊2……（一八七六〜一九四三年）後に陸軍大臣などを歴任し、一九三七年に首相もつとめた。

＊3……（一九〇六〜一九六七年）清の最後の皇帝。

日本は国際連盟からの脱退を表明します（正式な発効《はっこう》は一九三五年）。こうして日本は、国際社会から孤立《こりつ》する道を歩み、さらに日中全面戦争やアジア太平洋戦争に向かっていきました。

Q3 二・二六事件と天皇とのかかわりはどのようなものでしたか。

A3 一九三一年、軍人と右翼《うよく》が軍部政権を樹立《じゅりつ》しようとしていた計画が明らかにされました（三月事件・一〇月事件）。

翌年には、前・大蔵《おおくら》大臣の井上準之助《いのうえじゅんのすけ》＊1と、三井合名《みついごうめい》会社理事長の団琢磨《だんたくま》＊2が、急進右翼の血盟団《けつめいだん》に暗殺される事件が起きました。さらに、五月一五日には、海軍の青年将校らが犬養毅《いぬかいつよし》＊3首相を暗殺する事件が発生しました（五・一五事件）。その後、海軍大将の斎藤実《さいとうまこと》＊4が内閣を組織《そしき》しました。政党の総裁《そうさい》が首相になる政党内閣は、八年間で終わったのです。

さらに、一九三三年に日本が国際連盟を脱退した後、陸軍内部で対立が深まっていきました。軍部内の統制強化、反政党、統制経済をめざす「統制派」と、天皇親政《しんせい》を唱《とな》える「皇道派《こうどうは》」との対立です。

統制派が陸軍の中枢《ちゅうすう》をにぎると、皇道派の青年将校たちは危機感を強めました。そして、一九三六年二月二六日にクーデターを起こします。大蔵大臣の高《たか》

＊1……（一八六九〜一九三二年）日本銀行総裁を経て、浜口雄幸内閣の大蔵大臣をつとめた。

＊2……（一八五八〜一九三二年）アメリカの大学を卒業。三井鉱山の経営を成功させ、三井財閥の指導者となった。

＊3……（一八五五〜一九三二年）ピストルを持って乱入した青年将校らに対し、犬養は「話せばわかる」と言って部屋に通した。しかし「問答無用」と撃ち殺された。

＊4……（一八五八〜一九三六年）

＊5……（一八五四〜一九三六年）日本銀行総裁、大蔵大臣、首相を歴任。その後もふたたび大蔵大臣をつとめた。

橋是清《はしこれきよ》、*5 内《ない》大臣の斎藤実を殺害し、首相官邸《かんてい》や議事堂を占拠《せんきょ》しました（二・二六事件）。

こうした動きに、天皇はどう対応したのでしょうか。『昭和天皇実録《じつろく》』には、二・二六事件が起きた二六日から二八日にかけての天皇の行動がくわしく書かれています。特に、侍従武官《じじゅうぶかん》長（↓63ページ）の本庄繁《ほんじょうしげる》*6が、二六日に一四回、二七日に一二回、二八日に一五回、拝謁《はいえつ》（天皇に面会すること）したことが記されています。

ただ、どのように対応したかについては、『実録』ではあまりふれられていません。本庄繁の日記（『本庄日記』）などからわかるように、クーデターを起こした皇道派反乱軍の討伐《とうばつ》を強く主張していたと考えられますが、他方、男性皇族のなかに皇道派を支持する動きもあったので、それも警戒《けいかい》していたと考えられます。しかし、天皇は反乱を鎮圧《ちんあつ》し、青年将校一七人と、北一輝《きたいっき》*7など国家主義者が死刑になりました。

こうして、張作霖爆殺事件から二・二六事件にいたる時期に、天皇は、大陸において権益《けんえき》を拡大する意義を認めつつ、国威発揚《こくいはつよう》を重視する考え方を強めていったといえるでしょう。

二・二六事件。東京赤坂山王下に集まった反乱軍

*6……（一八七六〜一九四五年）陸軍軍人。満州事変のときの関東軍司令官。

*7……（一八八三〜一九三七年）本名は輝次郎。60ページ参照。

Q4 日中戦争の開始に天皇はどうかかわったのですか。

A4 二・二六事件以後、政党の影響が軍隊に及《およ》ばないようにするため、現役《げんえき》の軍人が大臣となる軍部大臣現役武官《ぶかん》制を復活するなど、軍部が政治にかかわるようになりました。

そして一九三七年七月七日、華北《かほく》（中国北部）北京《ペキン》郊外の盧溝橋《ろこうきょう》付近で、日本軍と中国軍が交戦する事件が起きました（盧溝橋事件）。

その際、天皇はすぐに参謀総長の閑院宮載仁《かんいんのみやことひと》親王を呼び、「もしソヴィエトが立ったらどうするか」とたずねたといいます。ソ連との戦争になることを心配していたと考えられます。

こうした意向《いこう》を受けて、近衛文麿《このえふみまろ》*1内閣は当初、戦争には入らないとする「不拡大声明」を発しました。しかし、他方で華北に派兵《はへい》し、現地で進んでいた停《てい》戦《せん》の道を閉ざしました。さらに軍部は拡大方針を打ち出します。八月には上海《シャンハイ》でも日中両軍が衝突《しょうとつ》しました。

当初、軍部内には、対応をめぐって「不拡大派」と「拡大派」が対立していました。そのなかで、中国の抗戦《こうせん》力を見くびり、「三個師団《しだん》か四個師団を現地に出して、一撃を食らわして手を挙げさせる」*2という勢力が実行していきます。

*1……（一八九一～一九四五年）三度にわたり首相に任命され、国家総動員法の制定など戦時体制の確立につとめた。アジア太平洋戦争では早期和平に向けた動きをしたが、敗戦後、戦犯に指定され自殺した。

*2……「河辺虎四郎少将回想応答録」。

そして、上海からさらに国民政府の首都・南京《ナンキン》の陥落《かんらく》をめざして、日中全面戦争に入っていきました。

九月二日には、「北支《ほくし》事変」から「支那《しな》事変」へと呼び名が変えられました。しかしあくまで「戦争」ではなく「事変」とされ、宣戦布告《せんせんふこく》はないままでした。現地で戦っている陸軍や、海上封鎖《ふうさ》を検討《けんとう》している海軍の一部からは、宣戦布告すべしという意見が出されました。しかし、欧米からの軍需物資《ぐんじゅぶっし》の輸入が制限される心配などから、以後も宣戦布告はおこなわれませんでした。

一一月二〇日に、陸海軍の最高統率《とうそつ》機関としての大本営《だいほんえい》が、皇居《こうきょ》内に置かれました。しかも、首相・外務大臣など、軍人ではない官吏《かんり》（文官《ぶんかん》）はすべて、大本営の構成員から排除《はいじょ》されていきました。

そして一二月一三日には、日本軍は南京を占領しました。その軍事行動では、捕虜《ほりょ》・投降兵《とうこうへい》だけでなく、婦女子をふくむ多数の中国人を殺害しました（南京大虐殺《だいぎゃくさつ》）。これらの事件は、天皇も参加する大本営の指揮のもとでおこなわれたものでした。＊3

「南京陥落にぎわう銀座」の写真を表紙にした日本の雑誌（『画報躍進之日本』一九三八年二月号）と、南京大虐殺を報じるアメリカの新聞（『ニューヨーク・タイムズ』一九三七年一二月一八日）

＊3……当時の中島師団長は一二月一三日の日記に、捕虜にはしない方針であり、佐々木部隊だけで約一万五千人を「処理」した、と記している。

14 アジア太平洋戦争と天皇

奉祝国民歌「紀元二千六百年」のレコードラベル

日中戦争に入ると、戦争は泥沼《どろぬま》化し、アジア太平洋戦争に発展します。天皇を頂点とする大本営が、戦争の指揮《しき》をとりました。国民はどんな状況に置かれ、兵士には何が求められたでしょうか。そうした動きに、最高指揮官の天皇はどうかかわったのでしょうか。

Q1 紀元二六〇〇年祭はどうおこなわれたのですか。

A1 一九三八年には、日中戦争が長期化・泥沼《どろぬま》化していました。こうしたなか、近衛文麿《このえふみまろ》内閣は四月、国家総動員法を成立させました。この法律は、議会の承認《しょうにん》なしに、物資《ぶっし》、エネルギー資源、輸送《ゆそう》力、労働力などを、軍事優先で独占的に運用できるようにするものでした。

そして、一九四〇年が神武《じんむ》天皇即位から二六〇〇年にあたるとして、大々的な奉祝《ほうしゅく》イベントの準備をはじめました。世界に日本の豊かさを示すために、万《ばん》国博覧会《こくはくらんかい》やオリンピックの準備もしましたが、経済的な理由で中止しました。それにかわって、国家行事として国民を巻き込んでおこなったのが、「紀元二六〇〇年祭」のとりくみでした。

まず一九三八年には、東京音楽学校[*1]が作詞・作曲した「紀元二千六百年頌《しょう》歌《か》」が発表されました。翌年には、「金鵄《きんし》[*2]輝く日本の」ではじまる奉祝国民歌「紀元二千六百年」も出されました。

昭和天皇は、一九四〇年二月一一日に「紀元二千六百年の詔書《しょうしょ》」を発しました。そこでは、「非常の社会にあたって、爾《なんじ》臣民が神武天皇の創業に思いをはせ……臣民は国威《こくい》を高めるためがんばることを期待する」とされています。

政府主催の記念式典は、一一月一〇日に皇居《こうきょ》前広場で開催されました。天皇・皇后・皇族・駐日《ちゅうにち》大公使・武官《ぶかん》をはじめ、官民あわせて約五万人が参加しました。翌一一日には、同じ場所で祝賀宴席《しゅくがえんせき》がおこなわれました。国内各地だけでなく、当時の植民地でも、いっせいに祝賀行事が開催されました。

こうした国家行事は、国民の精神動員としてもおこなわれました。建国の精神を再認識するため、全国で「八紘一宇《はっこういちう》」（日本を中心としたアジアをつくる）の碑《ひ》がつくられます。また、橿原《かしはら》神宮（↓49ページ）・宮崎神宮の拡張《かくちょう》整

＊1……一八八七年設立。現在の東京芸術大学音楽学部。

＊2……『日本書紀』によると、神武天皇が日向の国を出発し、大和で即位するまでの長い旅（神武東征）の途中、「賊軍」の抵抗にあった。苦戦の最中、どこからともなくあらわれた金色の鵄（とび）が天皇の弓の先に止まり、金色の光は賊兵の目を射て、神武軍の勝利に導いた、という。武勲を立てた軍人などに金鵄勲章を与える制度が、明治時代（一八九〇年）にできた。

八紘之基柱。秩父宮親王の筆による「八紘一宇」の刻銘がある

備が大々的におこなわれました。

また、神武天皇聖蹟《せいせき》調査を実施し、神武天皇陵《りょう》を巨大に改造し、いかに立派な人物かを宣伝しました。歴史の偽造《ぎぞう》です。

そして式典が終わったら、「祝ひ終った　さあ働かう！」という、大政翼賛《たいせいよくさん》会《かい》*3のポスターが貼り出されました。

Q2 戦陣訓《せんじんくん》とは何ですか。

A2 一九四一年一月八日、陸軍大臣であった東条英機《とうじょうひでき》*1は「戦陣訓《せんじんくん》」を発表しました。その内容は、軍人勅諭《ちょくゆ》をもとに、軍人の守るべき徳目《とくもく》と、戦場での戒《いまし》めを中心に説《と》いているところに特徴があります。とりわけ軍紀《ぐんき》（軍隊の風紀《ふうき》・規律《きりつ》）の確立と、住民の保護が強調されています。

戦陣訓が出された背景には、日中戦争が長期化・泥沼化するなかで、軍紀が乱れ、略奪《りゃくだつ》・暴行などが続出し、その対応にせまられていたことがあります。

もともと日本の軍隊は、「監視《かんし》」と「服従《ふくじゅう》」が兵士養成《ようせい》の基本とされ、上官の命令が絶対的であるというシステムでした。それをさらに強調する内容でした。

その第一の特徴は、「常に郷党家門《きょうとうかもん》の面目《めんぼく》を思い」（常に郷土《きょうど》や家の名誉《めいよ》を考

大政翼賛会のポスター

*3……一九四〇年一〇月結成。政党が解散して合流し、首相が総裁として国民を指導する体制となったもの。

*1……（一八八四〜一九四八年）同年一〇月には首相となり、一二月に太平洋戦争を起こした。敗戦後、A級戦犯として絞首刑となった。

え）という徳目がつくられたことにあります。陸軍はもともと、兵士を集めるにあたって、同じ地方からの兵士によって一部隊を編制《へんせい》する、郷土部隊主義を採用していました。それをさらに強調することによって、親や故郷の無言の圧力による服従を求めるものでした。

そして第二の特徴は、「生きて虜囚《りょしゅう》の辱《はずかし》めを受けず、死して罪禍《ざいか》の汚名《おめい》を残すことなかれ」（生きて捕虜《ほりょ》としていじめられることなく、死して悪いことをしたという汚名を残すことのないように）という徳目がつくられたことにあります。これは精神主義を強調するのにとどまらず、捕虜になることを絶対的に否定するものとなりました。

翌年六月のミッドウェー海戦以降、戦局《せんきょく》が悪化するなかで、一九四三年五月のアッツ島守備隊の「玉砕《ぎょくさい》」、一九四四年七月のサイパン島守備隊の「玉砕」などが生じたのには、こうした背景がありました。当時の国際法では、戦争などで敵に捕《と》らえられた者は、収容所に入れられ、公正な裁判を受ける権利があるとされていました。しかし日本は、そうした考えを否定し、捕虜になるぐらいなら死を選べと求めたのです。それが戦陣訓の本質でした。

こうした考え方は、沖縄戦では、民衆にも強制されました。沖縄では民衆に、アメリカ軍が来たら「集団自決」するよう追い込む動きがありました。もし本土決戦がおこなわれたら、日本全国でそうした動きが起きたといえるでしょう。

近衛文麿内閣（第二次）。先頭が首相・近衛文麿。その後ろの列、左から二人目が陸軍大臣・東条英機

Q3 国民学校はそれまでの小学校とどう違ったのですか。

A3 一九四一年三月一日、政府はそれまでの小学校令にかわって、国民学校令を公布しました。

国民学校は、初等科六年、高等科二年の八年を義務教育としました。教科の編制も変わり、国民科（修身《しゅうしん》・国語・国史《こくし》・地理）、理数科（算数・理科）、体《たい》練《れん》科（体操・武道）、芸能科（音楽・習字・図画・工作・裁縫《さいほう》・家事）、および実業科（高等科のみ）となりました。

内容も戦争一色となりました。たとえば修身の二年生教科書[*1]では、「日本ヨイ国、キヨイ国。世界ニ一ツノ神ノ国。日本ヨイ国、強イ国。世界ニカガヤクエライ国」と教えられました。他の教科書も同様でした。

また、学校行事・儀式・礼法・団体訓練が強化されました。毎日、朝の宮《きゅう》城《じょう》遥《よう》拝《はい》（皇居のほうに向かって敬礼すること）や軍事教練《きょうれん》（軍人が生徒におこなう軍事訓練）などがおこなわれるようになったのです。学校の敷地《しきち》に設《もう》けられた奉安殿《ほうあんでん》（→91ページ）には、毎日登下校時に拝礼《はいれい》をしなければなりませんでした。教育勅語《ちょくご》（→87ページ）も徹底的に教えられました。

こうした教育への変化は、「児童」を「少国民」に、つまり年齢の若い皇国《こうこく》

なぎなたが正課になり、女子も訓練した

＊1……『ヨイコドモ　下』。

民《みん》にすべきであるという考え方のもとで起きたものでした。したがって、国民学校は「皇民錬成《れんせい》」の場と位置づけられ、学校教育の目標は「あすの兵士を育てる」ことにしぼられました。行事はすべて軍隊調になりました。

学校以外でも「少国民錬成」はおこなわれました。それまで子どもたち第一に活動していた作家なども、「日本少国民文化協会」に加盟しました。「本会は皇道の道に則《のっと》り、国民文化の道に則り、国民文化の基礎たる日本少国民文化を確立し、もって皇国民の錬成に資《し》することを目的とする」という方針の団体でした。

子どもの文化である紙芝居《かみしばい》、童話、映画、音楽なども統制《とうせい》されました。また、地域の少年団でも「少国民錬成」がはかられました。「愛国イロハカルタ」なども発行されました。「ニッポンバレノ　テンチャウセツ」「リクワシ　ウミワシ　ボクラモツヅク」などの内容でした（陸鷲《わし》・海鷲は陸海軍のこと）。学校ごとに少年団がつくられ、神社での戦勝祈願《きがん》や、戦地に行く兵士の見送り、戦死した兵士（「英霊《えいれい》」）の出迎えなどもおこなわれました。

あらゆる場で、「たたかう少国民」づくりがはかられていったのです。

『キンダーブック』一九四一年六月号（右）は、日本の南進政策（→135ページ）にそった「南の島」特集。翌年四月号（左）では、雑誌名も『ミクニノコドモ』（御国の子ども）に変わった

Q4 アジア太平洋戦争の開戦に天皇はどうかかわったのですか。

A4 一九四一年一二月八日、天皇は「米英両国に対する宣戦《せんせん》の詔書」を発し、日本はアジア太平洋戦争に突入《とつにゅう》します。

それまでの天皇の動きを見てみましょう。開戦にいたるまでに、重大な局面ごとに、御前《ごぜん》会議がおこなわれました。大本営政府連絡会議（大本営と政府が協議するための会議）や、それを発展させた最高戦争指導会議に、天皇が臨席《りんせき》するという形です。天皇は、発言はなくても、そこで決定したことを了承《りょうしょう》したことになります。

天皇は当初、アメリカ・イギリスとの戦争には慎重《しんちょう》だったといわれます。世界の大国と戦って勝ち目があるかどうか、不安だったからだといわれています。しかし軍部は、七月二日の御前会議において、大陸の南方への進出を決めます。それは、「対米英戦を辞《じ》せず」という重大な決意をともなっていました。

こうして、南部仏印《ふついん》（現在のベトナム・カンボジア）進駐《しんちゅう》がおこなわれました。この事実にアメリカが反発し、日本への石油の輸出禁止などの経済制裁《せいさい》をとることとなりました。この動きに対して軍部は、国内に石油があるうちに戦争に打って出て、蘭印《らんいん》（現在のインドネシア）の石油を確保することを求めま

御前会議（対米英戦争開戦まで）

	内閣	決定文書名	開催年月日	『昭和天皇実録』での記述内容
第1回	近衛文麿	支那事変処理根本方針	1938年1月11日	出席者名、文書名とその要旨
第2回	近衛文麿	日支新関係調整方針	1938年11月30日	出席者名と文書名
第3回	近衛文麿	日独伊三国条約締結ニ関スル件	1940年9月19日	出席者名、文書名と審議過程
第4回	近衛文麿	支那事変処理要綱ニ関スル件ほか	1940年11月13日	出席者名、文書名とその要旨
第5回	近衛文麿	情勢ノ推移ニ伴フ帝国国策要綱	1941年7月2日	出席者名、文書名と決定全文
第6回	近衛文麿	帝国国策遂行要領	1941年9月6日	出席者名、文書名とその要旨
第7回	東条英機	帝国国策遂行要領	1941年11月5日	出席者名、文書名と決定全文
第8回	東条英機	対米英蘭開戦ノ件	1941年12月1日	出席者名、文書名と審議過程

（出典）山田朗『昭和天皇の戦争』岩波書店、2017年、5ページ

した。

　こうした早期開戦論が高まるなかで、九月六日に御前会議が開かれました。この会議で近衛文麿首相は、日米交渉のために南部仏印から兵士を引きあげるといいつつ駐兵を続けるという方法を主張しました。他方、東条英機陸軍大臣は、それでは日中戦争の成果が失われると主張して対立し、決裂しました。ここで、一〇月上旬までに日米交渉がまとまらない場合、戦争に入ることを決めました。

　そうしたなか、近衛文麿内閣が総辞職《そうじしょく》し、一〇月一八日、東条英機内閣が成立します。内《ない》大臣の木戸幸一《きどこういち》は天皇に対し、東条は天皇の考えを大切にしており、軍内部の信頼があついといって、首相に推薦《すいせん》しました。そして、開戦論の中核である参謀《さんぼう》本部は、大陸南方の資源を確保すればアメリカ・イギリスと戦えるとするデータを示して、天皇を説得しました。

　こうして、東条内閣は天皇の説得に成功し、アジア太平洋戦争に突入します。一二月八日、アメリカの海軍基地があるハワイの真珠湾《しんじゅわん》を攻撃。天皇のみが持つ権限により、宣戦布告をおこないました。

東京日日新聞 夕刊
帝國、米英に宣戰を布告
畏し大詔渙發さる
英米の暴政を排し東亞の本然を復す
政府宣戰の使命聲明
近代海戰

アメリカ・イギリスへの宣戦布告を報じる『東京日日新聞』（一九四一年一二月九日夕刊）

Q5 天皇は戦争をどう指導したのですか。

A5 天皇は大元帥《だいげんすい》として、陸海軍の最高機密情報を常に把握《はあく》できる立場でした。実際、「戦況上奏《せんきょうじょうそう》」などをとおして、常に報告を受けていました。

それだけでなく天皇は、侍従武官《じじゅうぶかん》（↓63ページ）を通じて、戦況を「下問《かもん》」（部下への質問）という方法で事細《ことこま》かに把握し、作戦指導にもかかわっていました。

今までの研究によると、たとえば一九四二年のフィリピン占領について、参謀本部は現地の治安《ちあん》を心配して師団《しだん》をほかの地域へ移すことを検討していましたが、天皇は師団をそのままとどめおくよう求めました。ガダルカナルの戦いの際には、海上を長く飛ぶことになる作戦に陸軍は心配していたのですが、天皇は航空隊を派遣《はけん》するよう催促《さいそく》しました。さらに、一九四三年のガダルカナル撤退《てったい》後も、南太平洋での戦域維持のため、ニューギニア方面への航空部隊の派遣も要求しました。

同時に、天皇は戦争開始のときから、戦争終結のシナリオも指

御前会議（対米英戦争開戦後）

	内閣	決定文書名	開催年月日	『昭和天皇実録』での記述内容
第9回	東条英機	大東亜戦争完遂ノ為ノ対支処理根本方針	1942年12月21日	出席者名、文書名とその要旨
第10回	東条英機	大東亜政略指導大綱	1943年5月31日	出席者名、文書名とその要旨
第11回	東条英機	今後採ルヘキ戦争指導ノ大綱ほか	1943年9月30日	出席者名、文書名、決定の一部引用、一部要旨＊
第12回	小磯國昭	今後採ルヘキ戦争指導ノ大綱ほか	1944年8月19日	出席者名、文書名と天皇発言
第13回	鈴木貫太郎	今後採ルヘキ戦争指導ノ基本大綱	1945年6月8日	出席者名、文書名と決定全文
第14回	鈴木貫太郎	（ポツダム宣言受諾の可否について）	1945年8月10日	出席者名と審議過程
第15回	鈴木貫太郎	（ポツダム宣言受諾の最終決定）	1945年8月14日	出席者名と審議過程

＊第11回御前会議は、「今後採ルヘキ戦争指導ノ大綱」は全文、「今後採ルヘキ戦争指導ノ大綱ニ基ク当面ノ緊急措置ニ関スル件」は要旨を掲載している。

（出典）135ページの表と同じ

示していました。一九四二年には、ドイツとソ連との戦争終結を日本が仲介《ちゅうかい》するよう指示していました。

一九四三年の御前会議では、ガダルカナルの戦い以後の戦線の後退に歯止めをかけ、持久《じきゅう》戦をおこなうとされました。さらに、アメリカへの決戦作戦によって戦争終結に持ち込むという、決戦後講和《こうわ》論もとられるようになりました。

陸軍の登戸《のぼりと》研究所が開発した、アメリカ大陸に向けた風船爆弾作戦などは、その一つとして展開されたものです。この作戦は、一九四四年一一月から翌年四月まで、九千発の風船爆弾による作戦として実施されました。この作戦は、爆弾に細菌《さいきん》兵器をつけることもふくめて準備された謀略《ぼうりゃく》作戦でした。打ち上げ直前には、三笠宮崇仁《みかさのみやたかひと》（昭和天皇の弟。↓170ページ）が視察《しさつ》に訪れています。

敗戦の約半年前の一九四五年二月、天皇は近衛文麿から上奏を受け、早く講和するよう求められましたが、天皇は軍部の決戦後講和論から逃《のが》れることができませんでした。そのため、沖縄戦、空襲《くうしゅう》、原爆被害などを招《まね》くことになりました。「聖断《せいだん》」を発したのは、ポツダム宣言が発せられ、敗戦が決定的になってからでした。

戦時中の登戸研究所

column 12

太平洋戦争参戦の詔書《しょうしょ》

日清《にっしん》戦争の宣戦《せんせん》の詔書《しょうしょ》には、「いやしくも国際法にもとらざる限り」、日露《にちろ》戦争や第一次世界大戦の宣戦の詔書にも、「およそ国際条規《じょうき》の範囲において」と、いずれも国際法の尊重《そんちょう》が書かれていました。しかし、一九四一年一二月八日の太平洋戦争の「米英両国に対する宣戦の詔書」には、この文言《もんごん》がありません。

なぜ消えたのかは長らく謎《なぞ》とされてきましたが、戦後五〇年の一九九五年八月一一日、『朝日新聞』に掲載された徳川義寛《とくがわよしひろ》・前侍従《じじゅう》長の証言で明らかとなりました。「八日発せられた開戦の詔書には、日清・日露戦争の時の詔書にはあった『国際法の順守』のくだりが抜けていました。陛下《へいか》はすぐ気づかれ、東条《とうじょう》（英機《ひでき》）首相に何度もその点をただされた。しかし、東条さんは『タイに軍が入りますので書けません』と押し切ったと聞きました」

解説記事によると、「南方作戦は、真珠湾《しんじゅわん》攻撃と英領マレー、フィリピンへの同時攻撃で戦端《せんたん》が開かれた。急襲《きゅうしゅう》のため、真珠湾もマレーのコタバル上陸も八日午前二時ごろ同時に行う計画だったが、直前になって海軍側が夜間発艦《はっかん》をあきらめ、未明の午前三時半に変更したため、コタバル上陸が一時間以上先行することになった。……戦略上コタバル作戦と同時に、タイ領シンゴラも攻略《こうりゃく》の必要があった。軍人が潜入《せんにゅう》して事前工作も行ったとされる。タイは最終的には日本との『平和進駐《しんちゅう》協定』には応じたが、この時にはすでに領内各地に日本軍が殺到《さっとう》していた」

タイはどこの植民地でもなく、独立した中立国でした。その地を踏みにじるのですから、「国際法の順守」は書けなかったというわけです。

近年出された『昭和天皇実録《じつろく》　第八』には、「なお首相は、マレー半島の攻略上、中立国のタイ国領土シンゴラへの進駐が必要につき、今回の詔書には日清・日露の両戦役《せんえき》とは異なり、国際法規の遵守《じゅんしゅ》につき記さない旨《むね》を奏上《そうじょう》する」とのみ書かれています。

Column 13 皇居《こうきょ》の防空壕《ぼうくうごう》

昭和天皇の時代、天皇・皇后の避難《ひなん》場所として、皇居《こうきょ》に三つの防空壕《ぼうくうごう》がつくられました。

最初にできたのは、宮内《くない》省庁舎《ちょうしゃ》の「金庫《きんこ》室」という名前の避難場所で、一九三六年一〇月に完成しました。

ついで、一九四一年五月から工事がはじまり、翌年の七月に完成した「御文庫《ごぶんこ》」があります。吹上御苑《ふきあげぎょえん》内につくられた、地上一階、地下二階の大きな鉄筋《てっきん》コンクリートの施設です。地下二階が防空壕になっており、五〇〇キロ爆弾にも耐えられる設計でした。「御文庫」は天皇の住居も兼《か》ねていましたが、湿気《しっけ》が多いため、天皇は完成後も宮殿で過ごしていたといいます。「御文庫」が本格的に使用されはじめたのは一九四三年になってからです。

三つめの防空壕は、「御文庫付属《ふぞく》室」*1といい、「御文庫」から北東に約一〇〇メートル離れたところにつくられました。一日およそ一五〇〇人が昼夜休まずに突貫《とっかん》工事にあたり、一カ月半で完成。一九四一年九月のことです。

一九四五年になって、戦況《せんきょう》が厳しくなると、「御文庫」からより頑丈《がんじょう》な「御文庫付属室」に避難できるよう、それらをつなぐトンネルがつくられました。さらに「御文庫付属室」の補強《ほきょう》が突貫工事でおこなわれ、*2一〇トン爆弾にも耐えられるようコンクリートを厚《あつ》くし、当時の日本で最強の防空施設となりました。

「御文庫付属室」を昭和天皇が初めて使用したのは、『昭和天皇実録《じつろく》』によると、一九四四年一一月二三日の新嘗祭《にいなめさい》の儀式でした。公式の会議で使用したのは一九四五年六月が最初で、全部で五回ありました。特に八月一〇日には、ここでポツダム宣言の受諾《じゅだく》が決定されました。

ところで、「金庫室」とか「御文庫」「御文庫付属室」という名前にしたのは、天皇の避難場所であることを悟《さと》られないためでした。

（出典）『読売新聞』2015年8月1日より作成

＊1……戦後七〇年にあたる二〇一五年八月一日に、宮内庁は「御文庫付属室」の映像と写真などを公表した。同日付の新聞各紙は、大きく報道した。

＊2……「御文庫付属室」の補強工事がおこなわれたのは、本土決戦に備えて長野県松代につくられた大本営に移ることを、天皇が拒否したことによる。補強により、建物の外壁は厚さ三メートルのコンクリートでおおわれた。

15 敗戦と天皇

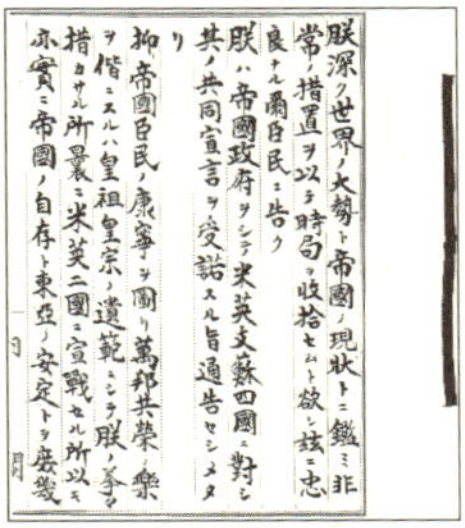

朕深ク世界ノ大勢ト帝國ノ現狀トニ鑑ミ非
常ノ措置ヲ以テ時局ヲ收拾セムト欲シ茲ニ忠
良ナル爾臣民ニ告ク
朕ハ帝國政府ヲシテ米英支蘇四國ニ對シ
其ノ共同宣言ヲ受諾スル旨通告セシメタ
リ
抑々帝國臣民ノ康寧ヲ圖リ萬邦共榮ノ樂
ヲ偕ニスルハ皇祖皇宗ノ遺範ニシテ朕ノ拳々
措カサル所曩ニ米英二國ニ宣戰セル所以モ
亦實ニ帝國ノ自存ト東亞ノ安定トヲ庶幾

「大東亜戦争終結ノ詔書」1ページ目

一九四五年八月一四日、日本はポツダム宣言を受諾《じゅだく》して、連合国に降伏《こうふく》しました。一五年にわたった戦争の終結です。天皇は一五日の玉音《ぎょくおん》放送で、そのことを国民に伝えました。敗戦しかないことは目に見えていたのに、なぜ降伏は遅《おく》れたのでしょうか。天皇を国家の中心としていた教育は、降伏の後、どう変わろうとしたのでしょうか。

Q1 玉音《ぎょくおん》放送とは何ですか。

A1 「玉《ぎょく》」とは天子・天皇のこと。玉音《ぎょくおん》放送とは、一九四五年八月一五日の正午に、昭和天皇の肉声で、ポツダム宣言を受諾《じゅだく》して降伏《こうふく》するということを伝えたものです。天皇の肉声が放送で流されたのは初めてでした。

日本政府がポツダム宣言の受諾を決めたのは、八月一〇日の御前《ごぜん》会議（↓135

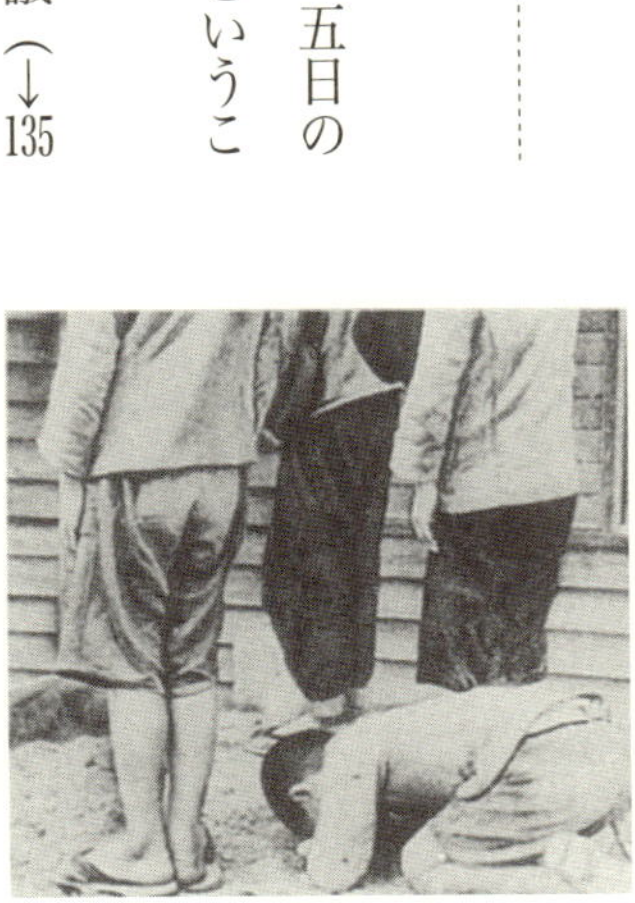

玉音放送を聞いて泣きふせる子ども（御殿場小学校創立百周年記念誌『御厨』）

ページ）です。その日のうちに、アメリカ・イギリス・中国・ソ連の四カ国に電報《でんぽう》で伝えました。[＊1] しかし、「本土決戦」（日本本土での戦い）をするという軍部の強い反対意見があったため、一四日午前一〇時半からふたたび御前会議が開かれます。そこで天皇が、「一〇日の決定は変えない」と発言し、すべてが決定しました。

一四日の午後から「終戦の詔勅《しょうちょく》」案が審議《しんぎ》され、その日の夜一一時、その詔勅は発布《はっぷ》されました。その詔勅をラジオ放送するための録音が、一一時二五分、皇居《こうきょ》の宮内《くない》省の一室に昭和天皇が入っておこなわれました。[＊2]

一五日のラジオ放送は、朝七時二一分から九分間にわたり、「本日正午（天皇）御《おん》自《みずか》らご放送あそばされます。国民もれなく厳粛《げんしゅく》なる態度で、かしこき御言葉を拝《はい》し得《え》ますように」と予告していました。[＊3] 正午、「御起立《ごきりつ》願います」というアナウンサーの声に続いて「君が代」が流れ、その後に天皇の声が流れはじめました。[＊4]

「交戦状態が四年を経過したが、戦局《せんきょく》が好転せず、このままではわが民族が滅《ほろ》びてしまう。そうなれば、どうしてたくさんの国民を守り、歴代の天皇の御《み》霊《たま》にわびることができようか」というものでした。[＊5]

玉音放送を聞いた国民のなかには、皇居前広場に行って号泣《ごうきゅう》し、土下座《どげざ》して天皇にわびる人もいました。最もショックを受けたのは、子どもたちだったの

＊1……中立国であるスイスとスウェーデンをとおして打電した。

＊2……当時の録音はレコード盤。一枚のレコード盤には三分しか録音ができなかったため、レコード盤は二枚となった。終戦の決定を知らされた近衛師団の一部将校たちは、日本を降伏させまいと反乱を起こし、玉音放送も止めようとしたが、録音盤を発見できず、反乱は鎮圧された。

＊3……当時のラジオの普及率は約三九パーセント。家にラジオのない人びとは、ラジオのある家に集まった。

＊4……四分四一秒の「玉音」は雑音が多く、聞き取れない人も多かった。続けて和田信賢アナウンサーが「聖断」やポツダム宣言について説明したため、ここで初めて敗戦を知った人も多かった。

＊5……新聞社には詔書の内容が事前に配られていたが、玉音放送前に掲載して配ることは禁じられていたので、この日の新聞は朝には配られなかった。天皇の「聖断」によって戦争が終わったということを印象づけるための演出だった。

ではないでしょうか。当時の国民学校のある教員は、こうふりかえっています。「この放送を聞いたとき、一人の生徒が『先生のうそつき！　うそつき！』とわたしにむしゃぶりついて泣いたのには、返すことばもなく、ただ暗然《あんぜん》とするばかりであった」*6。学校では、日本は神の国だから負けない、神風《かみかぜ》が吹くんだ、と教えていたからです。

Q2 政府がこだわった国体護持《こくたいごじ》とは何ですか。

A2 日本に無条件降伏を求めるポツダム宣言*1は、七月二六日に発表されました。宣言には、「われらの捕虜《ほりょ》を虐待《ぎゃくたい》した者をふくむ一切の戦争犯罪人に対しては、厳重な処罰《しょばつ》が加えられるべし」がふくまれていました（第一〇項）。これに対して日本の鈴木貫太郎《すずきかんたろう》*2首相は、「ただ黙殺《もくさつ》するだけ。戦争完遂《かんすい》するのみ」と発言しています。

そのころ、アメリカは原爆実験に成功し、投下の準備をしていました。そして、八月六日に広島に投下します。

こうした事態《じたい》を受けて八月九日、午前一〇時半から、宮中《きゅうちゅう》の防空壕《ぼうくうごう》（↓コラム13）で御前会議がおこなわれました*3。

会議では、連合国に対して、四つの条件つきでポツダム宣言を受諾するとい

*6……鳥取県に集団疎開していた神戸市の国民学校の教員。『兵庫県教育史』より。

*1……一九四五年七月一七日から、敗北したドイツの首都ベルリンの郊外ポツダムで、アメリカ大統領トルーマン、イギリス首相チャーチル（途中でイギリス総選挙の結果アトリーに交代）、ソ連首相スターリンが会談をしていた。ドイツの戦後処理が主な議題だったが、途中からアメリカが、日本の降伏条件、戦後の日本管理方針を提案してきた。これがポツダム宣言となった。ソ連はまだ対日参戦しておらず、ポツダム宣言の作成には参加させられなかった。中国の首席・蒋介石は、電信で宣言の内容を知らされ、参加を表明した。こうしてポツダム宣言はアメリカ・イギリス・中国の三国の名で発表された。ソ連は、八月八日の対日参戦のときに、ポツダム宣言に参加署名した。

*2……（一八六七〜一九四八年）海軍大将。

*3……出席者は天皇のほか、鈴木首相、東郷茂徳外務大臣、阿南惟幾陸軍大臣、米内光政海軍大臣、豊田副武軍令部総長、梅津美治郎参謀総長。

うことが決定されました。①皇室が存在しつづけることを連合国に確認させる。②日本軍の撤兵《てっぺい》（兵士の引きあげ）は自主的におこなう。③戦争責任者の処理は、日本でおこなう。④連合国は、ポツダム宣言の実行を保証《ほしょう》するための占《せん》領《りょう》はおこなわない。

①が国体護持《こくたいごじ》の要求です。いずれも、日本の絶望的な戦況《せんきょう》からすれば、たいへん虫のいい要求でした。

この日、ソ連も日本との戦争に参加したことが伝えられ、深夜の一一時五〇分からふたたび御前会議が開かれました。そのなかで、②〜④は停戦《ていせん》の協定を結ぶときにも交渉《こうしょう》できるが、①の皇室だけは絶対条件だ、相手国につける条件はこの点に集中する必要がある、という外務《がいむ》大臣の案をめぐり、激論《げきろん》が交わされます。陸軍大臣、参謀《さんぼう》総長、軍令部総長は、戦争を続けることを主張して、外務大臣の案に反対。まとまりませんでしたが、天皇が「外務大臣の案に賛成である」と発言して決着しました。一〇日、午前二時三〇分でした。

夜が明けた六時過ぎ、外務省はポツダム宣言を受諾する旨《むね》を、スイス・スウェーデンの両中立国をとおして、アメリカ・イギリス・中国・ソ連に電報で伝えました。そのなかには、「（ポツダム宣言）にあげられた条件のなかには、天皇の国家統治《とうち》の大権《たいけん》を変えるとの要求がふくまれていないとの了解《りょうかい》のもとに、帝国政府は宣言を受諾する」と書かれていました。

ポツダムに集まった三カ国首脳（一九四五年七月二五日）。左からチャーチル（イギリス首相）、トルーマン（アメリカ大統領）、スターリン（ソ連首相）

Q3 戦時中の教科書は敗戦後、どうあつかわれたのですか。

A3

玉音放送が流れた八月一五日、文部《もんぶ》大臣の太田耕造《おおたこうぞう》は、次のような訓令《くんれい》を出しています。「未曽有《みぞう》の国難《こくなん》を招《まね》いたのは、ひとえにわれらに天皇への忠節《ちゅうせつ》が足らず、国につくす力がとぼしかったからである。……国民は『玉音放送』で述べた天皇の言葉を理解し、国体護持の一念《いちねん》に徹《てっ》し、教育にたずさわる者はよく学徒を導き、天皇の気持ちに応《こた》えなければならない[*1]」

九月二日には、日本の降伏文書調印《ちょういん》式がおこなわれました。この調印式の終わりにあたり、アメリカのバーンズ国務長官は、次のような声明を発表しました。「われわれは、日本の学校における極端《きょくたん》な国家主義および全体主義的教育を一掃《いっそう》するとともに、戦争指導者の軍事哲学を受け入れるにいたった極端な日本国民の国家主義および全体主義的教育を完全に取り除くだろう[*2]」。文部省も、「国体護持」「承詔必謹《しょうしょうひっきん》」だけでは対応できないと判断したと思われます。

九月二〇日には、教科書のあつかいについての文部次官通牒《つうちょう》が出されます。「省略削除《しょうりゃくさくじょ》または取扱上注意すべき教材の規準《きじゅん》」として、（イ）国防軍備を強調する教材、（ロ）戦意高揚《こうよう》に関する教材、（ハ）国際の和親《わしん》（友好）を妨《さまた》げるおそれのある教材などをあげました。これらは墨《すみ》をぬるか、切り取るというこ

墨がぬられた教科書

＊1……文部大臣はほかのところでも、「聖断はすでにたまわった。承詔必謹（天皇の言葉に従うこと）は皇国臣民道の根幹である」と説いている（『朝日新聞』一九四五年八月一八日）。こう説く一方で、文部省は、庁舎の中庭で、戦争に協力した証拠となる機密書類を焼却していた。焼き出しは、一六日にははじまり、一週間か一〇日ぐらいはかかったといわれる（読売新聞戦後史班編『昭和戦後史　教育のあゆみ』読売新聞社、一九八二年）。戦争責任が文部省に及ぶことをおそれたのである。

＊2……『朝日新聞』一九四五年九月四日。

とです。

この通牒では、国語教科書でその例を示しました。たとえば『初等科国語二』（三年生用）では、「潜水艦《せんすいかん》」「南洋」「軍旗《ぐんき》」「ゐもん袋」*3「三勇士」などが「全文削除」とされました。*4 これにならって、算数、音楽などほかの教科書も「墨ぬり」されていきました。

しかし、戦後の教育方針の混乱《こんらん》もあって、この九月の「墨ぬり」指示は徹底《てってい》されず、一九四六年一月二五日、今度は占領軍総司令部と文部省との合同の指示で、墨ぬりの徹底がはかられます。

どこを墨ぬりするかは、国語の指示にならって、各学校に任されたところが多かったのですが、「日本ヨイ国、キヨイ国。世界ニ一ツノ 神ノ国」などと教えていた修身、石器時代などはなく建国神話を書いていた国史《こくし》、「大東亜《だいとうあ》共《きょう》栄圏《えいけん》」*5やその建設に協力する国々などを教えていた地理、の三教科は、占領軍の指示で、一九四五年一二月三一日、授業停止、教科書回収という強い処置《しょち》となりました。

*3……慰問袋。日用品などを入れて戦地の兵士に送った。

*4……『ヨミカタ 二』（一年生用）では「兵タイゴッコ」、『よみかた 四』（二年生用）では「海軍のにいさん」「にいさんの入営」「金しくんしょう」「病院の兵たいさん」「支那の子ども」など。高学年になるにつれ、「全文削除」が増えていく。それだけ、高学年生には「国防軍備」「戦意高揚」意識を植えつけることが必要とされていた。

*5……アジア太平洋戦争中のスローガン。日本が中心となって共存共栄の東アジアをつくるとして、植民地支配を正当化した。

Q4 御真影《ごしんえい》はどうあつかわれたのですか。

A4 占領下の改革でも、教育勅語《ちょくご》（↓87ページ）と御真影《ごしんえい》（↓91ページ）のあつかいを変えることに、文部省は後ろ向きでした。しかし、教育勅語にくらべると御真影のほうが、廃止《はいし》の動きが早くはじまります。

一九四五年九月、占領軍が日本各地に派遣《はけん》されるなかで、事件が起こりました。鹿児島県の村で、集会場にかかげてあった御真影を、アメリカ兵が外に持ち出し、ピストルで撃《う》ちぬいたのです。アメリカ兵にとって、天皇は戦時中には敵の大将でしたから、ありうることです。この事件が、御真影のあつかいに影響した可能性があります。

政府・宮内省は、御真影の回収を急ぎました。ＧＨＱ（連合国軍最高司令官総司令部）にいわれる前に回収したほうが、天皇の戦争責任が話題にあがるのを避けることができ、国体護持のうえでも得策《とくさく》だ、と判断したと思われます。

御真影の回収は、巧妙《こうみょう》におこなわれました。戦時中の御真影は軍服《ぐんぷく》姿だから、それを変えるためという理由をつけたのです。一九四五年一一月二四日の『朝日新聞』は、服装を変えた新しい御真影が配布されるとの予定を伝えています。そこには、石渡荘太郎《いしわたそうたろう》宮内大臣の言葉が載っており、「おそれ多いことながら、かかる時代には現在の御真影は不適当と拝察《はいさつ》され、天皇御服の制定の時から新しい御写真とお替えすることに方針を決定したわけです」としています。そして、一二月二〇日、文部次官通牒が出され、学校にある御真影は年内に地方庁に返し、一月一日の式場には御真影をかかげないように、と伝えられました。

この通牒に従って、各地の国民学校では、御真影を移すための「奉遷式《ほうせんしき》」が、児童や来賓《らいひん》を集めておこなわれました。地方事務所に集められた御真影は、極秘《ごくひ》のうちに焼却《しょうきゃく》処分されました。その後、御真影が学校に配布されることはありませんでした。

御真影の処分と並んで、奉安殿《ほうあんでん》（↓91ページ）も撤去《てっきょ》されました。奉安殿の存在は、GHQの覚書《おぼえがき》[*1]に引っかかるものと考えられました。

敗戦前、子どもたちは、登下校のたびに奉安殿に拝礼《はいれい》するよう教育されてきました。奉安殿の撤去は、それまでの教育が間違っていたことを、子どもたちにはっきりと示すことになります。そのため、御真影の回収よりもいっそう慎重《しんちょう》におこなわれました。夜や休日、夏休み中などを使い、子どもたちの目にふれないように撤去作業をしたのです。

*1……「国家神道、神社神道ニ対スル政府ノ保証、支援、保全、監督並ニ弘布ノ廃止ニ関スル」覚書、一二月一五日。

Q5 教育勅語はどう あつかわれたのですか。

A5

教育勅語の廃止には、時間がかかりました。政府・文部省が廃止に抵抗《ていこう》したことと、GHQの姿勢もはっきりしなかったことが原因です。

一九四六年二月、文部省の田中耕太郎《たなかこうたろう》[*1]学校教育局長は、文部省で開かれた全国教学課長会議で、「教育勅語はわが国の醇風美俗《じゅんぷうびぞく》と世界人類の道徳的な核心に合致《がっち》する」と述べています。同年三月、日本の教育を改《あらた》めるための調査に来たアメリカ教育使節《しせつ》団の報告書も、教育勅語の内容は批判しておらず、儀式で読むことや御真影への参拝をやめるべきと述べただけでした。

しかし、世論は戦前の教育を反省し、教育勅語の否定に動いていました。新聞の投書欄《とうしょらん》には、「教育勅語にのっとって自発的かつ自由に考えた教職員が一人でもあったかどうか。文部省はこのさい、大掃除《おおそうじ》されなければならない」という意見が載《の》るようになりました。[*2] また、一九四六年八月に設置《せっち》された、内閣総理大臣直轄《ちょっかつ》の教育刷新《さっしん》委員会でも、教育勅語を否定する意見が強まっていました。

翌年に施行された新しい憲法のもとでの国会でも、教育勅語のあつかいについて、議論が巻き起こりました。[*3] 教育勅語を残そうとする議員は、「教育勅語

＊1……（一八九〇～一九七四年）法学者。戦時中は東京帝国大学（現在の東京大学）教授。一九四六年五月より文部大臣。後に最高裁判所長官、国際司法裁判所判事。

＊2……『朝日新聞』一九四六年三月四日。

＊3……一九四八年五～六月、衆議院文教委員会で約一〇回、参議院文教委員会で四回の会議で、教育勅語と謄本のあつかいについての議論がされた。

は自然に死物《しぶつ》になっているから、今さらとりあげる必要はない」とか、「過去に有害であったという断定《だんてい》のもとで除去《じょきょ》するのは行きすぎ」と発言しました。*4

しかし、歴史家の羽仁五郎《はにごろう》*5議員の発言が、最も説得力があり、他の発言を圧《あっ》倒《とう》しました。「たとえ完全なる真理を述べておろうとも、それが君主の命令によって強制されたというところに大きな間違いがある。専制《せんせい》君主の命令によって命ぜられ、国民がこれに従わざるをえないで今日の不幸を招いたというところに、重大な原因があったということを明らかにして、国民は自発的にこれを痛切《つうせつ》な批判をもってこれを廃止する。そうして将来ふたたびこういう間違いをくり返さないということが要請《ようせい》されておるのではないか」

そして一九四八年六月一九日、衆議院で「教育勅語等排除《はいじょ》に関する決議」、参議院で「教育勅語等の失効《しっこう》確認に関する決議」がなされました。

この決議に基《もと》づき、六月二五日に文部省は、学校にある勅語謄本《とうほん》などの返還《へんかん》を求める通達を出し、回収しました。五八年におよぶ教育勅語の歴史に幕が下りたのです。

*4……ほかにも、「おしめの御厄介になっておって、大きくなってから要らないからといってそれを悪く言うことは、成人した心持ちのあらわれでない」という発言もあった。

*5……（一九〇一～一九八三年）戦時中は軍国主義に抵抗し、留置場で敗戦を迎えた。敗戦後、一九四七年の第一回参議院議員選挙に当選。

羽仁五郎

column 14 最後の不敬《ふけい》事件

敗戦後の占領《せんりょう》下で、不敬罪《ふけいざい》に問われた事件があります。[*1]

敗戦の翌年。当時は食糧難《しょくりょうなん》が深刻で、配給《はいきゅう》の主食はトウモロコシ粉《こ》が多く、それも遅配《ちはい》、欠配《けっぱい》だらけ。五月一九日、皇居《こうきょ》前広場で、二五万人の「飯米獲得《はんまいかくとく》人民大会」（食糧メーデー）が開かれました。

このとき、松島松太郎《まつしままつたろう》は、部屋のふすまを一枚はがして、そこに「詔書《しょうしょ》　國体《こくたい》はゴジされたぞ　朕《ちん》はタラフク　食ってるぞ　ナンジ人民　飢《う》えて死ね　ギョメイギョジ」と書いて参加していました。

詔書は天皇の言葉。ギョメイギョジは御名御璽で、天皇の名前と印《いん》があるという意味です。ギョメイギョジは、教育勅語《ちょくご》の奉読《ほうどく》で校長が最後に読む言葉でしたから、国民はみんな知っていました。

このプラカードの文句は大きな反響を呼びました。警察は松島を逮捕《たいほ》し、不敬罪として起訴《きそ》しました。

裁判では、被告《ひこく》（松島）は「不敬罪はポツダム宣言の受諾《じゅだく》により消滅《しょうめつ》している」と、無罪を主張しました。[*2] 第一審（東京地裁）判決は、一九四六年一一月二日（新憲法公布の前日）。不敬罪は適用できないと判断されたのか、天皇への名誉毀損《めいよきそん》罪（刑法二三〇条）として、懲役《ちょうえき》八カ月の判決。

被告が控訴《こうそ》しての東京高裁判決は、一九四七年六月二八日。判決では「不敬罪の規定は名誉毀損の特別罪としてなお存続している」としましたが、新憲法の公布とともに、不敬罪に対する大赦令《たいしゃれい》が公布・施行《しこう》されていたので、免訴《めんそ》（裁判打ち切り）の判決でした。

被告はなお無罪を求めて上告。上告の趣旨《しゅし》は、前記のポツダム宣言のほかに新憲法施行によって、不敬罪は国民主権および法の下の平等に違反しており無効だ、不敬罪は旧憲法下の天皇の統治《とうち》権総攬《そうらん》者たる地位を保護するものであり、天皇個人の名誉毀損にすりかえることはゆるされない、本件行為は風刺《ふうし》による天皇制の政治的批判であり、天皇に対する憎悪《ぞうお》をわきたたせるものではない、というもの。

最高裁判決は、一九四八年五月二六日。大赦令を理由に上告を棄却《ききゃく》し、第二審の免訴が確定しました。

大逆罪と不敬罪は、この事件を最後として、一九四七年一〇月、刑法の一部改正で廃止となりました。

＊1……大逆罪に問われた事件はない。

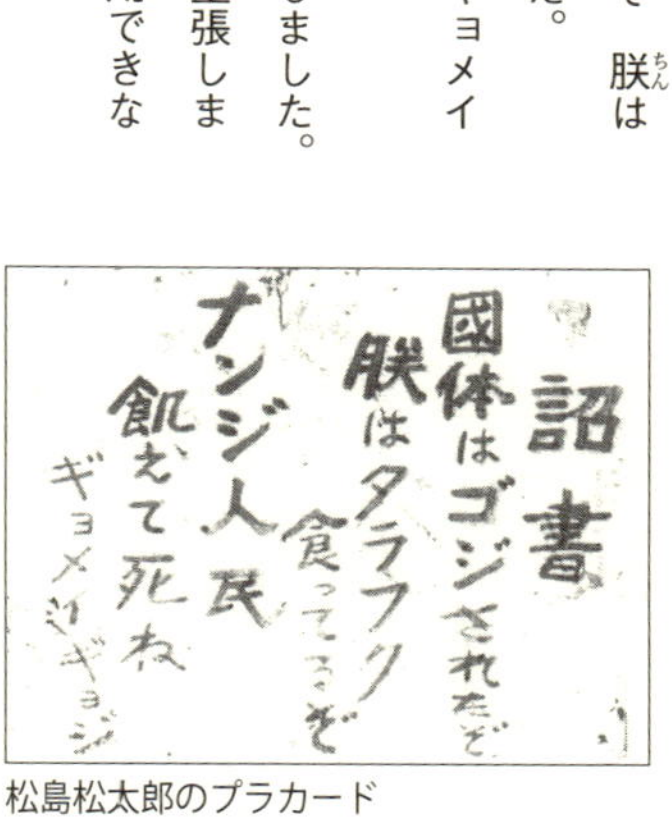

松島松太郎のプラカード

＊2……ポツダム宣言一〇項には、「日本国政府は、日本国国民の間における民主主義的傾向の復活強化に対する一切の障害を除去すべし。言論、宗教および思想の自由、並びに基本的人権の尊重は、確立せらるべし」とある。

16 占領と天皇

敗戦にともなって、日本は連合国の占領《せんりょう》下に置かれます。占領行政《ぎょうせい》を直接指揮《しき》したのが、GHQ（連合国軍最高司令官総司令部）。その最高司令官はダグラス・マッカーサーです。GHQやマッカーサーは、天皇の戦争責任をどう考えていたのでしょうか。占領下で天皇はどうふるまったのでしょうか。

マッカーサー（左）と昭和天皇

Q1 マッカーサーと天皇の会見では何が話しあわれたのですか。

A1 GHQの最高司令官に任命されたダグラス・マッカーサーは、一九四五年九月に東京入りし、赤坂のアメリカ大使館に住むことになりました。

そのころ、アメリカ国内、連合国内では、天皇の戦争責任を問う声があがっていて、天皇の身柄《みがら》を拘束《こうそく》すべきだとの主張もありました。こうした声に押さ

昭和天皇の取り扱いについてのアメリカの世論
（『ワシントン・ポスト』1945年6月29日）

処　刑	33%
裁判で決定	17%
終身刑	11%
追　放	9%
軍閥の道具だから何もしない	4%
日本を動かすパペットに利用せよ	3%
雑、回答なし	23%

（出典）武田清子『天皇観の相剋』岩波書店、2001年

れて、ＧＨＱは九月一一日、東条英機《とうじょうひでき》ほか三八人を、戦争犯罪の容疑者として逮捕《たいほ》します。

日本政府は、天皇が戦争犯罪人に指名されることをおそれました。外務《がいむ》大臣となった吉田茂《よしだしげる》[*1]は九月二〇日、マッカーサーを訪ねます。このとき「陛下《へいか》がお訪ねになることを期待されていますか」という吉田に対し、マッカーサーは「お目にかかることは、私としても最もよろこばしいことと考えている」と答えました。「よい感触《かんしょく》」を得て、政府は準備に入ります。

会見の二日前、天皇は、アメリカの新聞『ニューヨーク・タイムズ』の特派《とくは》員《いん》クルックホーンと面会しました。そして質問に答える形で、真珠湾《しんじゅわん》攻撃（↓136ページ）は東条の独断であり自分は知らなかった、という趣旨《しゅし》の発言をしています。[*2]この記事は、二五日の同紙のトップ記事になりました。これは、真珠湾への「奇襲《きしゅう》」を激しく批判するアメリカの世論を鎮《しず》めるため、政府部内で連絡・調整して準備した回答でした。[*3]

九月二七日朝、天皇は皇居《こうきょ》を出て、アメリカ大使館に向かいます。[*4]時間どおりに天皇一行《いっこう》が着くと、マッカーサーは居室《きょしつ》の入口で天皇を迎《むか》え、居室中央でカメラマンに写真を三枚撮らせました。[*5]

そして午前一〇時から、約三五分間の会談。このとき、どのようなことが話しあわれたのか。これについて、昭和天皇は一言も書き残したり語ったりして

＊1……（一八七八〜一九六七年）一九四六年には首相となり、一九四八〜五四年にも首相をつとめた。

＊2……「宣戦の詔書を、東条大将が使用したごとく使用する意図はなかった」と述べている。

＊3……豊下楢彦『昭和天皇・マッカーサー会見』（岩波書店、二〇〇八年）。

＊4……明治以来、天皇が外国の元首クラスに会うのに皇居を出るのは二度目であった。一度目は一八九一年五月、ロシアの皇太子ニコライ（後のニコライ二世）が日本を訪問した際、巡査の津田三蔵に切りつけられた事件（大津事件）のとき。このとき明治天皇は京都に見舞いに行幸した。そのとき以来なので、昭和天皇にとっても屈辱だったはずである。

＊5……この日撮った写真は、国民に大きな影響をあたえた。二人が並び立つと、天皇はいかにも敗者の象徴に見えた。ＧＨＱの写真班にいたジェターノ・フェイレイスが撮ったとされる。この写真を掲載することは不敬にあたると、内務省は九月二八日の新聞を発売禁止としたが、ＧＨＱは新聞並びに通信に対する一切の制限は撤廃せよと指令。二九日の新聞に公表された。この写真を見て多くの国民は、日本は敗戦国だと実感した。

いないので、『マッカーサー回想記』[*6]の言葉が長く語られてきました。

「天皇の口から出たのは、次のような言葉だった。『私は、国民が戦争遂行《すいこう》にあたって政治、軍事両面でおこなったすべての決定と行動に対する全責任を負う者として、私自身をあなたの代表する諸国の裁決《さいけつ》にゆだねるためおたずねした。』私は大きい感動にゆさぶられた」

マッカーサーの姿勢は、天皇を戦争責任の追及《ついきゅう》からかばうようなものになっていきます。そのことを感じ取ったのか、天皇は帰りの車中では、いつになくほがらかであったそうです。[*7]

Q2 東京裁判で天皇はどうあつかわれたのですか。

A2 東京裁判は、ポツダム宣言（↓143ページ）第一〇項にある、「一切の戦争犯罪人に対しては、厳重な処罰《しょばつ》が加えられるべし」に基《もと》づいて実施されたものです。正式には「極東《きょくとう》国際軍事裁判」といいます。

日本がポツダム宣言を受け入れる意向《いこう》を示したときから、天皇の戦争責任の追及については、連合国のなかで意見が割れていました。[*1] 鍵《かぎ》をにぎっていたのは、アメリカ政府とマッカーサーの考えでした。

連合国の占領統治《とうち》は、日本政府を通じた間接統治[*2]でした。それに天皇を利用

＊6……この本は約二〇年後の回想であり、事実でない記述もあるので、信用できないところもある。たとえば、連合国側からの最初の戦犯リストの筆頭に天皇が記されていたという記述は誤りである。

＊7……天皇は次のようにも発言した。「開戦についていえば、宣戦布告に先立って真珠湾攻撃をおこなうつもりはなかった。私は戦争回避のため極力努力したが、結局は開戦のやむなきにいたったことは、まことに遺憾である。その責任は日本の君主たる自分にある」（吉田裕『昭和天皇の終戦史』岩波書店、一九九二年）

＊1……オーストラリア政府は、天皇は侵略戦争の責任者として告発されるべきだと、八月二二日にイギリス政府に電報を打っている。他方、イギリス政府は、天皇を告発することは政治的に得策でないと考えていた。

＊2……連合国が直接統治するのではなく、日本政府の手を使って非軍事化と民主化を進めること。

すべきであり、戦争責任の追及は軽くてよい。これがアメリカのスタンスでした。もし天皇を戦争犯罪人として告発すれば、日本国民のあいだに大騒乱《そうらん》が起こり、それを鎮圧《ちんあつ》するには一〇〇万の軍隊が必要だと、マッカーサーは思っていたほどです。

そのマッカーサーにアメリカ政府があたえた指示は、天皇を戦争犯罪人として裁《さば》くべきか、その判断をするための証拠《しょうこ》を秘密裏《ひみつり》に調査し、報告せよというものでした。これに対してマッカーサーは、一九四六年一月二五日、アイゼンハワー陸軍参謀《さんぼう》総長に、次のような秘密連絡をおこなっています。*3

「過去一〇年間に、程度はさまざまであるにせよ、天皇が日本帝国の政治上の諸決定に関与したことをしめす……明白確実な証拠は発見されていない。……終戦時までの天皇の国事《こくじ》へのかかわり方は、大部分が受動《じゅどう》的なものであり、輔弼《ほひつ》者の進言《しんげん》に機械的に応じるだけのものであったという、確かな印象を得ている」

東京裁判は、一九四六年一月一九日にはじまりました。*4 裁判官・検察《けんさつ》官は、極東委員会を構成する諸国*5から選ばれました。裁判長はオーストラリアのウェッブ。主席検察官はアメリカのキーナン。全部、戦勝国やその人びとです。

この裁判で最初、オーストラリアは、戦争犯罪人として裁判にかけるべき人のリストに天皇を入れていましたが、この主張は退《しりぞ》けられました。またソ連も、

東京裁判でのウェッブ裁判長（中央）

＊3……マッカーサーとは別に、占領軍の政治顧問アチソンも、一九四六年一月四日、大統領に、「天皇は戦争犯罪人であると確信しているが、占領軍のおこなっている民主化政策の推進にとって、きわめて有用であり、天皇を免責して利用するという政策が次善の策として適当」という報告をしていた。

＊4……マッカーサーが極東国際軍事裁判所条例を公布した日。開廷は一九四六年五月三日。

＊5……極東委員会は、日本を占領管理するにあたっての連合国の最高政策決定機関。アメリカ、イギリス、フランス、中国、ソ連、カナダ、オーストラリア、ニュージーランド、オランダ、インド、フィリピン。

モスクワ放送などでは天皇は戦争犯罪人だと非難していましたが、東京裁判のソ連代表団はアメリカの主張に従うことになり、結局、天皇はリストに載りませんでした。

東京裁判中には、次第に東西冷戦が激しくなろうとしていました。アメリカにとっては、天皇を裁判にかけることで共産国ソ連を利することにならないようにする必要がありました。「連合国の最善《さいぜん》の利益にもとづいて」（ウェッブの言葉）天皇の戦争責任を問わないことが決まったのです。

Q3 戦後にも天皇巡幸《じゅんこう》がおこなわれたのですか。

A3 天皇は、一九四六年一月一日に発した「新日本建設に関する詔書《しょうしょ》」で、天皇が神であるとの考えを否定しました（「人間宣言」）。その「人間」ぶりを国民に身近に見てもらうため、また占領軍に天皇の「人気」ぶりを見せつけるために、天皇巡幸《じゅんこう》がおこなわれました。天皇と側近《そっきん》が考え、実施したものです。

この巡幸は、一九四六年二月一九・二〇日の神奈川県（川崎・横浜）への視《し》察《さつ》からはじまります。[*1] 戦後の巡幸は、戦前とは大きく変わっていました。天皇の服装は、背広《せびろ》にソフト帽《ぼう》。国民が天皇の写真を撮ったり、天皇が国民に話し

＊1……巡幸先は左記のとおり。

一九四六年	神奈川県	二月一九日・二〇日
	東京都	二月二八日・三月一日
	群馬県	三月二五日
	埼玉県	三月二八日
	千葉県	六月六日・七日
	静岡県	六月一七日・一八日
	愛知県	一〇月二一日・二三日
	岐阜県	一〇月二四日・二六日
	茨城県	一一月一八日・一九日
一九四七年	大阪府	六月五日・七日
	和歌山県	六月七日・九日
	兵庫県	六月一一日・一三日
	京都府・大阪府	六月一四日
	福島県	八月五日
	宮城県	八月六日・七日
	岩手県	八月七日・一〇日
	青森県	八月一〇日・一一日
	秋田県	八月一二日・一四日
	山形県	八月一五日・一七日
	福島県	八月一七日・一九日
	栃木県	九月四日・八日
	長野県	一〇月七日
	新潟県	一〇月八日・一二日
	長野県	一〇月一二日・一四日
	山梨県	一〇月一四日・一五日
	福井県	一〇月二三日・二七日
	石川県	一〇月二八日・三〇日
	富山県	一〇月三〇日・一一月一日
	鳥取県・島根県	一一月二七日・一二月一日

かけたりしたことは、戦前には考えられないことでした。

東京裁判が開かれようとしていた時期であり、天皇の戦争責任が問われていましたから、国民がどのように天皇を迎えるのか、宮内《くない》省も予想できませんでした。神奈川への巡幸で、住民に歓迎《かんげい》されたことで自信を持ち、全国巡幸の構想が立てられました。

巡幸の初期には、住民と天皇とのあいだに、次のような会話があったことも伝えられています。一九四六年二月二〇日、神奈川巡幸の際には、海外から引きあげたばかりの海軍大尉《たいい》に、天皇は「あそう、戦争中はまことにご苦労だった」と話しかけたそうです。三月一日、都立第四高等女学校の職員生徒には、「お家《うち》はどこ。焼かれたの?」と聞いたといいます。

およそ戦争責任の自覚《じかく》が感じられない問いかけですが、それをゆるしていたのが、当時の国民の精神状況でした。国民がみずからの手で戦争犯罪を裁くという意識を持ちえていなかったことの反映でしょう。*2

一九四八年は東京裁判の求刑《きゅうけい》があり、判決《はんけつ》も出ました。その影響を考えて、巡幸はおこなわれませんでした。その年を除き、一九五一年秋までに、北海道と沖縄を除く全国をまわったことになります。一九五四年の北海道巡幸*3で戦後巡幸は終わりますが、沖縄にはついに行きませんでした。行けなかった、というべきかもしれません。

	山口県	一二月一日・五日
	広島県	一二月五日・八日
	岡山県	一二月九日・一一日
一九四九年	福岡県	五月一九日・二一日
	佐賀県	五月二二日・二三日
	長崎県	五月二四日・二七日
	熊本県	五月二九日・六月一日
	鹿児島県	六月一日・四日
	宮崎県	六月四日・七日
	大分県	六月八日・一〇日
一九五〇年	香川県	三月一三日・一七日
	愛媛県	三月一七日・二〇日
	高知県	三月二一日・二四日
	徳島県	三月二五日・三〇日
	兵庫県	三月三一日
一九五一年	京都府	一一月一二日・一四日
	滋賀県	一一月一五日・一七日
	奈良県	一一月一八日・一九日
	三重県	一一月二〇日・二五日
一九五四年	北海道	八月八日・二三日

*2……一九四六年一〇月二二日、愛知県巡幸のときには、県庁前で一人の男性が、群衆を前に「天皇は万世一系ではない」と演説をはじめた。ところが群衆は激怒し、演説者に襲いかかった、という話もある。

*3……北海道の巡幸が最後になったのは、津軽海峡に機雷が残っているおそれからだったといわれている。一九五四年の巡幸は、北海道国体の視察を兼ねたもの。

初期はともかく、一九四七年五月三日の新憲法施行《しこう》後は、この巡幸が天皇の「国事行為《こくじこうい》」（↓165ページ）にあたるかどうかを検討しなければならなかったはずです。しかし、それをせず、なりゆき任せで巡幸が続けられました。

Q4 天皇はアメリカ軍の沖縄占領をどう見ていたのですか。

A4 日本の最南端に位置し、明治の初めまで薩摩藩《さつまはん》の支配を受けつつ、清国《しんこく》とも朝貢《ちょうこう》関係を続けるという、二重の支配を受けていたのが琉球《りゅうきゅう》でした。その琉球王府を武力で制圧し、日本の領土・沖縄県としたのが、琉球処分（一八七九年）です。それだけに、沖縄県民に対する皇民化《こうみんか》政策（天皇の支配に従わせる政策）は、強力に実施されました。

それが極点に達したのが、アジア太平洋戦争末期の沖縄戦でした。一五歳未満の少年、六〇歳以上の老人も戦場に動員され、中等学校、女学校、青年学校の生徒たちも総動員。沖縄は本土を守るための「捨て石」作戦に使われました。「国体《こくたい》」を守ることを至上命令とする天皇の軍隊は、住民を避難壕《ひなんごう》から追い出し、「自決」も強要しました。沖縄戦では、住民の四分の一、一二万人以上が犠牲になったといわれています。沖縄県民が天皇に対して、「本土」の人々と違う感情を持つのは当然です。

戦後の一九四六年一月二九日、GHQは覚書を出し、北緯三〇度以南の琉球諸島を日本から分離しました。それによってアメリカは、沖縄を占領し、沖縄基地をつくることになりました。こうして、現在も続く、アメリカ軍による沖縄支配の構造がつくられました。

これにあたって天皇は、重大な行為をしています。一九四七年九月中旬、宮内府（現在の宮内庁）と天皇は、アメリカ国務省に、次のような天皇の意向を伝えています。[*1]

「天皇は、アメリカが沖縄その他の琉球諸島に対する軍事占領を継続するよう希望している。天皇の考えでは、そのような占領はアメリカの利益になり、また、日本を防衛することにもなろう、というのである」[*2]

このメッセージが発せられたのは、新憲法の発効よりも後です。アメリカ軍による沖縄の長期占領を希望するという、政治の根本にかかわる発言をする権限は、天皇にありません。明らかな憲法違反です。昭和天皇が沖縄に巡幸したら、人びとは果たして歓迎したでしょうか。

16 占領と天皇

*1……宮内府御用掛（職員）だった寺崎英成を、GHQの政治顧問シーボルトのもとへ派遣して伝えた。

*2……これに続く文章は以下である。「このような措置は、日本国民の間で広範な賛成を得るであろう。彼らは、ロシアの脅威を懸念しているだけでなく、占領が終わったのちに右翼および左翼勢力が台頭し、日本の内政に干渉するための根拠としてロシアが利用しうるような『事件』を引き起こすのではないか、と懸念している。……また、天皇は、沖縄（そのほか必要とされる島嶼）に対するアメリカの軍事占領は、主権を日本に置いたままでの長期――二五年ないし五〇年またはそれ以上の――租借方式という擬制にもとづいておこなわれるべきであると考えている」

Q5 天皇が敗戦直後に詠《よ》んだ「松上雪《しょうじょうせつ》」の歌とはどのような歌ですか。

A5 昭和天皇は、八七年の生涯《しょうがい》のあいだ、一万首《しゅ》以上の短歌をつくったといわれています。そのうちの八六五首が『昭和天皇御製集《ぎょせいしゅう》　おほうなばら』に収められています。

天皇は特に敗戦後、昭和二〇年代に数多く詠《よ》みました。次の短歌は、一九四六年の歌会始《うたかいはじめ》（↓189ページ）のお題「松上雪《しょうじょうせつ》」にちなんでつくられたものです。ただ、歌会始は開かれませんでしたので、新聞に発表されました。

「ふりつもる　み雪にたへて　いろかへぬ　松ぞををしき　人もかくあれ」

降り積もっている雪の重みに耐《た》えて、葉の色のおとろえない常緑《じょうりょく》の松の雄々《おお》しいことよ。人もこの松のようにあれ。およそこのような意味です。

これは、敗戦後の生活再建という困難《こんなん》にのぞむ国民を励《はげ》ました歌と、一般的には解釈《かいしゃく》されています。二〇〇二年二月四日、小泉純一郎《こいずみじゅんいちろう》首相も、国会の演説でこの歌を引用しました。「雪の降る厳しい冬の寒さに耐えて、青々と成長する松のように、人々も雄々しくかくありたいとの願いをこめたものと思います。……われわれも現下《げんか》の難局《なんきょく》に雄々しく立ち向かっていこうではありませんか」と語っています。

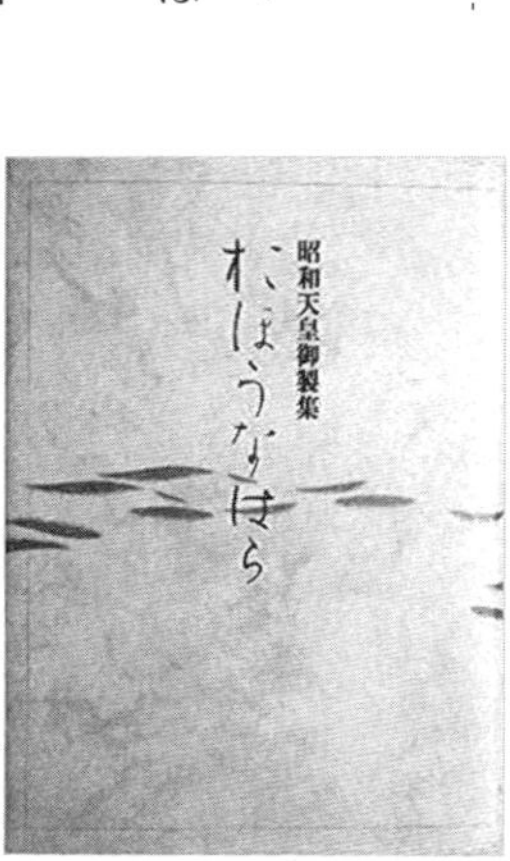

宮内庁侍従職編『おほうなばら——昭和天皇御製集』（読売新聞社、一九九〇年）

しかし、一九四六年の元日に発表された「新日本建設に関する詔書」（↓156ページ）をふまえて考えると、この歌から別の意味を読み取ることができます。

ＧＨＱ側の発案を受け入れる形でまとめられたこの詔書は、通称「人間宣言」といわれています。そこでは、確かに天皇の神格は否定されています。しかし、天皇と国民とのあいだは、信頼と愛情で固く結びついているといっています。また、五箇条《かじょう》の誓文《せいもん》（↓45ページ）をそっくり引用して、明治天皇の時代にすでに民主主義があったと強調し、抑圧《よくあつ》や侵略《しんりゃく》の歴史をあいまいにしています。つまり、天皇のもとで「民主主義」的な新国家を建設することへの協力を、国民に訴《うった》えているのです。

こうした詔書の内容から考えると、一月二二日に新聞に掲載《けいさい》された先の歌は、天皇みずからも「いろ」を変えず、これまでのあり方にのっとってやっていくし、国民も今までのようにそれを受け入れていくべきだ、という趣旨《しゅし》の歌だと読めるのです。

17 日本国憲法と天皇

一九四六年一一月三日、日本国憲法が公布されました。その第一章は、大日本帝国憲法と同じく「天皇」です。ただ、大日本帝国憲法の第一章には一七の条文がありましたが、日本国憲法ではその半分ほどの八カ条です。天皇についてどのように定められているでしょうか。

日本国憲法施行記念式典。傘をさしているのが昭和天皇(『朝日新聞』1947年5月4日)

Q1 日本国憲法が公布・施行《しこう》されたとき、昭和天皇はどうしましたか。

A1 一九四六年一一月三日、昭和天皇の「裁可《さいか》」により日本国憲法が「公布せしめ」[*1]られた日の午前、天皇は宮中三殿《きゅうちゅうさんでん》[*2]で公布を「皇祖皇宗《こうそこうそう》」に告《つ》げ、次いで貴族院本会議場で勅語《ちょくご》を読み上げました。

その勅語には、「朕《ちん》(自分)は、国民とともに、全力をあげ、相携《あいたずさ》えて(手

＊1……日本国憲法が公布されるにあたって天皇が「裁可」した文書(上諭という)にある言葉。上諭には国民の総意で新日本建設の土台が定まったとあり、この国民主権の考え方からすると、「裁可」「公布せしめる」は矛盾していると考えることもできる。

＊2……皇居内にある。伊勢神宮の神体である八咫鏡(やたのかがみ、三種の神器の一つ)の「うつし」が安置された賢所、歴代の天皇や皇族を祀る皇霊殿、神殿、の三つをいう。

を取りあって)、この憲法を正しく運用し、節度《せつど》と責任とを重んじ、自由と平和とを愛する文化国家を建設するように努めたいと思う」と、引きつづき天皇が「国家建設」にかかわることが表明されています。これに対して吉田茂《よしだしげる》首相は、「今後私どもは、全力をあげ、相携えて、聖旨《せいし》(天皇の考え)に添《そ》い奉《たてまつ》る覚悟《かくご》でございます」と答えています。

そして午後二時から宮城《きゅうじょう》前広場[*3]で、東京都主催《しゅさい》の「日本国憲法公布記念祝《しゅく》賀《が》都民大会」が、一〇万人もの人びとが集まって開催されました。衆議院憲法改正委員長として参列した芦田均《あしだひとし》[*4]は、「楽隊《がくたい》が君が代を奏《そう》すると会者一同が唱《しょう》和《わ》する。なぜか涙がこぼれて声が出ない。私ばかりではない。周囲の人々は皆《みな》そうらしい」と、その日の日記に記しています。

同じような光景は、一九四七年五月三日の「日本国憲法施行《しこう》記念式典」でも見られました。翌日の『朝日新聞』によると、風雨のなか、「台上に陛下《へいか》を迎えたとき、参列の民衆の中から期《き》せずして『天皇陛下万歳《ばんざい》』の叫びが起こった、それはついに大波のようなくり返しとなって式場を包んだ」といいます。

それはまさに、天皇と国民が一体となった光景でした。昭和天皇は、「うれしくも　国の掟《おきて》の　さだまりて　あけゆく空の　ごとくもあるかな」と、その気持ちを歌っています。

これに対して、天皇の弟である三笠宮崇仁《みかさのみやたかひと》(↓170ページ)は、『帝国大学新

*3……一九四八年から皇居前広場と呼ばれるようになった。コラム6を参照。

*4……(一八八七〜一九五九年)一九四八年、七カ月ほど首相をつとめた。

聞』（一九四七年五月八日）に、批判《ひはん》の一文を書きました。日本国憲法の根本精神である国民主権からいえば、天皇みずからが「全日本国民」万歳の音頭《おんど》をとるのが望ましいといったのです。[*5] 天皇に対する人びとの意識は、戦前からあまり変わっていなかったようです。

Q2 日本国憲法第一条にある「象徴《しょうちょう》」とは どのような意味ですか。

A2 日本国憲法の第一条には、「天皇は、日本国の象徴《しょうちょう》であり日本国民統合《とうごう》の象徴」とあります。

憲法学者の芦部信喜《あしべのぶよし》[*1]によると、「象徴とは、抽象《ちゅうしょう》的・無形《むけい》的・非感覚的なものを具体的・有形的・感覚的なものによって具象《ぐしょう》化する作用《さよう》ないしはその媒《ばい》介物《かいぶつ》を意味する」と説明されています。「日本国」「日本国民統合」という「抽象的・無形的・非感覚的なもの」が、天皇という「具体的・有形的・感覚的なもの」によって示されているということです。

ところで平成の明仁《あきひと》天皇は、二〇一六年八月に「象徴としてのお務《つと》めについての天皇陛下のおことば」を発表しました（→191ページ）。そこでは、象徴天皇の「望ましい在《あ》り方を、日々模索《もさく》」してきたといいます。そのなかで、「国民の安寧《あんねい》と幸せを祈《いの》ること」が何よりも大切であり、場合によっては「人々の

＊5……三笠宮はさらに、皇后が式典に出席しないことも批判した。

＊1……（一九一三〜一九九九年）東京大学名誉教授。引用は、『憲法　第六版』（岩波書店、二〇一五年）より。

傍《かたわ》らに立ち、その声に耳を傾《かたむ》け、思いに寄《よ》り添《そ》うこと」も必要と考えてきたといいます。その具体化のため、「日本の各地、とりわけ遠隔《えんかく》の地や島々への旅」などが、「象徴的行為として、大切なもの」と述べています。

つまり、天皇はただ存在するだけで「国民統合の象徴」となるのではなく、天皇が国民を統合していくなかでこそ「象徴」となりうるのだといっているのです。だから、「象徴としての務め」を果たす場をみずから積極的につくりあげてきた、ということでしょう。意思を持った一人の「人間」としてふるまってきた、といいかえてもよいかもしれません。

これは憲法学では、ほとんど想定していなかった事態《じたい》です。なぜなら、「国民統合の象徴」とは、天皇が国民を統合することを意味しない、と一般に理解されているからです。さらに、日本国憲法第四条で、天皇は「憲法の定める国《こく》事《じ》に関する行為のみを行《おこな》い」と定められており、したがって国事行為以外のことをおこなってはいけないと考えられるからです。*2

しかし多くの国民が、天皇・皇后がみずから慰霊《いれい》の旅や被災地訪問を重ねてきたことを支持しています。でも本当にそれでよいのでしょうか。たとえば、国民のあいだでさまざまな意見がある靖国《やすくに》神社や護国《ごこく》神社を、慰霊のために訪ねるとしたら、どうでしょうか。

憲法第一条では、象徴としての天皇の地位は、「主権の存《そん》する日本国民の総《そう》

> 日本国憲法第七条
> 天皇は、内閣の助言と承認により、国民のために、左の国事に関する行為を行ふ。
> 一　憲法改正、法律、政令及び条約を公布すること。
> 二　国会を召集すること。
> 三　衆議院を解散すること。
> 四　国会議員の総選挙の施行を公示すること。
> 五　国務大臣及び法律の定めるその他の官吏の任免並びに全権委任状及び大使及び公使の信任状を認証すること。
> 六　大赦、特赦、減刑、刑の執行の免除及び復権を認証すること。
> 七　栄典を授与すること。
> 八　批准書及び法律の定めるその他の外交文書を認証すること。
> 九　外国の大使及び公使を接受すること。
> 十　儀式を行ふこと。

*2……日本国憲法第七条に列記された国事行為の一〇番目に「儀式を行うこと」とあり、それにはたとえば外国の国家的儀式に参列するなど「公的行為」がふくまれると解釈する見方もある。

意《い》に基《もと》づく」とされています。天皇の「象徴的行為」とは何かを、国民一人ひとりが真剣に考えるべきときが来ています。

Q3 天皇の国事行為にある栄典《えいてん》授与《じゅよ》とは何ですか。

A3 日本国憲法の第七条は、天皇の国事行為を一〇項目かかげています（↓165ページ）。その七番目は「栄典《えいてん》を授与《じゅよ》すること」です。これは、内閣の「助言と承認《しょうにん》」に基づき、特定の個人を表彰《ひょうしょう》することを意味します。

栄典制度は、明治時代から整えられ、勲章《くんしょう》・褒章《ほうしょう》*1・爵位《しゃくい》*2・金鵄《きんし》勲章*3が制定されました。大日本帝国憲法では、天皇大権《たいけん》（↓61ページ）の一つと定められていました。その後、一九三七年には文化勲章*4が創設されました。

しかし敗戦後、日本国憲法の施行により華族《かぞく》制度（爵位）が廃止となり、また金鵄勲章も廃止となりました。褒章や文化勲章は残りましたが、生存者に対する勲章は一時停止となりました。

その後、栄典法を定めて勲章を復活させようとする動きが何度もありましたが、野党などの反対が強く、実現しませんでした。そこで池田勇人《いけだはやと》内閣は、一九六三年に、立法ではなく閣議《かくぎ》決定という方法で、生存者への叙勲《じょくん》を復活しました。

*1……一八八一年、身を挺して人命救助にあたった者や、親孝行な者、公益のため私財を投じた者などを賞するために設けられた。戦後の一九五五年には、「学術芸術上の発明改良創作」で顕著な成果をあげたものを対象とする紫綬褒章が新設された。

*2……一八六九年の版籍奉還後、公卿や旧大名が華族という身分にされた。その後、一八八四年に華族令が定められ、国家に勲功のあった者も新たに華族とされた。さらに華族には、公・侯・伯・子・男の五つの爵位が設けられ、五〇九家にそれぞれの爵位が授けられた。華族は一九四七年、日本国憲法施行とともに廃止となった。なお、その時点では八八九家であった。

*3……軍人で「武功抜群」の者を表彰するもので、一八九〇年の紀元節の日に明治天皇の詔勅により創設された（↓130ページ）。

*4……文化の発達に卓絶な功績をあげた者が対象。他の勲章と違い、等級がない。一九九七年から、首相からではなく、天皇から直接渡されることになった。

このとき政府は、勲章制度の運用に関する戦前の勅令《ちょくれい》に基づいて、復活を正当化しようとしました。現《げん》に文化勲章などはその勅令で運用しているのだから問題ない、というのです。

しかし、勅令は、法律とは違い議会の議決は不要で、国務《こくむ》大臣の副署《ふくしょ》だけで発令できたものです。国民の意思とは無関係につくられた勅令で勲章制度を復活・運用することは、日本国憲法の理念とはかけ離れたものだと、批判の声があがりました。

復活された勲章制度は、「国家又は公共に対し功労《こうろう》のあるもの」を対象に、*5 大勲位菊花《だいくんいきっか》章（二階級）を最上位として、旭日《きょくじつ》章（九階級）、宝冠《ほうかん》章（八階級）、瑞宝《ずいほう》章（八階級）と文化勲章を合わせて、二八階級あります。

それは一言でいえば、「天皇の前にひな段の格差をつくる」*6 ものでした。一九六四年四月二九日、復活した叙勲で大勲位菊花大綬章《だいじゅしょう》を天皇から授《さず》けられたのは、「臣茂《しんしげる》」と自称《じしょう》し天皇への忠誠《ちゅうせい》心が強かった吉田茂元首相ただ一人でした。また、叙勲全体を見ても、肩書《かたがき》重視で官僚《かんりょう》などに厚《あつ》く、民間には薄《うす》い傾向があり、その傾向はその後も長く続きました。

なお、一九六四年、第二次世界大戦での戦没《せんぼつ》者叙勲も復活しています。

＊5……一晩で一〇万人もの人びとが亡くなった一九四五年三月一〇日の東京大空襲の指揮にあたったアメリカ軍司令官のカーチス・ルメイに、航空自衛隊育成に協力したとの理由で、一九六四年、勲一等旭日大綬章が贈られた。

＊6……『朝日新聞』一九七六年一一月一〇日の社説「天皇在位五十年式典に思う」。

現在の勲章の種類と授与対象（2003年の制度改革以後）

種　類	授与対象
大勲位菊花章	旭日大綬章・瑞宝大綬章の対象となる功労よりすぐれた功労のある者
大勲位菊花章頸飾	
大勲位菊花大綬章	
桐花大綬章	
旭日章・瑞宝章	国家または公共に対し功労のある者 旭日章：内容的に顕著な功績をあげた者 瑞宝章：公務等に長年にわたり従事し、成績をあげた者 （それぞれ大綬章など6種類ある）
文化勲章	文化の発達に特に顕著な功績のある者

上記のほか、女性のみに授与される宝冠章（6種類）がある。
勲章は毎年、春（4月29日）と秋（11月3日）の2回、それぞれ約4千人に授与されている。このほか、警察官・自衛官・消防吏員など「危険業務」についている者に対しても叙勲がおこなわれている。

Q4 なぜ女性天皇は認められなかったのですか。

A4 日本国憲法の第二条には、「皇位（天皇の位）は、世襲《せしゅう》のもの」と定められています。そして、日本国憲法と同じ日に施行された現在の皇室典範《こうしつてん》は第一条で、皇位は「皇統《こうとう》に属《ぞく》する男系《だんけい》の男子」が継《つ》ぐとしています。明治の皇室典範の第一条も同様に、「祖宗《そそう》の皇統にして男系の男子」が継ぐとしていました。

つまり、天皇家にとって、血縁《けつえん》の継承《けいしょう》はおこなわなくてはならないものということになります。それも、「男系の男子」が継いでいく、すなわち、図のように、天皇の男の子が新天皇となっていく形にするということです。[*1] したがって、天皇家に嫁《とつ》いだ女性たちは、男子を生むことが最大のつとめといっても過《か》言《ごん》ではないということになります。[*2]

しかし、男子が生まれるのは確実なことではありません。もし生まれなかったらどうするつもりだったのでしょうか。戦後の皇室典範を定めた際には、昭和天皇の弟が三人おり、また皇太子の弟もいたので、この問題についてほとんど悩まずに済んだのではないかと考えられます。だから、男子がいない場合は女性天皇を立てるべきだとの意見に対して、政府は真剣に考えようとはしませ

〈男系の男子の場合〉

〈女系の場合〉

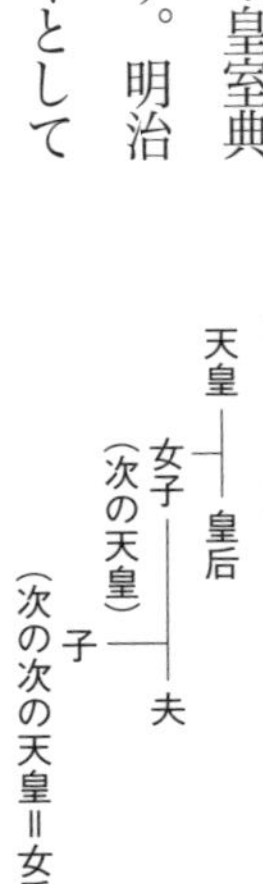

＊1……もし天皇の女の子が新天皇（男系の女性天皇）となれば、結婚して生まれた子は男子であろうと女子であろうと、即位すれば女系天皇となる。

＊2……昭和天皇は皇太子時代の一九二四年、久邇宮良子と結婚した（↓113ページ）。男子がなかなか生まれず、女子が三人続いたが、一九三三年に明仁親王が生まれた。当時宮内省の官僚であった木戸幸一は『日記』に、「ついに国民の熱心なる希望は満たされたり。大問題は解決せられたり。感無量、涙を禁ずるあたわず」と記した（一二月二三日付）。また、徳仁皇太子妃の雅子を精神的に追いつめたのもこの問題であった。

＊3……憲法学者の奥平康弘は、「女帝問題を後回しにし続けてきたのは、なぜ天皇制なのか、という論議に至ることを避けたいから」だろうと語っている（『ＡＥＲＡ』二〇〇一年一二月一七日号）。

んでした[*3]。

さらに、女性天皇が認められなかったことには、次のような根本的な背景がありました。

明治の大日本帝国憲法がつくられるとき、井上毅《いのうえこわし》は、天皇の血統は男系・男子でつながっているところにすばらしさがあり、それを「万世一系《ばんせいいっけい》」というのだと説《と》きました（↓73ページ）。この井上の主張が、戦後の皇室典範を議論する段階でも受け継がれていたのです。その後、現在にいたるまで、この考え方ははっきりと否定されることなく生きつづけているようです。

女性天皇も認めるべきだとの主張があります。特に二〇〇一年、皇太子夫妻に愛子《あいこ》内親王が生まれると、当時の小泉純一郎《こいずみじゅんいちろう》政権のもとで、女性天皇容認《ようにん》論が大きく浮上してきました。その後、二〇〇六年に秋篠宮《あきしののみや》夫妻に男子（悠《ひさ》仁《ひと》親王）が生まれ、現在では女性天皇容認論は、少し収まってきています。

ただ、私たちは、そもそもなぜ天皇・皇族という特別にあつかわれる人びとを、国家の制度として認めなければならないのか、単に伝統といって済ますのではなく、真剣に問わなければなりません。

皇位継承順（二〇一八年現在）

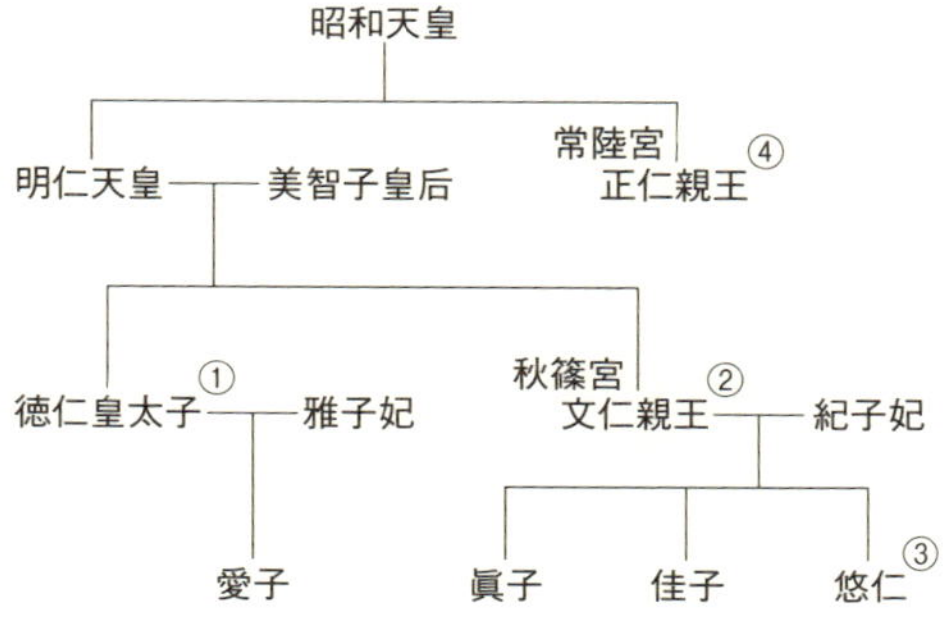

Q5 昭和天皇にはどのような弟たちがいましたか。

A5 幕末の孝明《こうめい》天皇から、明治天皇、大正天皇まで三代の天皇はいずれも、前天皇の男子のなかで唯一《ゆいいつ》の成人した人でした。もしそれぞれの身に何かあれば、直系男子による皇位継承はできませんでした。

しかし大正天皇には、長男の迪宮《みちのみや》裕仁《ひろひと》親王（昭和天皇）、次男の淳宮《あつのみや》雍仁《やすひと》親王（秩父宮《ちちぶのみや》）、三男の光宮《てるのみや》宣仁《のぶひと》親王（高松宮《たかまつのみや》）、そして少し年の離れた四男の澄宮《すみのみや》崇仁《たかひと》親王（三笠宮《みかさのみや》）の、四人の男子がいました。母は四人とも皇后・節《さだ》子《こ》です。

昭和天皇の三人の弟たちは、どんな人物だったのでしょうか。

次男の秩父宮は、アジア太平洋戦争後、皇室の開かれたあり方についてしばしば発言していました。また、テニス・ヨット・スキー・登山などのスポーツを好みました。*1

三男の高松宮は、社会福祉《ふくし》、スポーツ、国際交流などにおいて、多くの役職を兼《か》ね、国民のなかに入っていく姿勢を示しました。*2

四男の三笠宮は、リベラルな考え方を持ち、戦後は日本オリエント学会を創設するなど、学者としての道を歩みました。一九五九年にみずからが編者《へんしゃ》と

貞明皇后節子と三人の兄弟。左から裕仁皇太子、秩父宮、高松宮。一九二〇年代初頭の撮影

＊1……秩父宮は日本ラグビー協会の名誉総裁であったことから、一九五三年の死去後、東京ラグビー場の名称が、秩父宮ラグビー場となった。また、神奈川県藤沢市で亡くなったので、市は一九五五年に、秩父宮記念体育館を建設した。

＊2……一九九四年に高松宮の日記が発見され、『高松宮日記』（全八巻、中央公論新社、一九九八年）として刊行されている。

なってまとめた『日本のあけぼの――建国と紀元をめぐって』（光文社）では、「偽《いつわ》りを述べる者が愛国者とたたえられ、真実を語る者が売国奴《ばいこくど》と罵《ののし》られた世の中を、私は経験してきた」と述べています。当時の紀元節《きげんせつ》復活論[*3]に同様な動きが感じられると、警鐘《けいしょう》を鳴らしました。

「真実とは何か」が「最近における私の日常生活のモットー」というほど、三笠宮は誠実な学者でした。戦時中は一将校として中国に渡り、日本軍の残《ざん》虐《ぎゃく》行為を見て衝撃を受け、自責《じせき》の念《ねん》を戦後まで持ちつづけました。

秩父宮・高松宮・三笠宮は三人とも、すでに亡くなりました。秩父宮と高松宮には、子どもがいませんでした。三笠宮には三男二女がいましたが、皇族のむなしさを語った長男・寛仁《ともひと》親王ら三人の男子は、いずれも父の三笠宮が亡くなる前に亡くなりました。現在は、三笠宮の妻と長男の妻、二人の女子の四人となっています。

*3……紀元節は、一九四八年七月に廃止されたが、自民党は一九五七年に「建国の日」として復活をめざした。反対の声が高まったが、一九六七年に「建国記念の日」として復活した。

18 「象徴」となった昭和天皇

アメリカ大統領ロナルド・レーガン夫妻の来日歓迎式典にのぞむ昭和天皇（右。1983年）

日本国憲法により「象徴《しょうちょう》」となった昭和天皇は、激動《げきどう》する戦後の日本や世界に対して、どのように向きあったでしょうか。また、一九八九年一月七日の死去前後、日本社会はどのような反応を見せたでしょうか。

Q1 昭和天皇は自分の戦争責任をどう考えていたのですか。

A1 昭和天皇は、一九七五年一〇月にアメリカを訪問した際、ホワイトハウスでのスピーチで、「私が深く悲しみとするあの不幸な戦争」と発言しました。

帰国直後に開かれた記者会見では、「陛下《へいか》はいわゆる戦争責任について、どのようにお考えになっておられますか」と質問されました。これに対して、天皇は、「そういう言葉のアヤについては、私はそういう文学方面はあまり研究もしていないのでよくわかりませんから、そういう問題についてはお答えが出来かねます」と答えました。*1

一九七一年の天皇の歌に、「戦《たたかい》を　とどめえざりし　くちをしさ　ななそぢになる　今もなほおもふ」というのがあります。敗戦から四半世紀以上経《た》ち、七〇歳になった時点での歌です。軍部に押し切られ、戦争を止めることができなかった無念《むねん》さや口惜《くちお》しさがあったというのです。

一九八九年一月七日、天皇が亡くなった後、追悼《ついとう》や回顧《かいこ》の報道があふれましたが、そこではこの歌などにもふれながら、天皇は「平和主義者」であったというイメージが強調されました。*2

しかし、そのイメージは正しいでしょうか。

一九七一年秋、天皇と皇后はヨーロッパ七カ国を訪問しています。そのとき、イギリスやオランダでは、天皇の戦争責任を追及《ついきゅう》する抗議《こうぎ》行動が起こりました。それに対して天皇は、「戦《いくさ》果てて　みそとせ近きに　なほうらむ　人あるをわれは　おもひかなしむ」「戦《たたかい》に　いたでをうけし　諸人《もろびと》の　うらむをおもひ深くつつしむ」と歌っています。

戦争が終わって三〇年近く経っても戦争をうらむ人がいること、特に傷を

*1……『朝日新聞』一九七五年一一月一日。その後、一九八四年九月、韓国の全斗煥（チョンドファン）大統領の訪日では、宮中晩餐会で「今世紀の一時期において、両国の間に不幸な過去が存したことは誠に遺憾であり、ふたたびくり返されてはならないと思います」と、踏み込んだ発言をしている（『昭和天皇実録』第十八）。ちなみに、平成の明仁天皇は一九九〇年五月に盧泰愚（ノテウ）韓国大統領が訪日した際、「遺憾」ではなく、「痛惜の念」と、より責任を明確にした言葉を述べた。

*2……メディアにおける昭和天皇に関する報道は、「人柄」を強調する傾向があった。戦前から戦中にかけても、「誠実な人柄」の昭和天皇が軍部などに政治的に利用されてしまったという、わかりやすい話が流通した。そうしたなかで、長崎市議会で天皇の戦争責任について発言した市長の本島等（もとじまひとし）に対して、一九九〇年一月、右翼団体の幹部が銃撃して重傷を負わせる事件が起こった。

負った人はうらむ気持ちが強いことを感じたのでしょう。慎《つつし》んでしまうといいます。ただ、「うらむ」という言葉を使っているところに、他者の痛みへの想像力をあまりうかがうことができません。なぜうらんでいるのか、そのうらむ人と自分はどう関係しているのか、はっきりしないのです。おそらく戦争を総《そう》括《かつ》していなかったように思えます。*3

先の歌にあった、戦争を止められなかった「くちをしさ」。それを感じたのは、「平和主義者」だからというよりは、敗戦にいたり、歴代天皇に対して顔向けできないという気持ちのためだったのかもしれません。

Q2 天皇への内奏《ないそう》とは何ですか。

A2 一九六九年の総選挙で圧勝《あっしょう》した自民党の総裁《そうさい》・佐藤栄作《さとうえいさく》*1は、インタビュー*2に答えて、こう語っています。「天皇様がずっとおいでになることで、日本という国家の継続性《けいぞくせい》は保《たも》たれているのです」。こうした考えを持つ政治家は、今も多くいます。

では実際、政治家たちは、天皇とどのような関係を築《きず》いてきたのでしょうか。

日本国憲法の第七条で定められた認証《にんしょう》や叙勲《じょくん》などの国事《こくじ》行為（↓165ページ）に関して、内閣から天皇に対して説明をおこなうことを、宮内《くない》庁では内奏《ないそう》と呼

*3……アメリカ訪問後の記者会見で、天皇は原爆投下について、「戦争中であることですから、どうも、広島市民に対しては気の毒であるが、やむをえないことと私は思っています」と発言した。なお、晩年になっても戦争責任問題について苦悩していたことが、元侍従の日記に記されている。

*1……（一九〇一～一九七五年）一九六四年一一月から一九七二年七月まで首相。

*2……朝日新聞社の石川真澄によるインタビュー。内容は、『人物戦後政治——私の出会った政治家たち』（岩波書店、一九九七年）参照。

んでいました。それ以外にも、大臣たちは自分の所管事項《しょかんじこう》について天皇に説明することが多く、また、首相や外務《がいむ》大臣が外国を訪問する前後に、天皇に報告することもおこなわれました。内閣では、天皇に対するそうした報告をすべて内奏といいました。[*3] 佐藤首相は、一、二カ月に一回は内奏をしており、その日は朝、必ず身を清《きよ》めていたといいます。

実は、天皇の側《がわ》からも内奏を求めていました。敗戦後まもない一九四八年五月一〇日、時の首相・芦田均《あしだひとし》に対して、「時々《ときどき》来て話してくれなくては」と述べ、芦田は「左様《さよう》いたします」と答えています。[*4] 次の首相・吉田茂《よしだしげる》は、天皇を敬《うやま》う気持ちがひときわ強かったこともあり、天皇のもとに足しげく通い、内奏が定着していくことになりました。

内奏の内容を外に一切漏《も》らしてはならないことは、第二次吉田茂内閣以来の暗黙《あんもく》の了解《りょうかい》となっていました。ところが一九七三年五月二六日、時の防衛《ぼうえい》庁長官・増原恵吉《ますはらけいきち》は、防衛政策について内奏した後、記者との雑談《ざつだん》のなかで、その様子を明らかにしました。そのとき、天皇は「近隣諸国《きんりんしょこく》に比べ自衛力がそんなに大きいとは思えない。国の守りは大事なので、旧軍の悪いことは真似《まね》せず、いいところを取入れてしっかりやってほしい」と発言したといいます。[*5]

天皇を利用した自衛力強化だとの批判が起こりました。しかし、天皇も憲法に違反して政治に関与していました。

*3……『昭和天皇実録』では、認証式・叙勲に際しておこなわれる事前説明のみを内奏とし、それ以外は拝謁としている。平成の明仁天皇に関しては、宮内庁のウェブサイトにある「ご日程」が参考になる。なお、大臣による内奏に近い国政報告として、高級官僚や学者による進講がある。

*4……『芦田均日記』第二巻。

*5……『朝日新聞』一九七三年五月二八日夕刊。

内閣別の内奏件数（小泉純一郎内閣以降2016年末まで）

内　閣	首相内奏	閣僚内奏
小泉純一郎	22	9
安倍晋三（第１次）	6	1
福田康夫	4	0
麻生太郎	3	1
鳩山由紀夫	2	0
菅直人	2	3
野田佳彦	3	1
安倍晋三（第２次）	18	2

（出典）冨永望「柔らかな『統合』の形」（吉田裕・瀬畑源・河西秀哉編『平成の天皇制とは何か』岩波書店、2017年）59ページより

Q3 一般参賀《さんが》はいつからおこなわれていますか。

A3 一般参賀《さんが》は、毎年正月と天皇誕生日のお祝いに、一般国民が皇居《こうきょ》を訪れる皇室行事です。初めておこなわれたのは、一九四八年一月一日、二日でした。*1 そのときは「国民参賀」と呼ばれ、二重橋《にじゅうばし》*2が開放されて、誰でも記帳《きちょう》できました。*3 この二日間で、およそ一六万人もの人びとが参賀に訪れました。

同年の天皇誕生日には、皇居内にある宮内府*4の庁舎《ちょうしゃ》の屋上に昭和天皇が出て、祝賀の人びとに応《こた》えました。以後、新年も同様におこなわれました。

一九五〇年の天皇誕生日からは、参賀者から天皇が見えやすいように、天皇の立つ場所が、宮内庁庁舎の正面玄関上の二階バルコニーに変わりました。翌一九五一年からは、皇后も出るようになりました。一九五三年には、正月の国民参賀が「一般参賀」に改称《かいしょう》されました。

一九五四年正月には、三八万人もの人びとが出かけたため、参賀者の列が将《しょう》棋倒《ぎだお》しになり、一七人の死者を出す惨事《さんじ》となりました。そのため、同年の天皇誕生日からは、参賀場所が皇居内のほかの場所となりました。空襲《くうしゅう》で焼失《しょうしつ》した明治宮殿跡《あと》に置かれた特設《とくせつ》台に、天皇・皇后が出ることになりました。

一九六四年から一九六八年にかけて、明治宮殿跡に新しい宮殿を建設するた

*1……現在は一九五三年以来、一月二日のみである。

*2……巻末の皇居見取り図を参照。皇居外苑から正門の手前にあるのが正門石橋、正門を入った先にあるのが正門鉄橋であり、正式には正門鉄橋を二重橋という。現在も一般参賀のときは通行できる。

*3……現在は、「運営上支障があると認められる者」の入場禁止など、種々の規制がある。

*4……戦前の宮内省は、第二次世界大戦後、組織が縮小され、日本国憲法施行とともに宮内府と改称された。一九四九年に宮内庁となった。

め、天皇が出ることは中止となり、記帳のみとなりました。再開された一九六九年には、天皇は新宮殿の長和殿《ちょうわでん》ベランダに出ました（巻末の宮殿詳細《しょうさい》図を参照）。しかしこのとき、パチンコ玉による襲撃《しゅうげき》事件や、発煙筒《はつえんとう》が焚《た》かれる事件が発生したため、以後はベランダにガラス板が取りつけられることになりました。

天皇がマイクをとおしてあいさつをするようになったのは、一九八一年、天皇が八〇歳の誕生日のときからです。

一般参賀は行幸啓《ぎょうこうけい》[*5]（→101ページ）などと並んで、一般国民が天皇に会える数少ない機会であり、国民とともにある皇室像を示す行事といえます。[*6]

Q4 風流夢譚《ふうりゅうむたん》事件とはどのような事件でしたか。

A4 一九四七年一〇月、刑法の一部改正により、不敬罪《ふけいざい》（→104ページ）は廃《はい》止《し》となりました。その後、一九五〇年代までは、天皇や皇室について、かなり自由に論じられていました。[*1]

しかし、風流夢譚《ふうりゅうむたん》事件をきっかけに、皇室タブーともいえる状況に変わっていきます。この事件は、雑誌『中央公論』の一九六〇年一二月号に掲載《けいさい》された、深沢七郎《ふかざわしちろう》の短編小説「風流夢譚」をめぐって起きました。

＊5……天皇と皇后が一緒に外出すること。現在、天皇・皇后の出席が慣例となっている行事には、一九五〇年からの「全国植樹祭」、一九四九年からの「国民体育大会」、平成の明仁天皇・皇后が皇太子・妃時代の一九八一年から続けている「全国豊かな海づくり大会」がある。

＊6……平成の明仁天皇になってからの新年一般参賀者の数は、皇太子・雅子妃の結婚の翌年（一九九四年）と、在位三〇年の二〇一八年のみ一〇万人を超えたが、あとはおおむね七～八万人台であった。

＊1……たとえば、ジャーナリストの大宅壮一が一九五二年に刊行した『実録・天皇記』（鱒書房）を読むと、「皇室の一番大きな使命は、皇室そのものを存続させることである……そのためにもっとも大切なものは〝血〟のにない手である天皇、ついでその〝血〟を次代に伝える器としての女である」と、「万世一系」の実態を率直に描いている。

小説には、「私」がみた夢として、「皇居広場」で皇太子と美智子妃《ひ》が仰《あお》向《む》けに寝かされ、「マサキリ」（薪割《まきわ》りの道具）で首を切られ、その首が「スッテンコロコロ」と音をたてて「転がっていった」シーンや、天皇・皇后の「首なし胴体《どうたい》」のそばに辞世《じせい》の歌（死を前にして詠《よ》んだ歌）が書かれた色紙が落ちているシーンなどが描かれています。

これに対し、大日本愛国党[*2]などの団体が激しく抗議《こうぎ》しました。また、宮内庁長官も、皇族に対する名誉棄損《めいよきそん》の疑いがあると表明しました。

これを受けて、『中央公論』の編集長は謝罪《しゃざい》しました。しかし、一九六一年二月一日、大日本愛国党に入党したばかりの一七歳の少年が、中央公論社社長・嶋中鵬二《しまなかほうじ》の自宅に押し入り、包丁で夫人に瀕死《ひんし》の重傷《じゅうしょう》を負わせ、お手伝いの女性を殺害するという、痛ましい事件が起こりました。

嶋中社長は、「不適当な作品であったにもかかわらず私の監督不行届《ふゆきとど》きのため公刊され、皇室ならびに一般読者に多大の御迷惑《ごめいわく》をおかけしたこと……またこの件を端緒《たんしょ》として殺傷《さっしょう》事件まで惹《ひ》き起《おこ》し、世間をお騒《さわ》がせしたことを更《さら》に深くお詫《わ》び申し上げます」という「お詫び」の文を、全国紙に掲載しました。[*3]

事件後、中央公論社では、皇室問題をとりあげることでトラブルに巻き込まれたり、暴力的な攻撃を受けたりするのを避けるため、出版物に対する自主規制を強めました。こうした自粛《じしゅく》ムードは、やがて一出版社にとどまらず、出版

『中央公論』一九六〇年一二月号に掲載された深沢七郎の「風流夢譚」

＊2……赤尾敏が一九五一年に設立した反共主義・愛国主義の団体。赤尾が一九九〇年に亡くなると三派に分かれた。

＊3……『朝日新聞』一九六一年二月七日。なお、深沢自身も、同年二月六日の記者会見で、「私の書き方が悪かったのです」と涙ながらに謝罪した。「風流夢譚」は、一九九七年に全一〇巻で刊行された『深沢七郎集』（筑摩書房）には収録されていない。奥崎謙三『宇宙人の聖書!?——天皇ヒロヒトにパチンコを撃った犯人の思想・行動・予言』（一九七六年、サン書店）に「付録小説」の一つとして収録されている。

業界全体やメディア業界に広まっていきました。[*4]

不敬罪が廃止された後の戦後社会にあっても、皇室のことを自由に書いたり論じたりするのがむずかしい、あるいは危険をともなうような状況があったのです。

Q5 昭和天皇が亡くなる前後、社会はどのような様子でしたか。

A5 二〇一一年の東日本大震災のとき、「楽しそうにしていては、被災者に申しわけない」というムードが広がって、人びとがレジャーなどをひかえる状況が生じたことは、記憶に新しいのではないでしょうか。一九九五年一月の阪神《はんしん》・淡路《あわじ》大震災の後も、こうした自粛ムードが広がりました。ちなみに、一九三七年にはじまった日中戦争のときも、娯楽《ごらく》の自粛が叫ばれていました。

災害や戦争では多くの犠牲者が出ますが、一人の人間が重態《じゅうたい》に陥《おちい》ったことでまたたく間《ま》に自粛ムードが広がったのが、昭和天皇の場合です。一九八八年九月の、天皇が吐血《とけつ》したとの報道がきっかけです。お祭りなど各種のイベントが、次々と中止になりました。

なかには、「赤色」はめでたいことを連想させるというので、赤飯《せきはん》や赤色ネクタイの販売が自粛される例もありました。日本サンタクロースクラブという

*4……自粛の一方で、一九六二年、宮内庁は、週刊誌が世俗的な興味で皇族をとりあげたことにクレームをつけた。

団体が、毎年、クリスマスに子どもたちに送る「サンタクロースのメッセージ」も中止となりました。

この自粛ムードに拍車《はくしゃ》をかけたのがメディアでした。テレビでは、娯楽的な番組が別の番組に差し替えられ、ただごとではないという強烈な印象を人びとにあたえました。一九八九年一月七日、天皇が腺《せん》がんで死去した後も、テレビでは各局とも横並びで、天皇に関する特別番組だらけとなりました。

そんななか、レンタルビデオ店に客が殺到《さっとう》する状況が見られたといいます。実は、明治天皇や大正天皇が死去したときも、翌年の正月は自粛が求められましたが、都会の盛《さか》り場や郊外《こうがい》の神社仏閣《ぶっかく》への初詣《はつもうで》は、異様なにぎわいでした。人びとは、「こんなときに不謹慎《ふきんしん》だ」と非難されることをおそれるだけに、どこの誰だかわからないよう群衆《ぐんしゅう》のなかにまぎれこんだり、人目にふれずに楽しもうとしたと考えられます。

でも、そんなふうにやりすごすだけでは、異様な自粛圧力は変わりません。天皇制度がどうあるべきなのか、私たち一人ひとりが主権者として真剣に考え、議論すべきときではないでしょうか。

天皇死去の日、皇居に記帳に訪れた人びと。一月七日だけで二八万人もの人びとが記帳した（『朝日新聞』一九八九年一月八日）

19 明仁天皇——「平成流」の天皇

一九八九年に昭和天皇の後を継《つ》いだ明仁《あきひと》天皇は、象徴《しょうちょう》天皇のあり方を模索《もさく》し、「平成流」といわれるようなスタイルをつくりあげていきました。それはどのようなものだったのでしょうか。

皇居でアメリカのバラク・オバマ大統領（左）を迎える明仁天皇と美智子皇后（2014年）

Q1 明仁《あきひと》天皇の大嘗祭《だいじょうさい》はどのようにおこなわれたのですか。

A1 大嘗祭《だいじょうさい》は、天皇が即位後、新穀《しんこく》を天照大神《あまてらすおおみかみ》などの神々に初めて供《そな》える重要な儀式です。古代の天武《てんむ》天皇のときに原型《げんけい》ができ、以来、途絶《とだ》えた時期をはさみながらも、現在まで続いてきました。

天皇には、呪術《じゅじゅつ》的なものを取りしきる一面があります。そのため、大嘗祭

1990年、明仁天皇の大嘗祭（外務省ウェブサイトより）

を終えてようやく天皇位の継承《けいしょう》が完結《かんけつ》すると考えられます。ただ、儀式は秘密《ひみつ》にすべきとされているので、残念ながらくわしいことはわかりません。

明仁天皇の場合、一九八九年一月七日の早朝に昭和天皇が亡くなると、その日のうちに剣璽《けんじ》および国璽《こくじ》・御璽《ぎょじ》（→76ページ）が明仁天皇に渡されました。*1そして、新天皇が皇位についたことを内外に公《おおやけ》にする「即位の礼」が、翌年の一一月一二日、皇居《こうきょ》でおこなわれました。そのうえで、同月二二、二三日に大嘗祭が、同じく皇居内でおこなわれたのです。

政府（海部俊樹《かいふとしき》内閣）は、即位の礼は国事《こくじ》行為にあたるとして、総理府予算をあてました。*2他方で大嘗祭については、宗教上の儀式としての性格が否定できないとして「皇室行事」とし、しかし公的性格もある儀式だということで、宮内《くない》庁予算のうちの「宮廷《きゅうてい》費」*3（→185ページ）をあてました。

これに対して、即位の礼や大嘗祭は、日本国憲法第二〇条の政教分離《せいきょうぶんり》の原則に反するものであり、象徴《しょうちょう》天皇制の枠《わく》を越《こ》えた儀式に何十億円もの国家予算を出すことはゆるせないとの批判が、さまざまな団体や市民から出されました。

また、明治の皇室典範《こうしつてんぱん》では、「即位の礼と大嘗祭は京都でおこなう」と定められていましたが、戦後の皇室典範の第二四条では、「皇位の継承があったときは、即位の礼を行《おこな》う」とあるだけで、大嘗祭にはふれていません。

*1……一九八九年一月九日の即位後朝見の儀で、天皇は「皆さんとともに日本国憲法を守り、これに従って責務を果たすことを誓い」と述べた。『読売新聞』が実施した世論調査で、明仁天皇の言葉やふるまいへの評価について、「好感を持っている」と回答した者は約三分の二に及んだ。しかし、朝見とは、臣下が宮中に行って天皇に拝謁することであり、国民主権の原則に違反している。

*2……即位の礼で、天照大神の座とされる高御座（→77ページ）が使用された。これは天照大神の意志にもとづく即位を示しており、国民主権の原則や、政教分離の原則に違反している。

*3……大嘗宮の建設に、警備費をふくめて約一四億円かかった。

日本国憲法第二〇条
信教の自由は、何人に対してもこれを保障する。いかなる宗教団体も、国から特権を受け、又は政治上の権力を行使してはならない。
2 何人も、宗教上の行為、祝典、儀式又は行事に参加することを強制されない。
3 国及びその機関は、宗教教育その他いかなる宗教的活動もしてはならない。

二〇一九年一一月に予定されている、次の天皇の大嘗祭でも、その性格や費用の問題は、くり返し出てくると思われます。きちんと議論すべきでしょう。*4

Q2 美智子《みちこ》皇后はどのような皇后ですか。

A2 美智子《みちこ》皇后は、キリスト教徒で日清製粉《にっしんせいふん》社長の正田英三郎《しょうだひでさぶろう》、富美子《ふみこ》夫妻の長女として、一九三四年一〇月二〇日に生まれました。一九五七年に聖心《せいしん》女子大学文学部を卒業。その後、皇太子妃《ひ》の選定《せんてい》にあたっていた宮内《くない》庁東《とう》宮職《ぐうしょく》参与の小泉信三《こいずみしんぞう》*1に、その教養の深さを注目されました。

結婚話は一時、難航《なんこう》しましたが、皇太子自身も強く結婚を望み、一九五八年一一月に婚約《こんやく》が正式発表されました。週刊誌などを中心に「ミッチーブーム」*2が起こるほどの盛り上がりとなりました。一方で、昭和天皇の香淳《こうじゅん》皇后は、婚約にあまり賛成でなかったようです。*3

一九五九年四月一〇日の結婚後、二人の皇子と一人の皇女*4が生まれました。その養育ではみずから授乳《じゅにゅう》したり、教育においても特別な教育は中止にしたりするなど、皇室に新しい風を少しずつ入れていきました。*5 しかしその一方で、皇室内の古い体質に苦しめられもしました。*6

そんな皇太子妃の話し相手として心をなぐさめたのが、瀬戸内海《せとないかい》に浮かぶ岡

＊4……大嘗祭を超一級の無形民俗文化財として存続すべきとの主張もある。

＊1……東宮職は、皇太子・皇太子妃やその子女の家政を担当する宮内庁の部局。小泉は慶応義塾の塾長で経済学者。一九四六年に参与となり、明仁皇太子の教育にあたった。スポーツ、特にテニスを皇太子にすすめたという。軽井沢のテニスコートで、皇太子と正田美智子との出会いがあった。

＊2……女性週刊誌は、美智子妃のファッションなどのグラビア写真をスターのように多数掲載した。また、ブームはテレビの爆発的普及と深い関係にある。テレビ登録台数は、結婚パレードのあった四月には二〇〇万台を超え、わずか一年で倍増した。皇居から東宮仮御所へのパレードを、テレビ各局は総力をあげて実況中継した。

＊3……香淳皇后は、「東宮様の御縁談について平民からとは怪しからん」とこぼしていたと、侍従長・入江相政の日記にある（『入江相政日記』一九五八年一〇月一一日）。さらに香淳皇后は、一九五九年四月の結婚パレードについて、自分のときは四頭立ての馬車だったのに、美智子妃のときは六頭立てでだと、「憤慨」したという（同、一九五九年三月一二日）。

山県の長島愛生園《ながしまあいせいえん》でハンセン病の診療《しんりょう》にあたっていた精神科医の神谷美恵子《かみやみえこ》[*7]でした。

ハンセン病患者については、皇后自身も、皇太子妃時代から二〇一四年までのあいだに、天皇（皇太子）とともに全国一四カ所すべての療養《りょうよう》所の入所者と懇談《こんだん》してきています。病《やまい》と偏見《へんけん》に苦しむ人びとへ寄せる思いには、強いものがあると思われます[*8]。

そのことは、水俣病《みなまたびょう》患者に対しても同様でした。作家の石牟礼道子《いしむれみちこ》[*9]が皇后に、「ぜひ一度水俣にお越しいただき、胎児性《たいじせい》患者に会ってほしい」とのメッセージを伝えたことがきっかけとなり、二〇一三年一〇月二七日、「全国豊かな海づくり大会」にあわせて、天皇とともに水俣入りしました。そして、水俣病資料館の語《かた》り部《べ》の話に耳を傾《かたむ》け、さらに二人の胎児性患者の手をとって励《はげ》ましました。

天皇は「象徴」ですが、皇后は違います。そうしたなかで、民間人出身の皇后としていかにあるべきか、新たな皇后像をめざしてきたといえるでしょう。

＊4……浩宮徳仁（ひろのみやなるひと、後の皇太子）、礼宮文仁（あやのみやふみひと、後の秋篠宮）、紀宮清子（のりのみやさやこ、後の黒田慶樹夫人）。

＊5……皇太子夫妻の恋愛結婚、幸福な家庭のイメージは、戦後の大衆のあこがれであった。皇室は、そうした大衆的な支持を基盤とするようになった。政治学者の松下圭一は、「大衆天皇制」という言葉で天皇制の変質を論じた。

＊6……『宝島30』という雑誌の一九九三年八月号に、「皇室の危機」という文が掲載された。執筆したのは、宮内庁勤務と自称する仮名の人物だが、天皇・皇后がすすめる「開かれた皇室」路線を批判的に論じた。その後、『週刊文春』なども同様の記事を掲載。特に皇后を批判する内容が目立った。こうしたなか、皇后は倒れ、言葉が出なくなった。

＊7……（一九一四〜一九七九年）幼時をスイスで過ごした。青年時代からハンセン病に強い関心を持ち、医学を志した。エッセーの名手としても知られる。

＊8……一九九六年、日本看護協会創立五〇周年記念式典に出席した皇后は、「医療がそのすべての効力を失った後も患者と共にあり、患者の生きる日々の体験を、意味あらしめる助けをするほどの、重い使命を持つ仕事が看護職」と述べている。

＊9……（一九二七〜二〇一八年）熊本県出身、水俣実務学校卒業。

Q3 皇室の財政はどのようになっているのですか。

A3 国の予算から皇室に支出される費用は、三つに分けられます。

① 内廷《ないてい》費……天皇・皇后夫妻と皇太子一家（以上を内廷皇族といいます）のための私的な経費《けいひ》。

② 皇族費……皇族（内廷外皇族）のための私的な経費。

③ 宮廷《きゅうてい》費……皇室の公的活動や皇室財産管理、施設整備のための公費。

二〇一七年度の金額を見てみましょう。

①内廷費は、三億二四〇〇万円。皇室経済法により、一九九六年度から同じ金額です。天皇・皇后、皇太子一家が自由に使えるお金ですが、一般家庭とは違うので、宮内庁の職員が非公式で委員会をつくり、予算作成・執行《しっこう》・決算をおこなっています。

内廷費の約三分の一は、祭祀《さいし》を担当する神職《しんしょく》や手伝いの女性、生物学研究所などの職員の人件費にあてられています。残り三分の二で、衣食費や寄付・恩《おん》賜《し》の費用などがまかなわれます。

②皇族費は、たとえば秋篠宮《あきしののみや》家の場合、文仁《ふみひと》親王には三〇五〇万円、紀子《きこ》妃には一五二五万円、子の眞子《まこ》・佳子《かこ》内親王には九一五万円ずつ、悠仁《ひさひと》親王に

は三〇五万円が支給されます。いずれも皇室経済法による定額です。秋篠宮家全体では六七一〇万円となります。

また、成年に達した女性皇族が結婚するときには、一時金が支給されます。明仁天皇の長女で、黒田慶樹《くろだよしき》と二〇〇五年一一月に結婚した清子《さやこ》内親王には、一億五二五〇万円が支給されました。また、高円宮家《たかまどのみや》（三笠宮崇仁《みかさのみやたかひと》親王の三男・憲仁《のりひと》親王）の次女で、出雲《いずも》大社の神官《しんかん》と二〇一四年一〇月に結婚した典子《のりこ》女王には、一億六七五万円が支給されました。金額は、内親王・女王が結婚以前に支給されていた年額（女王は内親王の七割）の一〇倍ということです。

③宮廷費は、五五億七八九二万円です。[*1]

Q4 いわゆる「皇室外交」にはどのような問題がありますか。

A4 「皇室外交」は、マスコミによってつくられた言葉で、宮内庁では「国際親善《しんぜん》」という言葉を使っています。その内容は、天皇や皇族の外国訪問や、来日した外国の賓客《ひんかく》・要人《ようじん》のもてなし、外国の元首《げんしゅ》との親書《しんしょ》のやりとり、在日外交団のもてなしなど、多岐《たき》にわたっています。

このうち外国訪問について見てみると、昭和天皇のときには、一九七一年のヨーロッパ訪問、一九七五年のアメリカ訪問の二回だけでした。ただ、国際社

＊1……皇室用財産修繕費と皇居等の施設整備費が、全体の半分以上を占める。そのほか、行幸啓費、宮殿管理費、医療機器経費、国際親善関係費、陵墓費、牧場費、正倉院費などに支出される。

ハワイ・ホノルルの戦没者慰霊碑に礼をする明仁天皇と美智子皇后（二〇〇九年七月一五日）

会では次第《しだい》に、天皇を日本の元首と見なす風潮《ふうちょう》が生じたことは否《いな》めません。

明仁天皇の時代になると、外国訪問は飛躍《ひやく》的に増えます。皇太子時代から世界各国を訪問していましたが、天皇に即位してからも、一九九一年のタイ・マレーシア・インドネシア三カ国への親善訪問を皮切《かわき》りに、頻繁《ひんぱん》に出かけました。

一九九二年一〇月には、昭和天皇のときからの懸案《けんあん》であった中国への親善訪問を実現しています。この中国訪問については、戦争責任問題との関連から反対する声が、政府・自民党内に強くありました。しかし、宮澤喜一《みやざわきいち》首相は、天皇自身が望んでいることを理由の一つとして、反対派を説得しました。*1

明仁天皇のときになって登場した外国訪問の新しい目的として、戦没《せんぼつ》者の慰《い》霊《れい》があります。戦後六〇年にあたる二〇〇五年にはサイパンに、戦後七〇年の二〇一五年にはパラオに、それぞれ慰霊の旅をしました。*2いずれもアジア太平洋戦争の激戦地です。天皇は、日米の戦没者慰霊碑に花を供《そな》え、黙祷《もくとう》しました。

慰霊の旅は、天皇の意向《いこう》で計画され、実現していったものです。日本国憲法に定められた国事行為以外の公的行為とされる「皇室外交」が、このように拡大していくことに、ほとんど異論《いろん》は出ませんでした。むしろ、高く評価する憲法学者もいます。

「皇室外交」、慰霊の旅に、政権の意向がどのようにからんでいるのかもふくめて、天皇のあり方をじっくりと考えることが求められています。

*1……中国訪問の際、天皇は「両国の関係の永きにわたる歴史において、我が国が中国国民に対し多大の苦難を与えた不幸な一時期がありました。これは私の深く悲しみとするところであります」との「おことば」を発した。なお、「おことば」は、外務省で原案がつくられるが、最終的には天皇が筆を入れる。

*2……「慰霊の旅」の最初は、一九九四年の小笠原諸島。国内からはじまった。

Q5 明仁天皇はなぜ沖縄を何度も訪問したのですか。

A5 明仁天皇は、皇太子時代をふくめると、退位前年の二〇一八年三月までに一一回、沖縄を夫妻で訪れています。

父の昭和天皇は、敗戦後、各都道府県を巡幸《じゅんこう》しましたが、沖縄県だけは訪問しませんでした（→156ページ）。昭和天皇にとって沖縄は、沖縄戦で住民を巻き込み多数の死傷《ししょう》者を出したこと、敗戦後にアメリカによる長期の軍事占領《せんりょう》を容認《ようにん》したことなど、みずからの「責任」にかかわる問題がありました。それだけに、訪問によって何らかの決着をつけたいとの意向はあったと思われます。

一九八七年、中曽根康弘《なかそねやすひろ》内閣は、国民体育大会の開催に合わせて、昭和天皇の沖縄訪問の準備を進めました。[＊1] しかし、九月に天皇が入院したため、実現しませんでした。[＊2]

明仁天皇が初めて沖縄を訪問したのは、皇太子時代の一九七五年七月、沖縄海洋博覧会《はくらんかい》[＊3]に、天皇のかわりに出席したときでした。ひめゆりの塔《とう》[＊4]を訪れた際には、厳重な警戒《けいかい》[＊5]にもかかわらず、壕《ごう》にひそんでいた若者たちに火炎ビンを投げつけられる事件が起こりました。

このとき、明仁皇太子は異例《いれい》にも、沖縄県民へのメッセージを出しました。

＊1……天皇の沖縄訪問が計画されるなかで、沖縄では昭和天皇の戦争責任問題が問われた。アジア太平洋戦争の末期、一九四五年二月、近衛文麿首相が、もはや日本の敗戦は避けられないから、和平の決断をすべきであると進言した。しかし天皇は、もう一度戦果をあげてからでないとむずかしいと、進言を退けた。一九八八年六月、琉球放送テレビは「遅すぎた聖断」という番組を制作した。天皇が近衛の進言を受け入れていれば、沖縄戦も原爆投下もなかったという内容で、大きな反響を呼んだ。さらに国民体育大会の前後に、沖縄は「日の丸」「君が代」問題に揺れた。特に学校には強制の大きな圧力がかかった。そんななか、大会のソフトボール会場で、メインポールにかかげられた「日の丸」が引きずり下ろされ、焼かれるというできごとがあった。

＊2……昭和天皇にかわって、明仁皇太子夫妻が大会に出席した。

＊3……一九七二年五月の沖縄返還後、沖縄県の三大事業の一つとして、本島の本部町を会場に、一九七五年七月一九日から翌年の一月一八日まで開催された。手塚治虫が展示プロデューサーであった。

＊4……ひめゆり部隊は、軍の命令により、沖縄師範学校女子部、県立第一高等女学校の生徒により組織された看護隊の愛称。沖縄戦に従軍し、多数の犠牲者を出した。戦後、本島南部の糸満市に戦没職員・生徒二二〇人を祀る慰霊塔（ひめゆりの塔）が建立された。

＊5……皇太子の沖縄訪問には、警察官二四〇〇人が同行した。沖縄県警も一四〇〇人を動員した。沖縄県警は、精神障害と思われる者を強制収容する動きを示したが、世論の反発で中止した。

沖縄戦での住民の犠牲《ぎせい》について、「悲しみと痛恨《つうこん》の思いにひたされます」としつつも、その責任についてはふれませんでした。そのかわり、「長い年月をかけて、これを記憶し、一人ひとり、深い内省《ないせい》の中にあって、この地に心を寄せ続けていく」ことが大切だとしました。*6

一九八一年八月七日、夫妻での記者会見で明仁皇太子は、「日本では、記憶しなければならないことが四つあります」とし、終戦記念日、広島・長崎への原爆投下日、そして沖縄戦終結の日（六月二三日）をあげました。

父の昭和天皇が戦争に対して負っていた「責任」を、いわば「負の遺産《いさん》」として心の内《うち》にとどめつつ、平和を守っていきたい。そのような思いが、明仁天皇にあるのは事実でしょう。ただ、それと同時に、「国民統合《とうごう》の象徴」として、これまで歴史的にないがしろにされてきた沖縄を日本に統合していきたい、との思いが強くあるのではないでしょうか。

Q6 東日本大震災後の歌会始《うたかいはじめ》で天皇・皇后はどのような和歌を詠《よ》みましたか。

A6 年の初めに天皇が開く歌会《うたかい》を歌会始《うたかいはじめ》といい*1、史料的には中世前期にまでさかのぼるといわれています。明治になって一八七四年に、一般国民も歌を応募《おうぼ》できるようになりました。一八七九年には、そのうち特にすぐれたも

*6……明仁皇太子（天皇）は琉歌に関心を持っており、海洋博覧会から東京へ帰った後、平和を願う琉歌を詠んだ（『女性セブン』二〇一五年七月三〇日・八月六日号）。

*1……一九二六年の皇室儀制令で、それまでの歌御会始から歌会始となった。

のが選歌《せんか》として、歌会始で詠《よ》み上げられるようになりました。

明仁天皇になってからは、一九八九年は昭和天皇死去のため取りやめとなり、翌年は二月に「昭和天皇を偲《しの》ぶ歌会」が、歌会始のかわりにおこなわれました。したがって通常の歌会始は、一九九一年一月からとなります。皇居正殿《せいでん》松の間《ま》でおこなわれています（巻末の宮殿詳細《しょうさい》図を参照）。

毎年、お題に基《もと》づいた歌が詠まれるのですが、東日本大震災の翌年、二〇一二年一月の歌会始のお題は「岸」でした。

天皇の歌は、「津波来《こ》し　時の岸辺《きしべ》は　如何《いか》なりしと　見下ろす海は　青く静まる」。皇后の歌は、「帰り来《く》るを　立ちて待てるに　季《とき》のなく　岸とふ文字を　歳時記《さいじき》に見ず」でした。

天皇は、二〇一一年五月に、岩手県釜石《かまいし》市から宮古《みやこ》市にかけて、ヘリコプターで被災地を視察《しさつ》しました。[*2]そのときにつくった歌です。上空からの視点で、津波《つなみ》の海と震災後のおだやかな海が対比《たいひ》されています。

皇后の歌は、津波にのまれてしまった人が、もしかしたら生きて戻ってくるかもと、岸で立ち待っているうちに時間がなくなってしまったようだ、そんな岸という場所は歳時記には見えない、という意味。岸という、水平からの視点です。被災地を思いやる気持ちが込められた歌です。

歌会始は、天皇が歌によって国民をいたわる気持ちを示し、また、国民の歌

歌会始。皇居正殿松の間にて（宮内庁ウェブサイトより）

＊2……天皇・皇后は、被災者への見舞いをさかんにおこなっている。一九九一年七月、長崎県の雲仙普賢岳の噴火では、避難所を訪れ、膝をついて被災者に声をかけた。以後も災害のたびに各地を見舞っている。マスメディアの報道により、多くの国民は、思いやりのある天皇といったイメージを持つようになった。こうした、人びととの近い関係の取り方を、「平成流」と呼ぶことが多い。

を見ることによって民《たみ》の心を知る場でした。一方、国民にとっては、天皇に寄せる思いを育《はぐく》む場でした。こうした歌会始の性格は、明仁天皇が考える「国民統合の象徴」を実践《じっせん》する場としてふさわしいものの一つである、といえるでしょう。

Q7 明仁天皇の退位について どう考えたらよいですか。

A7 二〇一六年七月一三日、午後七時のNHKニュースで、天皇の生前退位（生きているうちに天皇の位から退《しりぞ》くこと）の意向について、スクープ的に放送されました。[*1] その後、各メディアでさまざまな報道が量産《りょうさん》されました。

八月八日の午後三時になって、前日に収録《しゅうろく》された天皇自身によるビデオ・メッセージが公表され、テレビ・ラジオ全局がこれを放送しました。宮内庁は、「象徴としてのお務《つと》めについての天皇陛下《へいか》のおことば」とタイトルをつけていますが、英文では"Message from His Majesty The Emperor"となっており、以下ここではメッセージと略《りゃく》します。

このメッセージでは、天皇の高齢や病によって、昭和天皇の末期のように「社会の停滞《ていたい》」や国民生活へのマイナスが生じるのを避けたいこと、また、「象徴の務め」が「安定的に続いていくこと」を願わざるをえないことを述べ、そ

＊1……ニュースでは、生前退位の理由について、天皇が「憲法に定められた象徴としての務めを十分に果たせる者が天皇の位にあるべきだ」と考え、「今後、年を重ねていくなかで、大きく公務を減らしたり代役を立てたりして天皇の位にとどまることは望」んでいないからと説明した。また、天皇の考えを皇后や皇太子、秋篠宮も受け入れているとした。天皇自身の意向だけが報道された形だが、ＮＨＫは誰から天皇の意向を聞き出したのか、また、責任をとるべき内閣はどう考えているのか、全く明らかにされていない。今後、検証が必要であろう。

の点について「国民の理解」を求めています。

問題なのは、天皇がメディアを使って、自分の思いを直接、国民に訴《うった》えたことです。つまり国民の世論の力で、できれば退位を実現したいという意図が読み取れるのです。

これに対して安倍晋三《あべしんぞう》政権は、「天皇の公務の負担軽減等に関する有識者《ゆうしきしゃ》会議」（首相が選任した六人で構成）を開いて、検討をおこなわせました。そこでは、退位は明仁天皇一代限《かぎ》りとすることが強くにじみ出た文書がまとめられ、首相に提出されました。

その後、二〇一七年六月には、天皇の退位を実現する皇室典範《こうしつてんぱん》特例法が成立し、明仁天皇一代に限って退位[*2]が認められました。一二月の皇室会議を経《へ》て、閣議《かくぎ》で天皇の退位日が二〇一九年四月三〇日と決定され、翌五月一日に徳仁《なるひと》皇太子が新天皇に即位するとされました。

明仁天皇がつくりあげてきた数々の「象徴的行為」が、新天皇に引き継《つ》がれるのか。それとも、新天皇は新たな国民統合のあり方を模索《もさく》していくことになるのか。[*3]全く不透明ですが、一ついえるのは、国民の意向が大きな影響力を持っているということです。

＊2……憲法学者の奥平康弘は、『「萬世一系」の研究』（岩波書店）で、天皇の人権という点から退位の自由を認めるべきと、二〇〇五年の時点で述べていた。本書は、天皇の問題を考えるうえで必読の書といえる。

＊3……徳仁皇太子は、二〇一八年二月、五八歳の誕生日に、「日本社会の変化に応じて公務に対する社会の要請も変わってくることになると思いますし、そういった社会の新しい要請に応えていくことは大切なことであると考えております」と、公務拡大の意向を述べている（『毎日新聞』二〇一八年二月二三日）。

次の天皇・徳仁皇太子（右）と、次の皇后・雅子妃

Column 15 君主制の国々

君主とは、一般的に、世襲《せしゅう》により国家を治《おさ》める、最高の地位にある人のことをさします。ただ、世襲が一般的ではあるものの、任期制の君主国もあります。

君主が絶対的な権力を持つ場合を絶対君主制、権力が制限されている場合を制限君主制といいます。特に、憲法に基《もと》づき権力が制限されている場合が、立憲《りっけん》君主制です。

君主国ではなく、国民主権のもと、国民が選んだ大統領・議会などによって政治がおこなわれる国を、共和国といいます。

現在、世界には君主国が四五カ国あります。世界の国の数を、仮に国連加盟国である一九三カ国とすると、約四分の一の割合です。そのうち一六カ国は、グレートブリテンおよび北アイルランド連合王国（イギリス）国王（エリザベス二世）を君主とする、イギリス連邦の国々です。[*1]

君主国のうち、圧倒《あっとう》的に多いのは、立憲君主国です。英国王をいただく一六カ国をはじめとして、日本国もここに分類されます。[*2]

絶対君主国は、ブルネイ・ダルサラーム王国、オマーン国、クウェート国、サウジアラビア王国の四カ国。その他の形態が、アラブ首長国連邦、カタール国、バーレーン王国です。

君主の称号《しょうごう》で最も多いのが、王（KING）です。日本の天皇は、日本国憲法の英訳文を見てもわかるとおり、EMPEROR（皇帝）といっています。そう名乗っているのは、今や世界で日本だけです。

＊1……イギリス、アンティグア・バーブーダ、オーストラリア、カナダ、グレナダ、ジャマイカ、セントクリストファー・ネイビス、セントビンセント・グレナディーン、セントルシア、ソロモン諸島、ツバル、ニュージーランド、バハマ、パプアニューギニア、バルバドス、ベリーズ。

＊2……カンボジア王国、タイ王国、ブータン王国、マレーシア、オランダ王国、スウェーデン王国、スペイン王国、デンマーク王国、ノルウェー王国、ベルギー王国、モナコ王国、アンドラ公国、モロッコ王国、リヒテンシュタイン公国、ルクセンブルク大公国、ヨルダン・ハシミテ王国、スワジランド王国、レソト王国、トンガ王国、サモア独立国、バチカン市国。

宮内庁公式の「天皇系図」(二〇一八年現在)

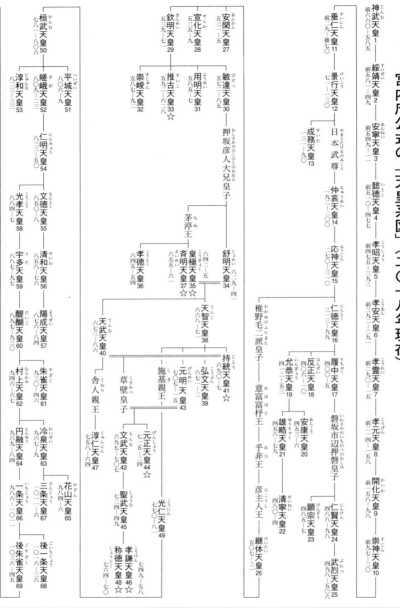

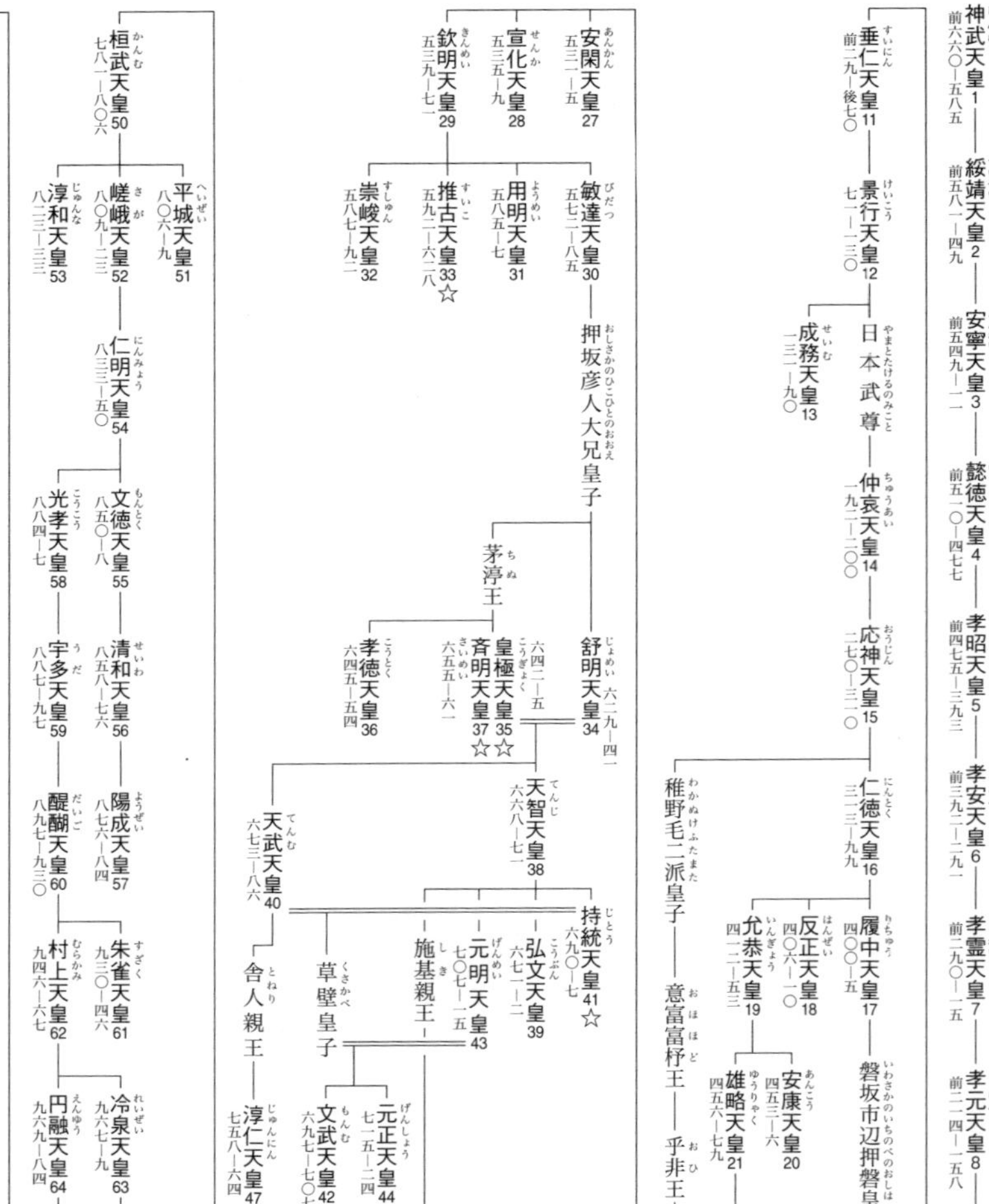

算用数字は代数、漢数字は在位年、══ は夫婦であることを表している。この系図は「原則として皇統譜に基づく」とされている。歴史学的な考証の結果では必ずしもなく、実在しない人物も含まれていることに注意されたい。女性天皇には☆印を付けた。

後冷泉《ごれいぜい》天皇 70　一〇四五—六八
後三条《ごさんじょう》天皇 71　一〇六八—七二
白河《しらかわ》天皇 72　一〇七二—八六
堀河《ほりかわ》天皇 73　一〇八六—一一〇七
鳥羽《とば》天皇 74　一一〇七—二三
崇徳《すとく》天皇 75　一一二三—四一
後白河《ごしらかわ》天皇 77　一一五五—八
近衛《このえ》天皇 76　一一四一—五五
二条《にじょう》天皇 78　一一五八—六五
六条《ろくじょう》天皇 79　一一六五—八
高倉《たかくら》天皇 80　一一六八—八〇
安徳《あんとく》天皇 81　一一八〇—五
守貞《もりさだ》親王
後鳥羽《ごとば》天皇 82　一一八三—九八
後堀河《ごほりかわ》天皇 86　一二二一—三二
四条《しじょう》天皇 87　一二三二—四二
土御門《つちみかど》天皇 83　一一九八—一二一〇
後嵯峨《ごさが》天皇 88　一二四二—六
順徳《じゅんとく》天皇 84　一二一〇—二一
仲恭《ちゅうきょう》天皇 85　一二二一—同

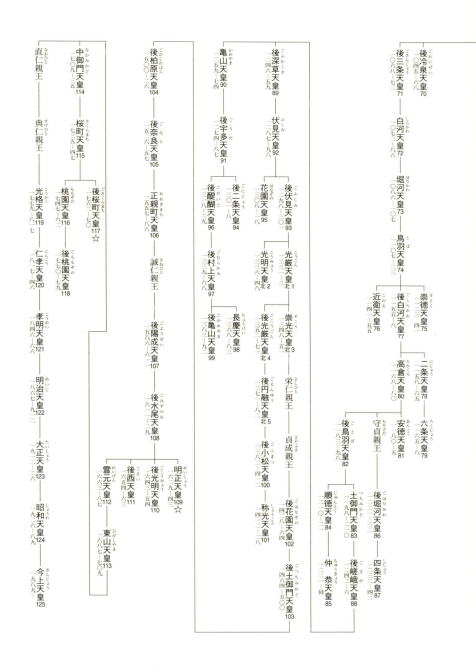

後深草《ごふかくさ》天皇 89　一二四六—五九
亀山《かめやま》天皇 90　一二五九—七四
伏見《ふしみ》天皇 92　一二八七—九八
後宇多《ごうだ》天皇 91　一二七四—八七
後伏見《ごふしみ》天皇 93　一二九八—一三〇一
花園《はなぞの》天皇 95　一三〇八—一八
後二条《ごにじょう》天皇 94　一三〇一—八
後醍醐《ごだいご》天皇 96　一三一八—三九
光厳《こうごん》天皇 北1　一三三一—三三
光明《こうみょう》天皇 北2　一三三六—四八
後村上《ごむらかみ》天皇 97　一三三九—六八
崇光《すこう》天皇 北3　一三四八—五一
後光厳《ごこうごん》天皇 北4　一三五二—七一
長慶《ちょうけい》天皇 98　一三六八—八三
後亀山《ごかめやま》天皇 99　一三八三—九二
栄仁《よしひと》親王
後円融《ごえんゆう》天皇 北5　一三七一—八二
貞成《さだふさ》親王
後小松《ごこまつ》天皇 100　一三八二—一四一二
後花園《ごはなぞの》天皇 102　一四二八—六四
称光《しょうこう》天皇 101　一四一二—二八
後土御門《ごつちみかど》天皇 103　一四六四—一五〇〇

後柏原《ごかしわばら》天皇 104　一五〇〇—二六
後奈良《ごなら》天皇 105　一五二六—五七
正親町《おおぎまち》天皇 106　一五五七—八六
誠仁《さねひと》親王
後陽成《ごようぜい》天皇 107　一五八六—一六一一
後水尾《ごみずのお》天皇 108　一六一一—二九
明正《めいしょう》天皇 109 ☆　一六二九—四三
後光明《ごこうみょう》天皇 110　一六四三—五四
後西《ごさい》天皇 111　一六五四—六三
霊元《れいげん》天皇 112　一六六三—八七
東山《ひがしやま》天皇 113　一六八七—一七〇九

中御門《なかみかど》天皇 114　一七〇九—三五
桜町《さくらまち》天皇 115　一七三五—四七
後桜町《ごさくらまち》天皇 117 ☆　一七六二—七〇
桃園《ももぞの》天皇 116　一七四七—六二
後桃園《ごももぞの》天皇 118　一七七〇—七九
直仁《なおひと》親王
典仁《すけひと》親王
光格《こうかく》天皇 119　一七七九—一八一七
仁孝《にんこう》天皇 120　一八一七—四六
孝明《こうめい》天皇 121　一八四六—六六
明治《めいじ》天皇 122　一八六七—一九一二
大正《たいしょう》天皇 123　一九一二—二六
昭和《しょうわ》天皇 124　一九二六—八九
今上《きんじょう》天皇 125　一九八九—

皇　居

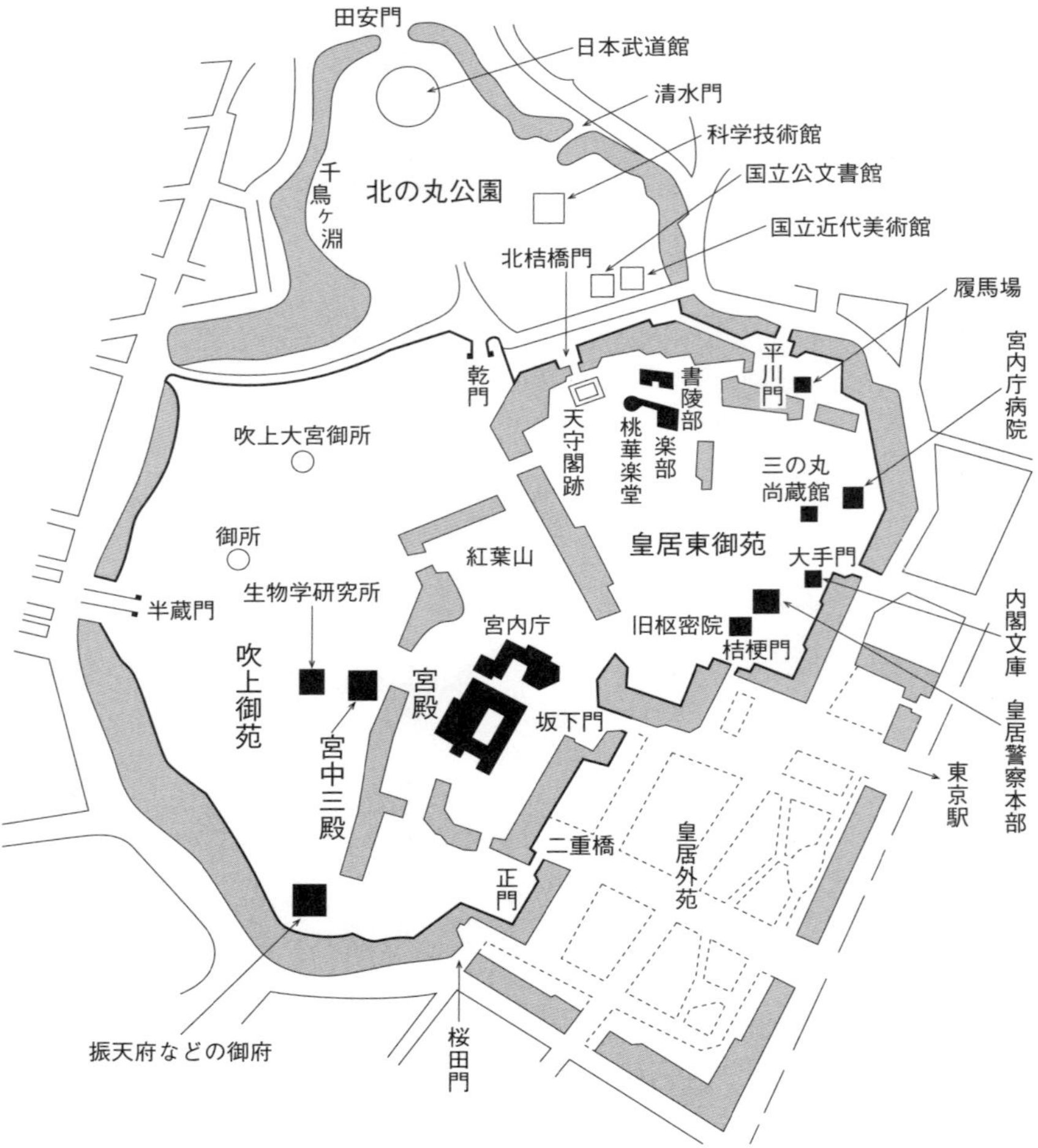

田安門
日本武道館
清水門
科学技術館
国立公文書館
国立近代美術館
千鳥ヶ淵
北の丸公園
北桔橋門
履馬場
乾門
平川門
書陵部
宮内庁病院
天守閣跡
桃華楽堂
楽部
吹上大宮御所
三の丸尚蔵館
御所
皇居東御苑
紅葉山
大手門
生物学研究所
半蔵門
宮内庁
旧枢密院
内閣文庫
吹上御苑
桔梗門
宮殿
坂下門
宮中三殿
皇居警察本部
東京駅
二重橋
皇居外苑
正門
振天府などの御府
桜田門

宮殿の詳細図

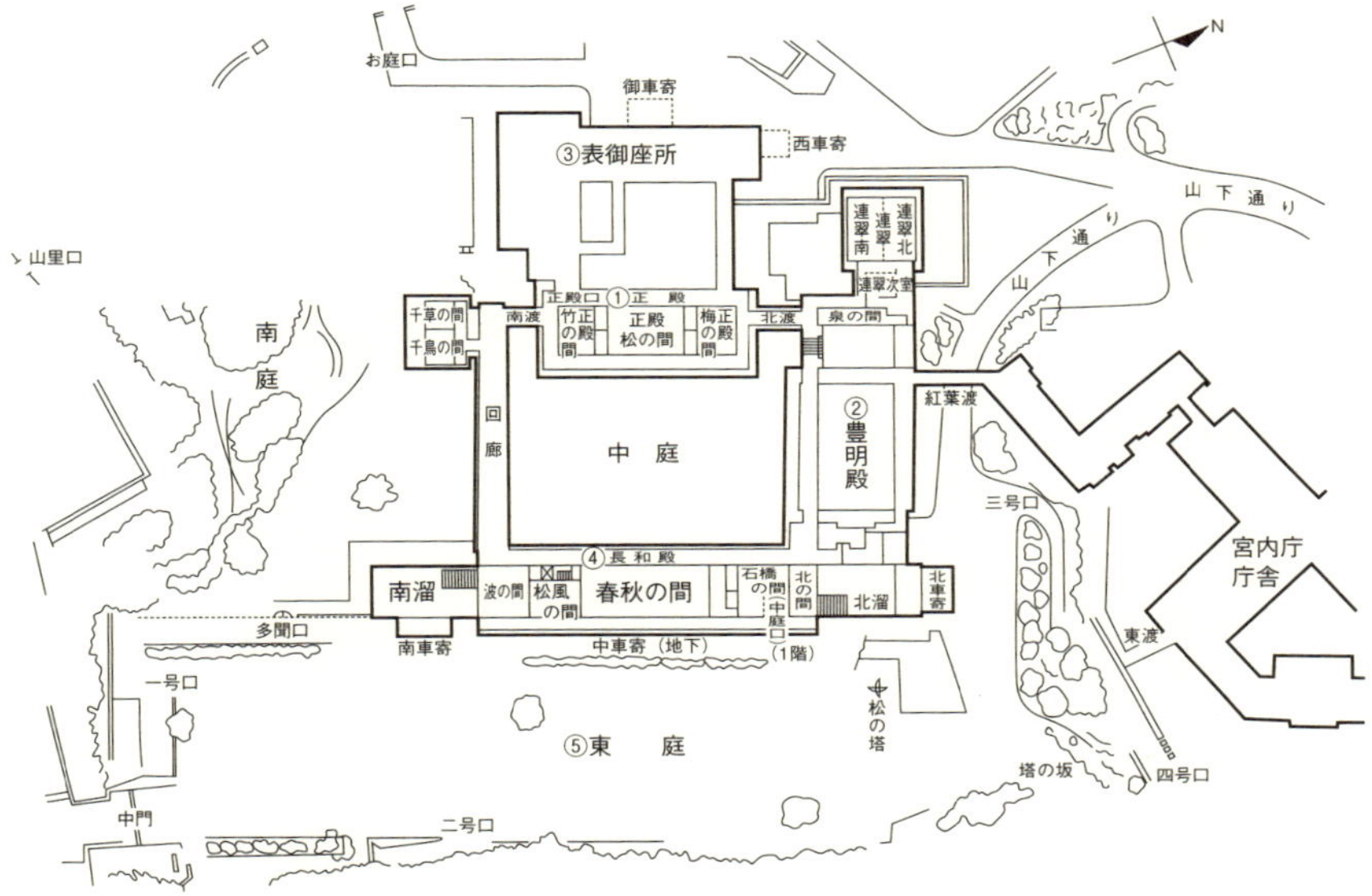

①正　　殿：中央の松の間は、新年祝賀の儀、親任式、勲章親授式、歌会始など、最も重要な儀式がおこなわれるところ。370平方メートル。竹の間は、天皇の公式会見室で、また国賓などと会う部屋。梅の間は、皇后の会見室。

②豊 明 殿：国賓の晩餐会、新年祝賀の儀、天皇誕生日の祝宴などがおこなわれるところ。

③表御座所：天皇が公務をとる部屋。

④長 和 殿：新年と天皇誕生日の一般参賀のとき、表廊下に天皇一家が出る。

⑤東　　庭：一般参賀の広場。

〔参考文献〕（＊著者50音順）

浅見雅男『皇族と天皇』（筑摩書房，2016）
家永三郎編『日本の歴史（新装改訂版）』1～11巻（ほるぷ出版，1996）
岩本努『「御真影」に殉じた教師たち』（大月書店，1989）
岩本努『教育勅語の研究』（民衆社，2001）
岩本努『13歳からの教育勅語』（かもがわ出版，2018）
梅田正己『日本ナショナリズムの歴史』1～4（高文研，2017）
及川智早『日本神話はいかに描かれてきたか』（新潮社，2017）
大角修『天皇家のお葬式』（講談社，2017）
奥平康弘『「萬世一系」の研究』上下（岩波書店，2017）
栗山周一『三種神器の研究』（大同館書店，1933）
小島毅『増補　靖国史観』（筑摩書房，2014）
白井聡『国体論』（集英社，2018）
豊下楢彦『昭和天皇・マッカーサー会見』（岩波書店，2008）
日本現代史研究会編『象徴天皇制とは何か』（大月書店，1988）
服部英雄『蒙古襲来と神風』（中央公論新社，2017）
本郷和人『天皇はなぜ万世一系なのか』（文藝春秋，2010）
山田朗『昭和天皇の戦争』（岩波書店，2017）
吉田裕『昭和天皇の終戦史』（岩波書店，1992）
吉田裕『日本軍兵士』（中央公論新社，2017）
歴史科学協議会編『天皇・天皇制をよむ』（東京大学出版会，2008）
歴史教育者協議会編『日本歴史と天皇』（大月書店，1989）
歴史教育者協議会編『日の丸・君が代50問50答』（大月書店，1999）
歴史教育者協議会編『Q&A　もっと知りたい靖国神社』（大月書店，2002）
歴史教育者協議会編『Q&A　知っておきたい天皇のいま・むかし』（学習の友社，2007）
『歴史読本』編集部編『総図解　よくわかる天皇家の歴史』（新人物往来社，2009）

〔写真提供元〕

◆カバー

[右列・上から] PD ／ PD ／ PD ／ By Website of the Ministry of Foreign Affairs of Japan, CC 表示 4.0, https://commons.wikimedia.org/w/index.php?curid=63998561　部分／ By Chris 73 /Wikimedia Commons, CC 表示-継承 3.0, https://commons.wikimedia.org/w/index.php?curid=471121 [中央列・上から] PD ／ PD ／ PD ／ PD ／ By Chris 73 /Wikimedia Commons, CC 表示 - 継承 3.0, https://commons.wikimedia.org/w/index.php?curid=471121 [左列・上から] PD ／ PD

◆本文中（表示が必要なもののみ）

p.3　By I, KENPEI, CC 表示 - 継承 3.0, https://commons.wikimedia.org/w/index.php?curid=10014687 ／ p.97　By Nesnad - 投稿者自身による作品, CC 表示 - 継承 3.0, https://commons.wikimedia.org/w/index.php?curid=45192332 ／ p.181 下　By 外務省　Ministry of foreign affairs - http://www.mofa.go.jp/s_sa/sea2/ph/page3e_000441_2017.html, CC 表示 4.0, https://commons.wikimedia.org/w/index.php?curid=69506960/p.192 右　By British Embassy Tokyo / Alfie GoodrichUK in Japan- FCO - Duke of Cambridge visits Japan | Flickr - Photo Sharing!, CC 表示 2.0, https://commons.wikimedia.org/w/index.php?curid=39112730

編者

一般社団法人　**歴史教育者協議会**（略称　歴教協）

戦前の教育への反省の中から1949年に結成され，以来一貫して日本国憲法の理念を踏まえた科学的な歴史教育・社会科教育の確立をめざし，その実践と研究・普及活動を積み重ねてきた．全国に会員と支部組織をもち，授業づくりの研究をはじめ，地域の歴史の掘り起こしやさまざまな歴史教育運動にもとりくむ．機関誌『歴史地理教育』を発行し，毎年夏には全国大会を開催している．2011年4月より一般社団法人に移行した．

〒170-0005　東京都豊島区南大塚2-13-8　千成ビル／TEL 03-3947-5701　FAX 03-3947-5790

ウェブサイト　https://www.rekkyo.org

著者

岩本　努（いわもと　つとむ）

執筆担当　1・9・10・11（Q5）・15・16（Q5除く），コラム1・3・7・8・12・14

1942年生まれ．元・法政大学，立正大学ほか非常勤講師．歴史教育者協議会会員．

著書『「御真影」に殉じた教師たち』（大月書店），『教育勅語の研究』（民衆社），『13歳からの教育勅語』（かもがわ出版）ほか．

駒田和幸（こまだ　かずゆき）

執筆担当　3（Q1除く）・4・7・8・11（Q5除く）・12・16（Q5）・17・18・19，コラム4・5・6・10・11・13・15

1950年生まれ．元・桐蔭学園高校教員．歴史教育者協議会会員．

著書『Q&Aもっと知りたい靖国神社』（共著，大月書店）ほか．

渡辺賢二（わたなべ　けんじ）

執筆担当　2・3（Q1）・5・6・13・14，コラム2・9

1943年生まれ．明治大学非常勤講師．歴史教育者協議会会員．

著書『陸軍登戸研究所と謀略戦』（吉川弘文館），『風刺マンガでまなぶ日本近現代史』『実物・絵図でまなぶ日本近現代史』（地歴社）ほか．

これならわかる天皇の歴史 Q&A

2018年11月15日　第1刷発行

編　者　歴史教育者協議会（歴教協）

著　者　岩本　努・駒田和幸・渡辺賢二

発行者　中川　進

発行所　株式会社　大月書店

113-0033　東京都文京区本郷 2-27-16

電話　03-3813-4651（代表）03-3813-4656（FAX）

振替　00130-7-16387

http://www.otsukishoten.co.jp/

印刷所　太平印刷社

製本所　中永製本

ISBN978-4-272-50224-0　C0021　Printed in Japan